U0730103

1949,
XIJIAOMINXIANG
108
HAO

1949，西交民巷108号

[——中国人民保险公司的诞生]

高 星 ◎ 著

中国金融出版社

责任编辑：张清民
责任校对：潘　洁
责任印制：程　颖

图书在版编目（CIP）数据

1949，西交民巷108号——中国人民保险公司的诞生/高星著. —北京：中国金融出版社，2019.11
ISBN 978-7-5220-0324-5

Ⅰ.①1…　Ⅱ.①高…　Ⅲ.①中国人民保险公司—史料　Ⅳ.①F842.9

中国版本图书馆CIP数据核字（2019）第247879号

1949，西交民巷108号——中国人民保险公司的诞生
1949, Xijiao Minxiang 108hao——Zhongguo Renmin Baoxian Gongsi de Dansheng

出版
发行　中国金融出版社
社址　北京市丰台区益泽路2号
市场开发部　（010）63266347，63805472，63439533（传真）
网上书店　http：//www.chinafph.com
（010）63286832，63365686（传真）
读者服务部　（010）66070833，62568380
邮编　100071
经销　新华书店
印刷　北京市松源印刷有限公司
尺寸　142毫米×210毫米
印张　16.5
字数　442千
版次　2019年11月第1版
印次　2019年11月第1次印刷
定价　90.00元
ISBN 978-7-5220-0324-5
如出现印装错误本社负责调换　联系电话（010）63263947

献给中国人民保险公司成立70周年

我生活的目标是将我的
爱好与职业结合在一起，
正如两只眼睛使视力合一，
只有当爱与需要融为一体，
工作是拼命一搏的游戏时，
才能真正地建立功绩，
为了天堂和未来的利益。

——摘自（美）罗伯特·弗罗斯特《一石二鸟》

1949，西交民巷108号

——中国人民保险公司的诞生

目　录

引　言

谁在东车站站台上驻足眺望

1. 皇宫跟前的火车站

1989年8月20日，我从地铁1号线天安门东站出来，穿过天安门广场，走进西侧的西交民巷22号院落，看到这个普通且幽静的小院，多少有点不是我想象的样子。

但我还是感到了兴奋驱使的心跳，我不相信自己已然来到一个部级单位上班。我原单位丰台区副食品公司的同事陈宝成在看到我的调令时，羡慕地指出，那页纸下端硕大的红章是直接由“中国”二字起头的，而不像所在单位的公章，是由“北京市丰台区”起头的。他的敏感，让我至今记忆犹新。

当然，我的心跳还与自己离“祖国的心脏”如此之近有关，我几乎感到脚下的天安门广场水泥地砖的颤动。上小学时，我的红领巾是在这里戴上的；“四五运动”时，我在这里抄过诗，目睹过夜幕下雪白的纪念碑。

我的办公室在22号院西侧的2号楼，窗外正对着毛主席纪念堂和前门楼子。2005年的一天，我突然发现窗外前门楼子的东南角，冒出一座修饰一新的西式建筑。我记得那里原来是北京铁路工人俱乐部，几年前被改为老车站商城和电讯市场。后来我才知道复建的是京奉铁路正阳门东车站，并被改造成了北京铁路博物馆。

恢复原貌的东车站钟楼，显得格外刺眼，似乎那黑色的时针，在转动中划过厚重的尘埃，拨动着一本巨大的“天书”，而前门大街上熙熙攘攘的人流对此全是熟视无睹的样子。

1880年，唐（山）胥（各庄）铁路开始修建，它是京奉铁路的源头。1900年，八国联军攻占北京，此为庚子之变。1901年3月，英军为适应战时军运需要及加强对北京的日常控制，将关内外铁路自京郊马家堡延展至永定门，又强行将永定门东侧的城墙扒开，把铁路修至皇城脚下的前门。1901年11月，建立正阳门东车站，此为关内外铁路北京方向的终点站。

东车站由英国专家设计，在欧式建筑风格造型中融合了一些中国传统建筑风格，站舍大楼外立面由灰、红两色砖块砌成，其间夹白色石条，正中巨大的拱顶高悬，拱脚处镶嵌着大块云龙砖刻雕饰，大楼的南侧穹顶钟楼耸立，四面大钟遥遥可望，准确地为人们报时。这座充满异国情调的站舍，与周边的古老建筑和城墙形成中西建筑风格的鲜明对照。东车站与“使馆界”虽然隔着一道城墙，但正阳门、崇文门和新辟的“水门”与之相通，保证了交通便利。

东车站建筑面积为3500平方米，候车室面积为1500平方米，包括站台3座，问事房、客票房、行李房等分设于车站西端及水关两处。东车站是当时中国最大的一座火车站，由于国内数条铁路干线在此交汇，它也是当时中国最大的铁路交通枢纽。

民国时期的东车站广场

1946 年，前门东车站内上下火车的人们

东车站

在《京华百二竹枝词》中，有一首词曰：“京奉火车车站殊，辉煌真个好规模。试从对面看京汉，西站何能常向隅?”词中道出东车站相对西车站来说其独有的历史辉煌。

1959 年，新北京站的建设被列入向新中国成立十周年国庆献礼的十大工程之一。同年 9 月，新北京站建成，东车站因完成了其历史使命，遂被废弃，北京铁路机务段随后在此成立。

2. 那些进出东车站的文人

民国初年，到达北京的旅客一下火车，走出东车站，穿过正阳门，就能看到中华门、天安门……一览紫禁城的雄伟，那是多么赏心悦目啊!

诗人邵燕祥在其一篇关于东车站的散文中如此写道：

> 这个火车站曾经一片喧嚣紧迫的景象，日夜吞吐着出入古都的各色旅客们。外地人，凡乘火车到过北京的，可以没逛过香山，甚至没逛过故宫，但没有不记得这个火车站的。
>
> 这个火车站，像北京任何一个地方一样，历尽沧桑，兴亡过眼。它迎来了自愿与被迫而来的游子，也迎来了它欢迎或不欢迎的权力者。它送走了高高兴兴首途的人们、悲悲切切离去的人们，他们当中有多少人从此没有归来? [1]

据载，1912年、1924年，孙中山曾两次抵京，均于东车站下车。1949年3月，郭沫若和其他民主人士一起抵达北京东车站时，受到隆重的礼遇，他当时成诗一首："多少人民血，换来此尊荣。思之泪欲坠，欢笑不成声。"同样是1949年，汪曾祺在这里"告别午门，告别东车站"，参加了四野南下的工作团。邵燕祥关注的是另两位文人：

> 20岁的沈从文从湖南凤凰辗转来到北京的时候，走出车站，在站前的广坪上站了一会儿（当年站前还有一块广坪）。他该首先看到规整的箭楼，彩绘剥落的正阳门楼，心慑于一种深沉的庄严的美丽。他想没想到康、梁是在一种森严的网罗下登车远遁，仓忙中不遑回首留恋这帝城的凤阙飞檐？
>
> 最近翻看了柳萌的《雨天的记忆》，写了1958年4月集体赴北大荒的那个下雨天，下雨天的月台，下雨天的列车；他故作平静地回忆着，说仿佛这记忆也被哩哩啦啦的雨给淋湿了。柳萌当时年纪轻，但同行的上了年纪的落难知识分子，想必每人都有自己的更早的"当时"。[2]

"低头踏上雨天的路，这是远行者。每一扇窗都在流泪，这是雨中怀远的人。"此情此景，让人唏嘘。作家萧乾在自传中不惜重墨记述了他1949年8月谢绝了剑桥大学的再三邀请，从香港北上，于开国大典前赶到北京的情景：

沈从文

柳萌

一踏上东车站的站台，我就长叹了一声：可回来啦。现今，东车站早已作废，改为铁路工人俱乐部了。这座位于前门箭楼东侧的车站曾在中国近代史上充当过重要的舞台。当年冠盖往来，车水马龙。它也是我个人经历上的一个里程碑。1928年12月，我从这里去的潮汕，1935年7月，我又从这里搭车去的天津大公报。如今，又是从这里，我走上了革命的岗位。[3]

萧乾

然而，萧乾万万想不到，他竟是从哪来的，又从哪出去的。1957 年，他被打成右派，下放到唐山农场监督劳动。“又来到东车站了，这回，我是被押解出去的”。

东车站成为历史的见证，人们在这里上演着进进出出的戏剧，当他们迈过这个北京的门槛时，可否测算到自己生死未卜的命运，计量出祸兮福所倚、福兮祸所伏的征程？

其实，对于每一个个体的人生旅途来说，每一个匆匆的过客，都会有在站台驻足、眺望的时刻。对有些人来说，那是璀璨耀眼的关键时刻，是青春洋溢、船帆高挂的时刻。我接触的两位老保险，留下了他们在东车站的历史镜头，那是可以照亮他们一生的时刻，是他们人生伊始、怀抱初心的瞬间。

3. “下车后，我肩上扛着一捆行李”

1949 年 8 月，陈云在上海召开全国财经会议，会上提出创办国家保险机构中国人民保险公司的建议。上海金融军管会保险组即兵分两路：一路继续在上海负责接收工作；另一路由来自民国保险公司的地下党员郭雨东、姚乃廉（姚洁忱）、陶增耀和戈志高带领从接管单位挑选出的 30 多位思想进步、熟谙业务的中青年积极分子去北京，参与中国人民银行总行筹建中国人民保险公司工作。

与此同时，随着人民银行总行从石家庄迁址北京，一部分来自早期红色根据地银行的胡景澐、孙继武、阎达寅、程仁杰和曲荷等也随之奔赴北京，组成中国人民保险公司（以下简称中国人保、人保、公司）的筹建队伍，紧锣密鼓地开展筹建工作。

1949 年 10 月 20 日，中国人民保险公司伴随着新中国成立庆典的礼炮，在西交民巷 108 号（20 世纪 70 年代改为西交民巷 22 号）成立。那些早期的创业者，也曾随着汇聚进京的人流，在东车站站台上，卸下行装，抖落一身的风尘，眺望着或畅想着自己新的人生开始启航。其中，秦道夫在走出东车站时，还扛着一捆行李，不知他当时是充满自信，还是略感忐忑。那一年，他刚满 20 岁，一个意气风发的北方汉子。

1950 年 12 月，我从天津乘火车到北京。下车后我肩上扛着一捆行李，手里提着一个小包，走出了前门火车站，穿

少年秦道夫

秦道夫 1950 年工作证上的照片

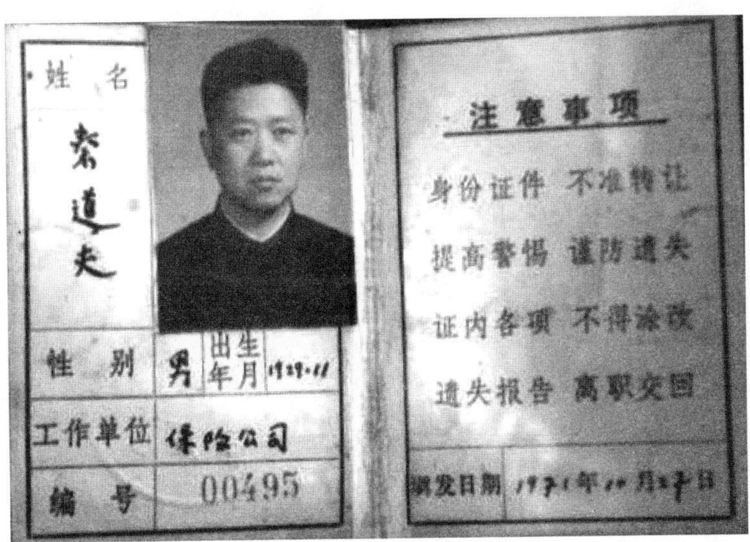

秦道夫的工作证

1950年，秦道夫离开天津时与同仁合影

过正阳门，越过棋盘街，来到西交民巷的中国人民银行人事处报到。

人事处负责人看了我的介绍信后说，你就到保险公司吧。

中国人民保险公司办公楼在人民银行对面的西交民巷108号。我出了银行大门，过了马路就来到保险公司人事处。曲荷处长热情地接待了我，要我留在人事处工作。我的保险生涯从此开始。[4]

1951 年，人保华东区公司保险培训班学员合影

1951年的初春，来自上海的魏润泉也走出了东车站，出生于1930年的他，比秦道夫小了正好1岁，他和秦道夫到北京时的岁数一样，都是20岁。他晚年在自印的传记中对此写得非常详细：

一个傍晚，我们这些去北京的学员穿着解放式棉袄，胸前佩戴大红花，随着敲锣打鼓声进入了上海北站，登上开往北京的火车。啊！我参加革命工作了。我到国家大机关去工作了，心中无比喜悦。[5]

1951年，中国人民保险总公司委托华东区公司在上海招收保险专业的学生，并进行培训。魏润泉等30多名学员被选派到北京工作。他们都经过了严格的政审，就连魏润泉的父亲是小职员的事也要交代清楚。魏润泉年轻气盛，很早就报名到北京总公司工作，是“向往革命事业”的决心，打消了他一开始对在北方生活“吃不消”的恐惧。他心中有些“骄傲”，把这当成是有生以来第一次“响应党的号召”。

魏润泉曾告诉我，火车到达北京，他是蹦下火车的！可见其是多么的兴奋。抬头看见大前门，似曾相识，面对北京城，一下子让他目不暇接。他发现了北京与上海的明显差异：

到北京了，下火车出了车站，大前门就在我的眼前。这

1951 年，来自上海的人保新员工在北京天坛合影

个非常熟悉的图像在我小时候就印在脑海中了。因为我的堂三外婆一直抽大前门牌香烟，香烟外包装上的城楼就是这个样子。

总公司人事部门的负责同志来接我们，用一辆老式的黑色大轿车（据说这是原国民党中央银行北平分行的班车），把我们拉到离车站不远的打磨厂总公司招待所。听说，这个招待所过去是清朝官员的大宅门，有五进深，左右全是坐北朝南的房间，中间是个大走道。对我来说，在上海住惯小弄堂的房子，其特点是小，而这个大宅门，其特点是大，无怪乎北京是皇城的都城。[6]

估计如果接站的同志告诉大家，公司就在车站的西北角，他们或许还要眺望一番，西交民巷 108 号那座金城银行的老洋楼隐约可见。魏润泉回忆，新员工在北京用了 3 天，先后参观了故宫、颐和园、北海和天坛等地，这个参加工作的典礼，令他难忘。仪式带来的光荣感，是当今新员工所不能体会的，尽管现在都在讲企业文化。

非常巧合的是，此时不仅是秦道夫和魏润泉各自人生职业生涯的开始，也是他们各自婚姻生活的开端。

秦道夫和夫人王淑梅在 1946 年相识，他们同在北海银行印钞厂工作。可以说他们并肩携手一路走来，在风雨兼程中爱情得到萌发。1948 年，秦道夫终于鼓起勇气，给王淑梅写了第一封情书，在信中表达了对她的爱慕之情。秦道夫在自传中讲："淑梅是一位聪明、善良、美丽、能干的姑娘。”

1950 年 8 月，秦道夫和王淑梅在天津喜结良缘，住在解放北路大连道。结婚后不久，秦道夫就到北京工作，王淑梅留在天津学习保险。1951 年她调来北京，在中国人保北京分公司工作，他们终于团聚，从此夫唱妇随。

秦道夫从 16 岁开始，也就是 1946 年，就一直和王淑梅在同一家单位工作。如果从那时算起，直到 1996 年秦道夫办理离休手续，他俩并肩工作了整整 50 年。这对于一对夫妻来说不仅是一种罕见的履历，更是一种让人羡慕的人生经历、一种漫长的充满爱意的旅途。

1950 年，魏润泉还在上海上大学。魏润泉的母亲在外甥的婚礼上深受影响，也被触动神经。她想到自己的儿子比外甥还要大，却还未婚，感到很没面子。于是，她和魏润泉的祖母、姑妈一同商量尽快给儿子成家。祖母一下想到了自己的老邻居吕家的二女儿。

吕家是崇尚礼教的传统之家，家风宽厚，勤俭持家，与人为善，二女儿更是这方面的典范。祖母和魏润泉的母亲等一商量，便定下婚事。很快，魏润泉和吕雯华走进了婚姻殿堂。

当回望历史时，我们只能为魏润泉的婚姻缺少婚前恋爱的那点浪漫而感叹，我们如今面对的这对先结婚后恋爱的老夫妻，他们琴瑟和鸣，真实的幸福历历在目。我们只能说，父母之命，也是命中注定。

似乎一切都是新的。秦道夫、魏润泉面对的不仅是新工作的开始，也是他们各自新婚生活的开始。

婚姻幸福和事业有成就像一个人的两条腿，可以保证其顺畅地走完人生的旅途。他们的婚姻与工作，都是从一而终，谱写了

魏润泉与吕雯华的结婚照

一曲时代的绝唱。

4. “干了保险就是干了革命”

2015年，人保公司策划口述历史纪录片的拍摄。在片子的开头，秦道夫面对镜头，操着浓重的胶东口音说：“1950年12月，我来中国人民保险公司工作，办公室在西交民巷108号。我毕生的保险生涯，从此开始。我再没有离开过它。”普普通通的一句话，让许多人潸然泪下。

东车站不仅是新时代拉开历史帷幕的舞台，也是新北京的大

1949 年 10 月 1 日，开国大典前的天安门广场，在开国大典西侧可以看见西交民巷 108 号的大楼

20 世纪 80 年代，秦道夫与同仁在天安门广场合影

1949年，人保位于西交民巷的办公地点

门，同时也是新中国创业者人生转折的拐点。在那个时代，国家、企业、个人三者的命运总是交织在一起的，彼此关联。国家的召唤，企业的使命，激发了每个人的忠诚和担当，化作企业的基业长青与个人的身心健康。

在他们眼里，参加工作，不是找到晋职的平台，更不是谋生的机遇，而是“参加革命”。正如魏润泉所说的“干了保险就是干了革命”。因此，那时没有说走就走的辞职一说，他们选择了人保，就是准备贡献其一生。

秦道夫、魏润泉他们当时按捺不住心中的喜悦，这是一种来自信仰、来自理想的真实体现。又有谁能参透他们其中所经历的艰辛和曲折的人生轨迹。

秦道夫从人事处的一名普通职员，成长为中国人民保险公司的最高掌门人——公司董事长兼总经理。魏润泉从业务处防理科的一名小科员，成为改革开放后人保设立的国外业务部总经理，他的那一纸任命书，当时是由国务院总理亲自签发的。

他们始终与时代同呼吸，共命运。他们的每一个足迹，无不反映了企业的兴衰和变革。他们漫漫的人生历程，如时代所幻化的电影，一幕一幕娓娓道来。他们生命的触须似乎要抓紧所触及的一切，让它们都打上时间的烙印，都赋予人性的光芒，都演绎为人类共同的产物。

秦道夫、魏润泉这两位来自一南一北的人保创业者，用自己满腔的青春热血，书写了中国人保奠基的碑文，使中国人保的红色基因永远保持鲜活的生命力。他们也成为创建中国人保的南北两条红色血脉的代表人物之一，一同被载入中国人保历史篇章的开篇。

1949，西交民巷108号

——中国人民保险公司的诞生

第一章

古老的东方有一条龙

1. 金锁和门神

1998年12月的一天，当时的中保财险公司总经理孙希岳叫我到他的办公室去一趟。我来到公司所在宣武门东河沿街69号办公楼，诚惶诚恐地进了他的办公室。孙希岳胜算在握地告诉我，中保财险将继承中国人民保险公司这个名字。他满脸的成就感溢于言表，吩咐我说："老人保的人都一直没有忘怀那个老'宫灯'标识，你琢磨一下把它改改，设计个新标识。"

后来，我们几个设计人员并没有完全按照孙希岳的意思去设计，他最终还是采纳了我们直接运用"PICC"元素的设计建议。这是后话。

孙希岳说的那个"宫灯"标识，只是坊间人们对人保标识的一种通俗的叫法，还有叫"寿桃"的，更俗的是叫"蒜瓣"。其实，这个标识的图形是"金锁"。我以前在上美术大专班时，这个人保标识的设计者——北京工艺美术设计研究院的老师，在课堂上给我们讲过这个设计案例。

金锁也叫长命锁，又名寄名锁，是中国古代一种传统的首饰。金锁大多由黄金、白银、铜打造，造型以如意（灵芝）、莲花、鱼为主，上面一般刻有“百家宝”“百家保锁”等字样，图案有“福禄寿三星”“麒麟送子”“祥云”等。孩子们佩戴金锁，可以辟邪驱灾。寓意金锁可保佑佩戴者一生长命百岁、满堂富贵、平平安安、事事顺心。

当时人保标识的设计者就是借用了这个寓意，将“人”字变形为如意的造型，里面包含“PICC”的英文缩写，并将金锁底部的缀穗造型演化为“保险”的“保”字。

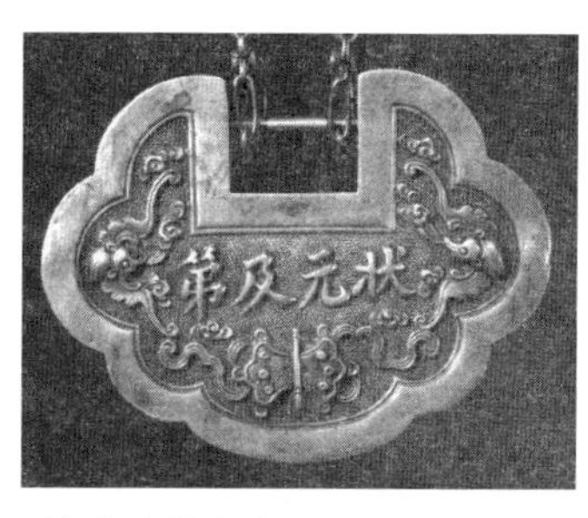

民间传统的金锁

中国人民保险公司

The People's Insurance Company of China

人保 20 世纪 80 年代的标识

金锁的装饰纹样折射出中国民间传统文化所传承的祈福、求吉祥的理念。人们通过联想把主观意识嫁接到客观物体上，使得特定的具体事物显现出主观抽象的意蕴。这些美好愿望物化到金锁上，就使其蕴含了丰富的象征内涵。金锁就是一个表达这种观念信仰的典范。

如今，带有吉祥寓意的许愿锁比比皆是，同心锁、长寿锁、爱情锁、平安锁等，让锁的使命变得更加沉重。

说到锁，离不开门，俗话说“铁将军把门”；说到门，也离不

人保 20 世纪 80 年代的漫画

开门神，这些都成为古时化解风险的替代物。

门神最初的含义是“司门之神”。人们将其神像贴于门上，用以驱邪避鬼、卫家宅、保平安、助功利和降吉祥，它源于上古时期的自然崇拜。传说神荼、郁垒二人专门管鬼怪、邪物，其能够驱邪避凶，所以受到世人的敬仰，便被作为门神贴于门上，用于驱邪挡煞。那时人们认为，凡与日常生活有关的事物皆有神在，如家中的门、灶、床等都有神灵在里面。在古人看来，门主出入，在整个房子中占重要的地位，所以古时祭祀，门为五祀（门、户、中溜、灶、行五种主要祭祀）之首，后世演变为门神。

人保 20 世纪 80 年代的金锁漫画

人保 20 世纪 80 年代的锁寓意广告画

人保 20 世纪 80 年代的锁寓意漫画

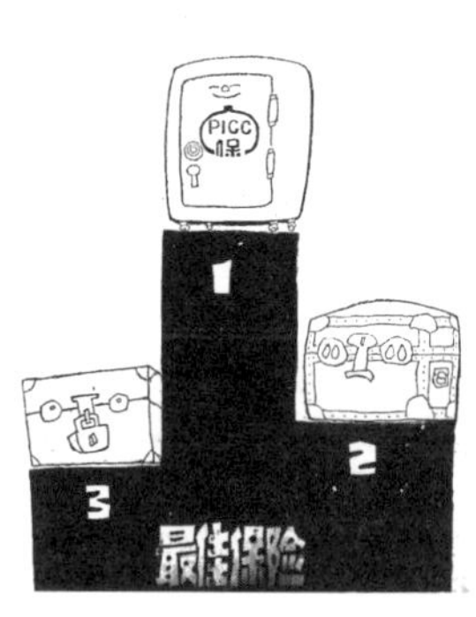

人保 20 世纪 80 年代的锁寓意漫画

门神又分为三类，即文门神、武门神、祈福门神。文门神即画一些身着朝服的文官，如天官、仙童、刘海蟾及送子娘娘等。武门神为武官形象，如秦琼、尉迟恭等。武门神通常贴在临街的大门上，为了防止恶魔或灾星从大门外进入，所供的门神多手持兵器，如刀枪剑戟、斧钺钩叉、鞭锏锤爪、镋棍槊棒、拐子流星等。民间平常人家的门户，贴的门神所持的兵器应背向以消减锋芒，大富大贵人家的门户，贴的门神所持的兵器正向更增威严之气。祈福门神即为福、禄、寿三星。

2003 年，我到山东潍坊杨家埠村采访民间木板年画，“同顺德”画店正宗传人、第一批国家级非物质文化遗产项目代表性传承人杨洛书，现场为我展示了文门神画作《鹿鹤同春》《榴开百子》等手工制作。他说：“老百姓过春节，贴上门神，心里才算踏实。”

不管是锁，还是门神，在中国人保早期的保险宣传中，其形象被反复借用，在漫画、广告画中，都曾被“覆盖”上“ PICC”的标识形象，大有取而代之的意思，可见这些民间形象在百姓意识中的地位是根深蒂固的。

2. 种种吉祥的“口活”

中国是讲究稳妥的国家，中国语言又是隐喻的语言。因此，象征平安、吉祥的语言、符号在中国广泛地存在。人们对生老病死的恐惧、对无法驾驭自身命运的疑惑，一股脑地寄托给了种种“口活”，使之成为他们极大的精神慰藉，同时鼓舞了他们战胜自

人保 20 世纪 80 年代的门神寓意漫画

人保 20 世纪 80 年代的门神寓意漫画

人保 20 世纪 80 年代的门神寓意漫画

然的信心。

吉祥事、吉祥话和吉祥物充满了中国文化的每一处空间，而且花样翻新。它们凝结着中国人的伦理情感、生命意识、审美趣味、宗教情怀，表达了中国自古以来有关生存繁衍的价值观和追求太平祥和的愿望。

关于“吉祥”一词的含义，《易经·系辞下》云：“吉事有祥”，这是“吉”和“祥”最初作为单音节词出现。而今人张道一先生曾将吉祥寓意的内容概括为10个字：福、禄、寿、喜、财、吉、和、安、养、全。这十个字汇集了吉祥文化中最为普遍、最有代表性的观念。

在日常生活的每一个场景、每一处细节之中，我们都可感受到吉祥文化无处不在的信息。似乎万事万物必求嘉瑞吉祥，一言一行皆要平安如意。似乎这些直抒情义的词还不足以表达心中向往。因此一些语言的谐音，也都被转化为吉祥的象征。

如：万事大吉（鸡）、年年有余（鱼）、吉（鸡）祥如意、平（苹果、花瓶）安（鹌鹑）久远、平平（瓶）安安、连（莲）年有余（鲢鱼）、吉（橘子）庆有鱼（鲤鱼）、圆圆（桂圆）满满、事事（柿子）如意（灵芝）、三羊（吉祥）开泰、恭喜发（八哥）财（白菜）、步步高（年糕）升和多子（石榴）多福（蝙蝠、佛手）等。

就连遇见摔碎了东西这样的倒霉事，也可以变成“岁岁（碎）平安”这样的口彩，可见人们趋利、避害、求生的精神需求是多么强烈。但这些于事无补的“好话”，毕竟不如那句“鸡蛋不要放在一个篮子里”的老话具有实际作用，按现在的保险学来说，就是“分散风险”。

宋协邦在他所著的《保险学》一书中，曾引用过美国理查逊教授的一段话：

> 纪元前3000年前，中国商人即能应用保险基本原理从事于货物水运，当时扬子江上的帆船商人冒着生命与财产损失危险，扬帆运货于激流之中，体会了老祖母不把鸡蛋放置一个篮子中携带的道理，同样不将个人的全部货物集中放在一艘船上，以分散危险。这种分散与分担危险的办法，实际就是现代保险的原理与基础。[1]

保险公司本来就是化解风险的商业公司，但是在中国，为迎合大众图吉利的心理，便也纷纷讨口彩，就连公司名称听起来都非常吉祥。如“太平”“天平”“平安”“永安”“天安”“华安”“长安”“恒安”“安邦”“安泰”“华泰”“江泰”“国泰”“瑞泰”“泰康”“泰山”“幸福”“生命”“嘉禾”……甚至有的公司干脆直接就叫“吉祥”，中国传统的吉祥词汇似乎都给用尽了。如果名称都不分彼此，那么品牌的影响力肯定也会减弱，更不可能独树一帜。

3. 远古的神在召唤

“天有不测风云，人有旦夕祸福”。这句话曾成为1998年版

《中国保险史》开篇引用的第一句话，似乎这也是中国古代保险思想的渊源。那些上古的创世神话，更是成为人们敬畏自然、抵御灾害观念的佐证。

因此，有人说，盘古开天辟地、夸父逐日、女娲补天、精卫填海、后羿射日、大禹治水、愚公移山……其中隐含古代先民关于治理自然灾害、防灾、善治和风险管理的愿望，隐约可见中国保险思想的雏形。

中国人保的诗人赵明森多年以前曾写过一首《保险与自然》的诗歌，其中有这样的句子：

保险是女娲补天的五色霞光，
保险是后羿射日的回天之箭，
保险是大禹治水的坚实堤坝，
保险是人类精神和智慧的神圣之子。[2]

女娲补天的相关传说，在上古奇书《淮南子·览冥训》《列子·汤问》上均有记载，但早期的女娲补天，与共工触山并无交集，不但没有共工、祝融、不周山等关键词，对于世间天塌地陷、发生灾难的原因，也没有明言记载，语焉不详，其中根本没提到因为共工、不周山而引发女娲炼石补天的事。

往古之时，四极废，九州裂，天不兼覆，地不周载。火爁炎而不灭，水浩洋而不息。猛兽食颛民，鸷鸟攫老弱。于是女娲炼五色石以补苍天，断鳌足以立四极，杀黑龙以济冀州，积芦灰以止淫水。苍天补，四极正，淫水涸，冀州平，狡虫死，颛民生。背方州，抱圆天。和春阳夏，杀秋约冬，枕方寝绳，阴阳之所壅沈不通者，窍理之；逆气戾物，伤民厚积者，绝止之。当此之时，卧倨倨，兴眄眄，一自以为马，一自以为牛，其行蹎蹎，其视瞑瞑，侗然皆得其和，莫知所由生，浮游不知所求，魍魉不知所往。此之时，禽兽蝮蛇，无不匿其爪牙，藏其螫毒，无有攫噬之心。考其功烈，上际九天，下契黄垆，名声被后世，光晖重万物。乘雷车，服驾应龙，骖青虬，援绝瑞，席萝图，黄云络，前白螭，后奔蛇，浮游消摇，道鬼神，登九天，朝帝于灵门，宓穆休于太祖之下。然而不彰其功，不扬其声，隐真人之道，以从天地之固然。何则？道德上通，而智故消灭也。[3]

可见在先秦远古时期“女娲炼石补苍天”和“共工怒触不周山”是完全独立的两个故事，而东汉学者王充把共工触山与女娲补天捏合到一块儿。至此，女娲补天与共工触山，融合成了一则救世灭灾的神话。

女娲不忍生灵受灾，于是炼出五色石补好天空，折神鳌之足撑四极，平洪水杀猛兽，万灵始得以安居。所谓“补天”，乃含平息灾难、补偿损失的寓言。

说到补偿，我想起1999年，刚刚成立的中国人寿公司将原来的标识倒了一个个儿，说原来在下方代表补偿含义的球，给人以掉下去的感觉，调整到上方，才稳妥。其实，那就不是当初设计的“P”(人民)英文字母及港湾的象征了。

大禹，是中国另一个远古神话的重要人物。2017年，中国保险学会准备编纂中国保险人物传记一书，我还开玩笑地说，大禹治水可以排在第一个。

洪水滔天，鲧窃帝之息壤以堙洪水，不待帝命。帝令祝融杀鲧于羽郊。鲧复生禹，帝乃命禹卒布土以定九州岛。禹娶涂山氏女，不以私害公，自辛至甲四日，复往治水。禹治洪水，通轘辕山，化为熊。谓涂山氏曰：“欲饷，闻鼓声乃来。”禹跳石，误中鼓，涂山氏往，见禹方坐熊，惭而去。至嵩高山下，化为石，方生启。禹曰：“归我子！”石破北方而启生。[4]

大禹左手拿着准绳，右手拿着规矩，走到哪里就量到哪里。他吸取了父亲采用堵截方法治水的教训，改“堵”为“疏”。其要点就是疏通水道，拓宽峡口，使得洪水能够顺利地通过，东流入海。

中华民族在黄河之滨孕育，“逐水草而居”，水的治理是炎黄子孙立家、立族、立邦、立国之本。大禹治水的“钟水丰物”（即把洪水积聚起来供天旱时使用）思想，成为中华传统文化及其风险管理与保险的重要思想资源，是中国历史长河中保险思想的最初光影。

洪水之说并不是中国特有的，它是世界古文明共有的古老记忆。圣经记载：人类的恶习导致上帝愤怒，要毁灭人类。而诺亚恪守本分，被上帝眷顾，选择他们能够活下来，诺亚便带着家人还有部分动物躲进新造的方舟，还多次放出鸽子来查勘洪水是否退去。他们终于逃脱了这场灾难。后来，“诺亚方舟”成为获救、重生的象征，“鸽子”成为和平使者。

中华历史，本质上是农业发展史。农耕文化的特点，或者说农耕民族与北方游牧民族的区别是，农耕的人们必须相对固定在一个地方，才能产生财富。如此一来，对于大自然，尤其是洪水这类事情，大概率的选择是治理，而不是逃避。这就是中国和西方在对待洪水灾害方面有截然不同的两种选择的原因。中国选择的是皇权意志，以人定胜天的态度治水（以龙降龙，“龙”是中国传统的图腾，但“龙王爷”又是中国创世的恶魔，洪荒之力早已成为金句），而西方选择的是顺从神的旨意，造个舟跑路。

也许有人会说：说个保险，何必扯这么远。我只是想梳理一下，在中国，保险的思想有多远，有多深。尽管远古神话中的吉祥观念还不能算作纯粹的保险意识，甚至它有时和商业保险理念背道而驰，成为发展保险的羁绊。但有一点可以证明，就是人们对灾难的防范意识历史悠久，对美好生活的向往源远流长，这种真实的存在，为保险深度、保险密度的增加提供了肥沃的土壤。

1949，西交民巷*108*号

——中国人民保险公司的诞生

第二章

海风从西吹到东

1. 在热那亚开出的保险单

所有的海洋都是海洋……
如果你想愉快地返航回家，就请祈祷，
但是，人们已发现阿里斯塔格拉斯被埋葬于此，
大洋自有其存在的方式。[1]

《希腊诗选》中的这首古希腊的讽刺诗朴素地提醒了在海洋上航行的人们，风险随处存在。

海洋和天空一样湛蓝，一样宽阔，一样深不可测，以陆地为家的人类面对海洋和天空的环境。在远古，人类肯定首先意识到自己插翅难飞，但之后却发现了浮力。因此，造船和航海的技术在很早就诞生了，海洋文明史由此发端，世界保险史也由此孕育而生。

荷马在其史诗中不仅描写了“任何用这只水杯饮水的人，不久都将被渴望美丽的阿芙罗狄忒抓走”的“涅斯托耳水杯”，也描

写了在“避风港湾”停放的“空心船”。

美国海洋史学者林肯·佩恩在《海洋与文明》一书中指出：

> 尽管在中世纪时，航海会遇到种种自然的和人为的困难和危险，但生活在广阔的经济、宗教和地理范围内的人们，仍有许多理由需要驾船航行。商人们运送着商品，使节和权贵往返于君士坦丁堡与威尼斯、波河流域、马赫迪、巴勒摩、休达和塞维利亚之间。[2]

公元700年前后，拜占庭帝国编纂的《罗德海商法》“大大促进了海上贸易的快速增长”，其中规定损失的货物由没有被抛弃的物主共同赔付，决定货物价值的基础，就是今天所谓“共同海损”的雏形。

1123年，宋徽宗在宁波招宝山下造了两艘“万斛神舟”大船，从宁波明州港启航出使高丽，到达后，高丽“万民吹呼出迎”。返航途中，船队遭遇巨浪，传说，当时的给事中路允迪向妈祖祈祷，后顺利抵达定海。宋徽宗因此赐妈祖庙额为“顺济”，此为返航船舶的船名。但此时，西方的第一张保险单已被一位老船长用鹅毛笔写就了。

据悉，最早的保险合同是在1343年2月13日签署的，现保存在热那亚的国家档案馆（见1343年“宪章”，第67页）。它是为一艘从比萨开往西西里的名为圣卡塔利娜的船订立的。

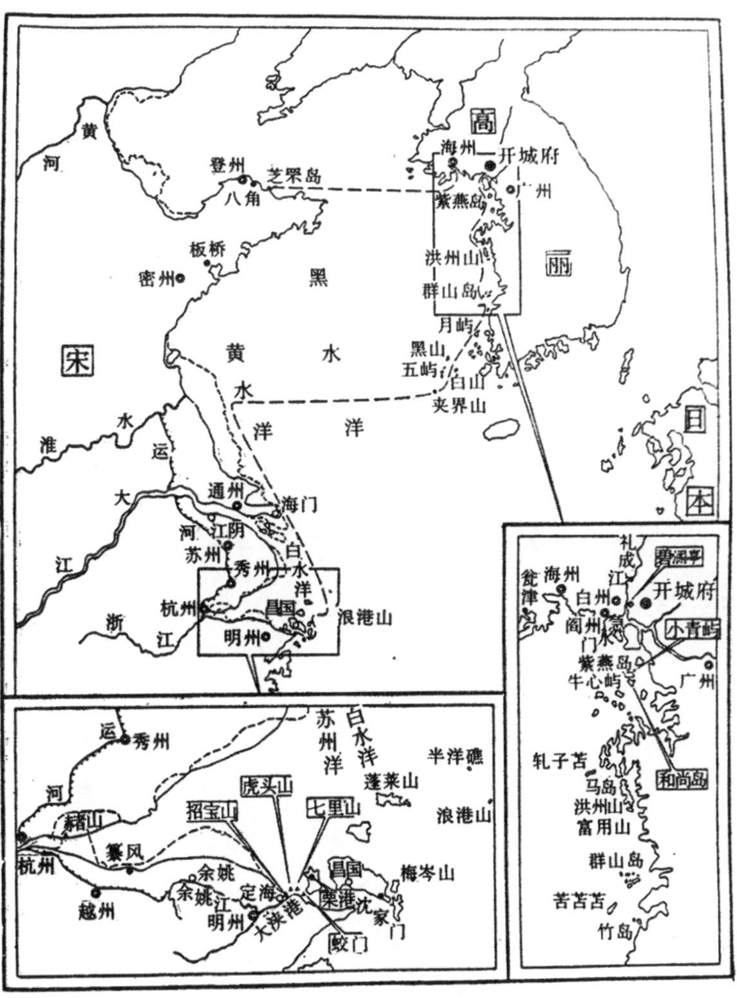
高丽
海州
开城府
登州
芝罘岛
八角
紫燕岛
广州
板桥
密州
黑
洪州山
群山岛
月屿
宋
黄
水
黑山
五屿
白山
夹界山
洋
日本
淮
水
运
大
通州
海门
河
江阴
苏州
白
水
洋
江
秀州
杭州
昌国
浪港山
浙
江
明州
黄
河
礼成江
碧澜亭
瓮津
白州
开城府
阎州
急水门
小青屿
紫燕岛
牛心屿
广州
轧子苫
和尚岛
马岛
洪州山
富用山
群山岛
苦苦苫
竹岛
运河
秀州
苏州洋
白水洋
半洋礁
虎头山
蓬莱山
招宝山
七里山
浪港山
赭山
纂风
杭州
昌国
余姚
余姚江
定海
梅岑山
越州
明州
大浃港
沈家门
蛟门

中国宋代高丽航线图

1347年10月23日，意大利商船“圣·科勒拉”号要从热那亚运送一批贵重的货物到马乔卡。船长担心海上风险，找到一位以冒险著称的富商乔治·勒克维伦，在他那里存上一笔钱，如果船行顺利，钱就归勒克维伦；如果船遇风险，勒克维伦负责赔偿货物损失。这张带有赌博色彩的“冒险借贷”，其实是一种风险转移的契约，因此，它成为了世界上第一张保险单。

由此可见，保险同维纳斯一样，都诞生于大海。此时的热那亚，正是文艺复兴的发源地之一。1485年，佛罗伦萨画家桑德罗·波提切利创作了《维纳斯的诞生》这一名画，画面中，从海洋中诞生的维纳斯站在漂浮于海面的贝壳上。左边是花神和风神在吹送着维纳斯，使贝壳徐徐漂向岸边；右边是森林女神手持用鲜花装饰的锦衣在迎接维纳斯。维纳斯作为美和爱的化身，使这张画被誉为文艺复兴精神的缩影。

1575年，英国女王伊丽莎白一世特许在皇家交易所内设立保险商会，办理保险单登记等业务，并确立了海上保险保单的标准和条款。1601年，英国女王颁布《涉及保险单的立法》，批准在保险商会内设立仲裁庭，解决海上保险纠纷案件，这是世界上第一部保险法律。这时，英国不仅取代意大利成为世界的贸易中心，也成为现代保险的起源地。

1583年，伦敦保险公会签发了世界上第一份标准寿险保单。其实，早在1536年，英国人马丁就曾尝试将海上保险推广到人身保险。他为一位叫吉明的人保了为期12个月的寿险，保额为2000英镑，保费为80英镑。就在寿险差9天到期的时候，吉明意外身亡，马丁投诉法庭，但以败诉告终。马丁擅长精算，但这次他失算了，尝到了自酿的苦果。从此，寿险业才引起人们的关注。

1666年9月2日，伦敦市中心的皇家面包店失火，火势迅速蔓延，熊熊大火燃烧了五天五夜，市区80%的建筑物化为灰烬，20万人无家可归。火灾后的第二年，一位房地产商人尼古莱·巴蓬和朋友出资4万英镑，在伦敦创立了世界上第一家火灾保险营业所，并于1680年通过集资方式成立了凤凰火灾保险所。巴蓬被后人誉为“现代保险之父”。

1688年，英国商人爱德华·劳埃德于伦敦开设劳埃德咖啡馆。这成为许多船东、船长及海员聚集的固定场所，在这里能听到来自世界各地的海上见闻及商贸消息。店主劳埃德开始系统地汇集整理这些信息，并编辑成册，出版小报《劳埃德新闻》提供给客户。久而久之，该咖啡馆便成为这些人交易的地方，一些做船务保险的人便在这家咖啡馆租房间作为固定办公室，承接保险业务。随着业务量越来越大，该咖啡馆的名气也越来越大，1771年，79位保险业主在这家咖啡馆联合成立“劳埃德公会”，这成为现代保险巨头的滥觞。

1693年，英国天文学家哈雷根据德国布勒斯劳市居民的寿命资料，编制出一张完整的生命表，用科学方法精确地计算出各年龄人口的死亡率。

1756年数学家多德森提出“均衡保险费”的思想。

1762年，英国成立了世界上第一家人寿保险公司——伦敦公平保险公司，开始使用生命表和均衡保险费理论来计算保费，这标志着现代人寿保险制度的形成。

伦敦大火

劳埃德咖啡馆

2. “洋船泊靠，商贾云集，殷实富庶”

到了15世纪，大航海时代开启，欧洲人开始有组织地向南探险，葡萄牙人在这方面走在了前面。15世纪40年代，里斯本的造船师设计出了轻型快速的帆船。

> 一批又一批葡萄牙探险队向南航行到了更远的地方。1482年，一位名为迪奥戈·康的经验丰富的海军上尉出海，开始了最为雄心勃勃的远航。他贴近非洲西海岸航行，当他的轻快帆船穿过赤道之后，他看到北极星从天际消失了。他知道自己向南航行的距离已经远远超过了之前所有的欧洲人。[3]

16世纪初，中国和西方国家的海上贸易开始出现，最早与中国通商的就是葡萄牙人。1486年，葡萄牙人发现了绕过非洲好望角驶抵远东的航线，并在苏门答腊、爪哇等群岛建立势力范围。1517年，葡萄牙派舰队到中国广东、福建、浙江沿海一带强行通商。

1637年，英国由威德尔率领的6艘兵舰以武力敲开中国广州的通商之门。进入18世纪，早期海上霸主葡萄牙、西班牙、荷兰等国家被英国取代，英国成为世界上最具实力的国家。英国历史学家弗格森在《帝国》一书中说：“金融成为不列颠崛起的化身，所向无敌。”但它是夹挟在炮火中来到中国的。

英国历史学者本·威尔逊在《黄金时代——英国与现代世界的诞生》一书中描述，飞剪船带来的淘金热，促进了商贸时代的到来：

许多飞剪船在绕道合恩角并把移民和货物运到旧金山之后，都会穿越太平洋，前往中国的通商口岸。在香港、上海、广州和澳门，这种光滑漂亮的船一下子就打败了所有其他类型的船只。英国商人为船舱空间争吵，飞剪船船长可以开出3倍于英国船的价钱来运茶叶和丝绸，他们没有令人失望，当飞剪船以破纪录的速度到达伦敦，全世界为之震惊。[4]

威尔逊指出，在殖民浪潮中，印度、缅甸、中国都在西方国家的强大压力之下，西方打着贸易的旗号逼近、威胁着这些国家的独立和传统生活方式，闭关自守被相互依赖所替代，这些国家发现：

对冷酷无情的西方文明的抵抗日渐失效的不只是勇士部落，全世界的物理障碍都遭到了电报、蒸汽船和铁路的围攻。尽管如此，仍有顽强的人试图阻止毫无约束的全球交流的实现。[5]

1685 年，清政府对外开放了宁波、泉州、松江、广州四个口岸。但面对洋船渐渐北上的态势，乾隆慌了手脚，他下达谕旨，向来洋船俱由广东收口，经粤海关稽查征税，其浙省之宁波不过偶然一至。近年奸牙勾串渔利，洋船至宁波者甚多，将来番舶云集，留住日久，将又成粤省之澳门矣，与海疆重地、风土民俗均有关系。是以更定章程，视粤稍重，则洋商无所利而不来，以示限制，意并不在增税也。随后，他下令限定广州为唯一外国商船来往口岸，且限制颇多。

尽管广州成为对外开放的口岸，但在垄断的铁幕下，海风不可能恣意地吹入，没有自由花朵的繁荣。中英之间的贸易由各自政府认可的垄断机构把持，英国方面是东印度公司，中国方面是广州十三行，各自出演着快意的独角戏。

英国女王伊丽莎白一世在 1600 年授予东印度公司皇家特许状，给予它在印度贸易的特权垄断权 21 年。这使它从一个商业贸易企业变成了印度的实际主宰者，打通了中英贸易的唯一通道。有人认为伊丽莎白女王和万历皇帝为一对明君，正是如此。

广州口岸

十三行飘扬的旗帜

当时的东印度统治者贾汗吉尔向英国詹姆斯一世回信道：

作为对您的皇室的恩爱，我向所有我统治的王国和海港下令接受任何英国商人作为我的朋友。他们可以在任何他们愿意的地方居住，他们享受无限制的自由。不论他们到达哪个海港，葡萄牙或其他人不准打扰他们。不论他们在哪个城市定居，我下令给所有我的总督和长官给予他们任何可以给予的、他们所需要的自由。他们可以任意买卖和向他们的国家运输。

为了加固我们之间的热情和友情，我希望陛下下令您的商人，用他们的船运来各种珍品和适合我的皇宫的商品，以及您有机会给我传递您的王家信件，以让我欢欣您的健康和事业发展。愿我们的友谊永恒。[6]

通过东印度公司进口中国货物的贸易，成为漂洋过海的白银之旅。茶叶生意越发地红火，成为“日不落帝国”的一道不可或缺的霞光。在广州海岸的远山近水中，那些迎风招展的西洋国旗与广州衙门旌旗，一同在昭示着中西方历史交汇的壮观景象。

“洋船泊靠，商贾云集，殷实富庶”。这是清朝天子眼中的广州十三行。近代以前，这个远离帝京的商埠，以其特有的商贸文化底蕴，与紫禁城内的皇家生活结下不解之缘，它是清政府特许经营对外贸易的专业商行，被誉为“金山珠海，天子南库”。

十三行原为位于珠江边上的中外交易场所，口岸洋船聚集，亚洲、欧洲、美洲的主要国家和地区几乎都与十三行发生过直接的贸易关系。这里拥有通往欧洲、拉美、南亚、东洋和大洋洲的环球贸易航线，是清政府闭关政策下唯一幸存的海上丝绸之路，也是外商在华贸易的独木桥。

十三行里有家企业——怡和行，主要经营丝织品、茶叶和瓷器。怡和行主要跟英国人做贸易，同时也把产业扩展到国外，甚至债务也放到国外，是英国东印度公司最大的债权人。

作为十三行中最大行的怡和行老板，伍秉鉴的私人资产达

伍秉鉴

2600万银圆，是世界首富。2001年，美国《华尔街日报》统计了1000年来世界上最富有的50人，有6名中国人入选，伍秉鉴就是其中之一。

伍氏家族是福建茶商，在武夷山有一大片茶园和很多茶厂。茶叶贸易最大的问题是运输，要把茶叶从武夷山运到广州，最好的运输方式是水路。武夷山没有哪条河道直通广州，他们要先把茶从山里挑出来，运到江西铅山河口，再经鄱阳湖进赣江，辗转进广东，再乘水路进入广州，全程1500公里，挑夫换马队，竹筏换大船，大船换小船。茶叶包在锡纸或瓷器罐子里，日晒雨淋会影响品质，如果没有严格的管理，就保证不了茶叶的质量和供应量，怡和行在茶叶生产和运输方面花了很多功夫。武夷茶里品质较高的，就是怡和行的茶叶，凡贴怡和行图标的中国茶叶，在西方总能卖高价。茶叶好，信誉好，赚钱就多，伍秉鉴因此发了财。

伍秉鉴也像中国普通的地主一样，在国内买了大量的田产、宅院、茶园、店铺，甚至让银子变成资本，到美国投资铁路、证券和保险业务，使怡和行一度成为世界级的跨国财团。

广州地方文献称他"多财善贾，总中外贸易事，手握货利枢机者数十年"。英国东印度公司的大班说他"拥有大量的资本及高度的才智，因而在全体行商中，居于卓越的地位"。他曾经亲手撕毁一位美国商人欠他的7.5万银圆的借据，也曾经给他美国的义子约翰·福布斯（此人日后成为美国著名的铁路大王）50万银圆，帮助他创立了旗昌洋行。

历史的巨浪和海风洗刷着东西方漫长的海岸线，演绎着不同的航海意识。在中西贸易交往中，进入世界的贸易手段让海风不再与世隔绝，其中，保险逐步成为一条不曾断开的链条，随着浪花，被推送到广州口岸的岸上。

第三章

海风从南吹到北

1. 广州：船到码头　保险上岸

几年前，我曾为《保险史话》一书撰写书评。按我当时对中国钱庄票号及西方银行业的历史印象，以为中国银行史要早于中国保险史。保险史专家童伟明及时纠正了我的错误看法。

我后来知道，中国最早出现资本主义性质的新式银行机构的时间是 1845 年，当时英国的丽如银行在香港和广州同时开设了分行，这是中国最早出现的外国银行，该银行总行设于印度孟买，是英国政府的特许银行。而中国最早出现保险公司的时间是 1805 年，当时英国人在广州开办了谏当保安行（又称为广州保险会社），标志着西方保险制度传入了中国，中国现代商业保险历史从此开始。

1897 年 5 月，清政府在上海成立中国通商银行，这是一家仿效西方银行成立的有限股份制银行，也是中国银行业第一家以“银行”命名的银行。至此，结束了中国银行业只有牌号（如票号“日升昌”、钱庄“福康”等）而没有“银行”字样的历史。而早在 1865 年 5 月，中国第一家华商保险机构——上海华商义和公司保险行成立。这是我国第一家自办的保险机构，打破了外商保险公司独占中国保险市场的局面，为民族保险业开辟了先河。

No. 26634 No. 26634

INCORPORATED BY ROYAL CHARTER

SHARE CERTIFICATE.

This is to Certify that
Edward Rawlings
is the Proprietor of a Share of £25. in the Capital
of the ORIENTAL BANK CORPORATION subject
to the regulations of the Charter and transferable with
Consent of the Directors.
Given under the Common Seal
of the Corporation the Twenty fourth
day of August 1853

Chief Manager.

Entered Accountant.

N.B. Every transfer of Shares to be Valid must be made in the form prescribed by the Directors & in no other manner & an endorsement thereof must be made hereon.

丽如银行支票

总之，无论是外商的进入，还是华商的自主成立，保险公司在中国的出现都要比银行早。

英国完成工业革命后，需要一个广大的市场作为货品出口地，而中国刚好符合此条件，能成为英国商品的倾销地。西方商品贸易经济翻滚的浪潮，冲击着中国几千年来自给自足的自然经济体系。

由于中国出产的茶叶、丝绸、瓷器等商品在欧洲市场十分受欢迎，英国人希望中国能开放贸易，但英国出口的羊毛、呢绒等工业制品在中国却不受青睐，乾隆皇帝甚至认为中国什么都不缺

广州口岸

广州码头

乏，没必要与英国进行贸易，这使中英贸易为英国带来庞大的贸易逆差。在中英贸易被东印度公司和十三行的垄断下，形成空船驶来、载货而去的现象，白花花的银子纷纷流向了大清帝国。英国在18世纪开始实行金本位货币政策，而清政府则以白银作为货币，由于与中国的所有贸易需以白银折算，使得英国需要从欧洲大陆购入白银用作贸易，金银一买一卖，英国人的利润受损。税率方面，中国对英国的入口货物需要抽20%的高税率，这使英国大为不满。

为扭转贸易逆差的窘境，东印度公司开始向中国输出印度鸦片，使鸦片贸易日渐扩大。英商的货船主要装载鸦片、金银等贵重货物，沿途冒着遭遇海盗、风浪、战事等的风险，为了保障其日进斗金，避免血本无归，保险变得日益重要。

英国学者格林堡在其《不列颠的贸易和中国的开放（1800—1834）》一书中记载：

> 1801年，广州还没有任何公开的保险机关，但是有些私人却临时组织在一起承保船只和它装载的货物，金额最高为12000元（西班牙银圆）。随着港脚（不属东印度公司的外国商人）贸易的发展，很多加尔各答的保险机关在广州设置了代理机构。[1]

1805年，身为东印度公司鸦片部经理的英国人达卫森，敏锐地察觉到了保险的需求及方便理赔的通道，他在广州发起成立谏当保安行。“保安”一词，最早出在《史记·王莽传上》：“保安孝平皇帝之幼嗣。”“保”即“安”也。

谏当保安行由达卫森及其加尔各答、孟买的朋友集资成立，他们拥有全部股份，由鸦片代理行甸洋行（保顺洋行的前身）、比尔·麦尼克洋行（怡和洋行的前身）轮流管理，每5年互换一次经理。

谏当保安行的设立使保险商得以在中国签发保单和支付损失赔款，为英商的贸易和走私提供方便。1834年，怡和洋行第一次派“萨拉”号船从广州驶往伦敦，船上载有488吨的丝织品、桂皮、大黄、中国根菜和杂货，其保险单就是由谏当保安行在广州签发的。

至1835年，谏当保安行已经营了30年。原两家经营者先后易帜，相互竞争，不得不重新改组，谏当保安行退出保险市场，怡和洋行全面接管。1836年，谏当保安行改为谏当保险公司。而宝顺洋行另起炉灶，1835年在广州开设于仁洋面保安行，成为中国第二家保险机构。

19世纪初，广州沙面岛上出现了一股保险浪潮，许多家外资保险公司或通过洋行代理，或自己设立公司，在中国开展保险业务。1838年，广州洋行已达55家，从事保险代理业务的外籍人员约20人，代理伦敦保险、联盟海险、海上保险等15家外商保险公司在华业务。怡和洋行和宝顺洋行在中国的海外贸易中处于霸主地位，在外商保险代理方面也颇具影响。

鸦片贸易给中国社会带来严重危害，清政府从自身利益出发，多次颁布禁烟命令。1838年12月，道光皇帝命林则徐为钦差大臣，

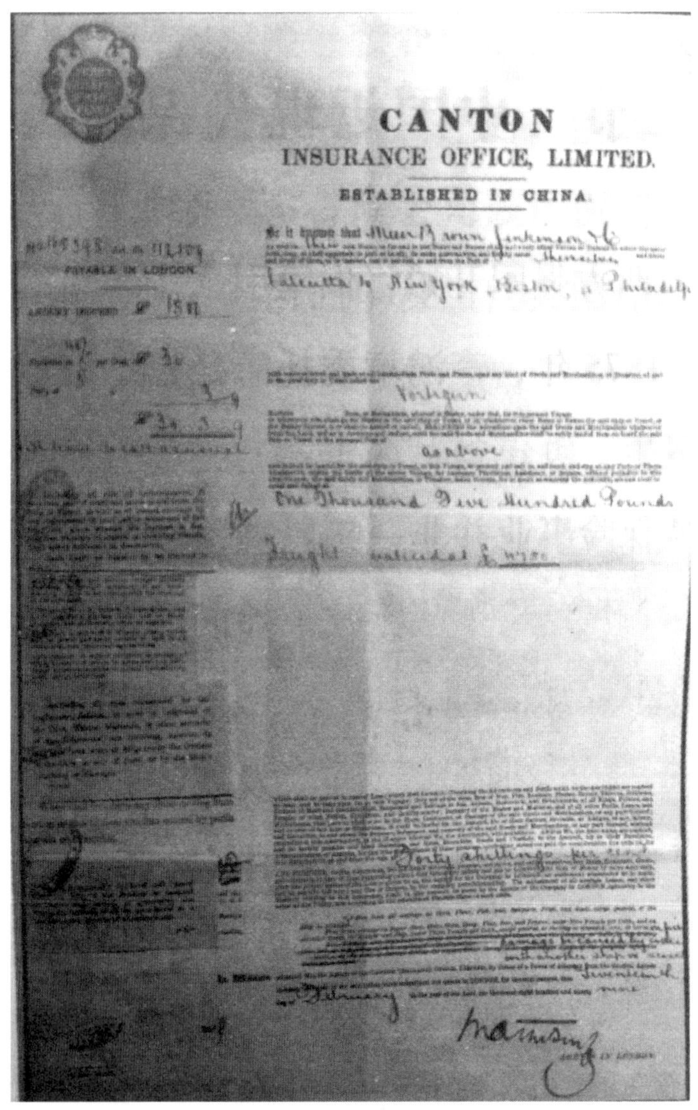
CANTON
INSURANCE OFFICE, LIMITED.
ESTABLISHED IN CHINA.
PAYABLE IN LONDON

谏当保安行的保单

前往广东禁烟。

1839 年 3 月，林则徐抵达广州后，勒令外国烟贩交出所有鸦片并承诺不再贩卖。随后，林则徐在虎门将大部分法律上属于英国人的库存鸦片全部销毁。英国人把中国人的禁烟行动看成侵犯私人财产，觉得不可容忍，以致鸦片战争爆发，但英国人称为“通商战争”。鸦片战争是中国近代史的开端。

2. 燕梳：随风飘过

最早将“insurance”一词引进中国的是魏源。他在 1843 年刊行的《海国图志》一书中，将“insurance”译成“担保”，将“insurance company”译成“担保会”。

1847 年，由梅德赫斯特编纂的《英华辞典》在上海出版，在这部辞典中，将“insurance”译作“保领”。

1866 年，由罗布存德编纂的《英华辞典》在上海出版，书中将“insurance”正式译成“保险”一词，但用英语对照广东话、北京话，因而发音拼成“燕梳”或“烟苏”，保险公司被拼成“烟苏甘班尼”。这是一个富有东方诗意的词汇，因此至今还被国人热衷使用。

也有人认为“insurance”一词首先由西方传入日本，再从日本传入中国。日文“保险”和汉字写法基本相同。多次主持中日签约的李鸿章在 1871 年的奏折上多次使用过“保险”一词。

林则徐被称为“开眼看世界的第一人”，而魏源被称为“传播

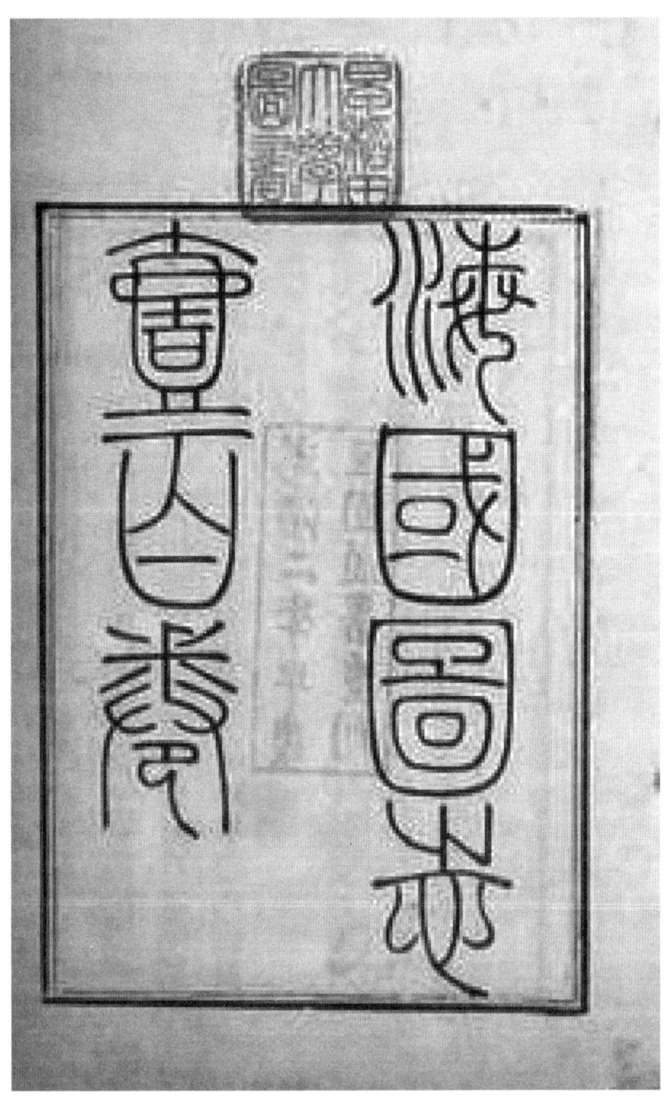

海国图志

林则徐

魏源

西方保险思想的第一位中国人”，他们是志同道合的朋友。林则徐在被发配伊犁的途中路过镇江，在此与魏源进行了一番倾心交谈，林则徐将自己的《四洲志》手稿交给魏源，嘱托其在此基础上编纂《海国图志》。

1842年，《海国图志》出版，成为划时代的巨著。书中保险译成“担保”，海上保险译成“船担保”，生命保险译成“命担保”，火灾保险译成“宅担保”。

《海国图志》对于启蒙中国人的保险思想、促进民族保险业的兴起具有重要的意义。清朝晚期的洋务运动，就是受魏源“师夷”思想的影响，并将这种思想加以运用和发挥。《海国图志》在日本得到广泛传播，最终在1868年酿成了著名的明治维新运动，推翻

洪仁玕

了封建的幕府统治。

1851 年 1 月，太平天国运动在金田爆发，运动领袖洪秀全的族弟洪仁玕在起义失败后，流亡到香港。他受洗入教，接触了西方理论，成为维新志士。

洪仁玕在《资政新篇》的“法法类”中对西方保险作了介绍：“外国有兴人物之例，凡屋宇、人命、货物、船等，有防于水火者，先与保人议定，每年纳银若干，有失则保人赔其所值，无失则赢其所奉。若失命，则父母妻子有赖，失物则已不致尽亏。”其中点明了保险补偿功能的要义。

中国维新运动的先行者王韬也是极力推动民族保险业发展的思想家，他在《代上广州冯太守书》中，呼吁设立中国的保险公司，维护民族经济利益，“以中国之人保中国之货，不必假手于外洋，而其利尽归于我”。

另一位维新思想家郑观应在《盛世危言》中阐述了保险分散风险、组织补偿的基本原理：“盖所谓保险者，不过以一人一身之祸派及众人。譬一人房屋或行船遇险由公司赔偿，而公司之利仍取之于人。如保房屋一千座，其中一座失险，则以九百九十九座之利银偿还遇险之一座，在公司不过代为收付，稍沾经费而已。对人险亦然。”

维新代表人物陈炽在《续富国策》中，提出“纠资集股版保险，振兴中国”的主张。《保险史话》一书对他的历史地位给予了很高的评价：

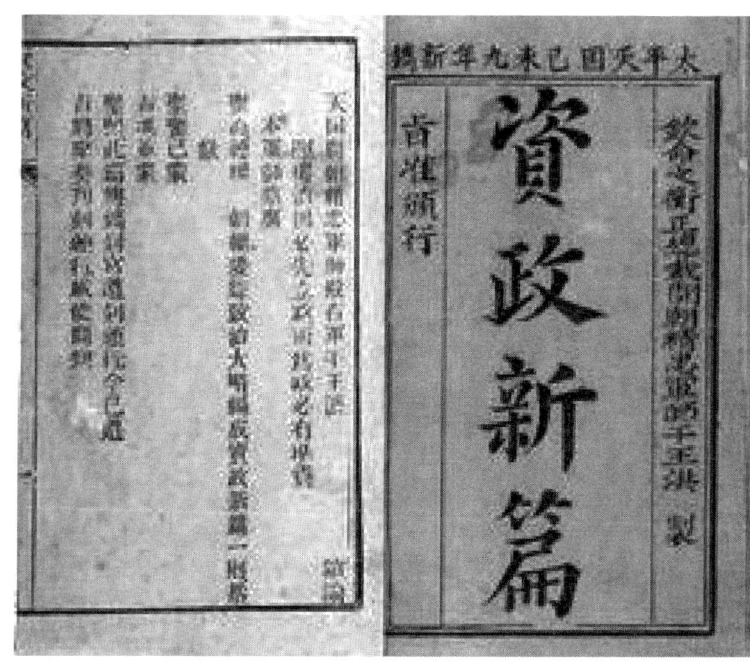
太平天国己未九年新镌

钦命文衡正总裁开朝精忠军师干王洪 製

資政新篇

旨准頒行

资政新篇

> 他的“保险集资说”从微观上论述了保险原理和经营方法，从宏观上提出了振兴民族保险业的设想，是中国近代保险史上比较完整、系统的保险思想。[2]

3. 上海：大浪淘金

鸦片战争失败后，由于签订了《南京条约》等一系列不平等条约，中国不得不开放广州、福州、厦门、宁波、上海五个口岸通商，以及协定关税权、领事裁判权、片面最惠国待遇等一系列特权，严重损害了中国的独立主权。

在新开的五个口岸中，长江口的上海最接近主要出口物资丝绸和茶叶的产地，又位于江、浙富庶之区。同时，上海是国内南北海运的中间站，是近海与远洋贸易的天然门户。

曾主导中国对外贸易的广州，因靠近被英国割据的香港，其地位日渐滑落，外商纷纷撤离广州，向上海云集，原在广州的买办也蜂拥而至，在上海开设洋行，英、美、法3国相继沿黄浦江设立租界，并不断扩展租界范围。因《南京条约》签订，清政府被迫将上海公共租界的中心道路命名为南京路。上海成为打开现代中国市场大门的一把钥匙，海风从南边徐徐吹了过来。

上海口岸

1843年11月8日，刚刚被任命为英国驻沪第一任领事的巴富尔（原英国驻印度马特拉斯陆军炮兵上尉），乘坐“魔女”号货轮，登上上海大东门码头，标志着上海正式开港。

开埠仅6周，怡和洋行的“斯图亚特”号商船浩浩荡荡地开进上海港，423吨的巨轮成为吨位最大的商船。怡和洋行成为上海第一家开业的洋行，并引来其他洋行紧随其后。

上海开埠后，洋行的贸易和航运活动主导着上海这一新兴城市的发展，保险成为不可或缺的辅助行业。起初，上海保险业务主要是为航运服务的水险，保险标的为船舶及其承运的货物，随后逐步扩大到火险和寿险，而且保险业务基本采取由洋行代理的模式。中国保险中心由广州转向上海，并快速繁荣起来，并为上海经济的发展提供了保障。

怡和洋行

1857年，谏当保险公司在上海设立分行。英国商人在上海创办的英文报刊《北华捷报》曾在1864年11月26日报道：

> 当今商人的“黄金国”似乎就是中国了。那里有广阔的真空，有待填补。我们英国商人正在闯入中国，好像进入一个未开发的处女地带。为三分之一人类的贸易开办保险业务，也摆在这些新来的冒险家的面前了。[3]

19世纪，中国的买办阶层积极投资于众多通商口岸的公司，其中包括保险公司，如澳门联合财产保险公司（1835年）、广州保险公司（1836年）、扬子保险公司（1862年）、保家行（1863年）等。《千年金融史》一书中引用了专门研究上海交易所的历史学家托马斯的说法：

> 包括商人和买办在内的中国投资者的投资额占据了19世纪60年代之后上海股市总资本的40%~50%。因此，股份有限公司的引进不仅为中国的企业融资提供了新的手段（特别是在航运和海上保险行业），同时也为中国投资者分散风险提供了一种手段。中国商人在这些由外国人成立和经营的公司里有如此巨额的投资，所以企业股权利益的分配将中国商人的利益与英国交易的利益绑定在一起。一位在保险公司

> 或船运公司有着大股份的中国商人将更有可能按照所在公司的特定方式参与业务。[4]

1865年5月25日，中国第一家民族保险公司——义和保险公司在上海成立。义和保险公司在中文报纸《上海新报》上刊登广告说："爱我华商等议开义和公司保险行，保字纸系写一面番字，一面唐字，规例俱有载明，并无含糊。倘如贵客有货配搭轮船，或是夹板往各口去，请至本行取保，决不之误。"这是现代意义上的"保险"一词第一次出现在中文文献上。

但也有保险历史研究专家以没有发现义和保险公司开办业务的文字记载为由，对义和保险公司的成立，持怀疑态度。

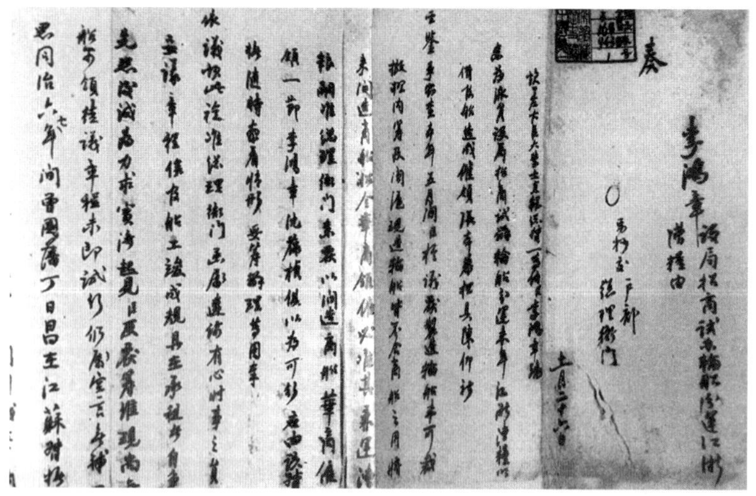

李鸿章奏请设立轮船招商局的奏折

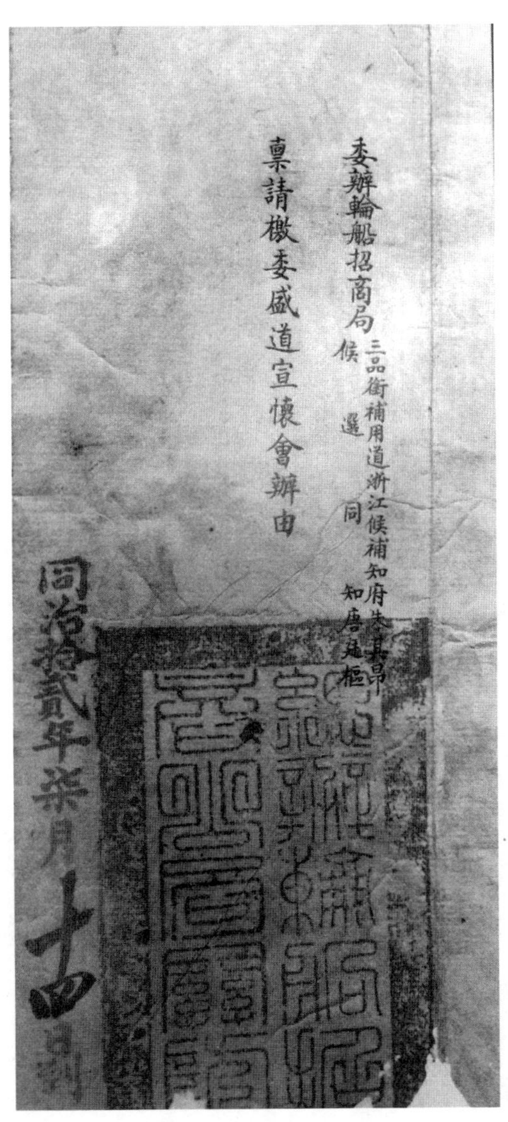
委辦輪船招商局 三品銜補用道浙江候補知府朱其昂 候選同知唐廷樞
稟請撤委盛道宣懷會辦由
同治拾貳年柒月十

李鸿章给轮船招商局的手札

1873年1月，轮船招商局在上海成立。这是为收回中国江海利权，由直隶总督兼北洋通商大臣李鸿章授命沙船巨商朱其昂在上海组建的中国第一代民族工商企业，盛宣怀担任轮船招商局会办。

1875年11月，轮船招商局集股成立保险招商局，这是中国第一家船舶保险公司，也是中国保险史上第一家官办保险企业，由唐廷枢、徐润联手创办。

唐廷枢号称“中国第一位现代买办”，曾在怡和洋行干了10年，凭借广泛而稳定的人际关系及丰富的商业和法律知识，他成为上海滩的华商领袖。唐廷枢本来已挂名退隐，闭门研读经书，但在朱其昂的求助下，他再次出山，执掌轮船招商局，组建保险招商局。

为提高承保能力，唐廷枢在保险招商局的基础上融资扩股组建更大的保险公司，名为仁和保险公司。该公司只经营水险业务，承保船舶险和货运险。

盛宣怀

唐廷枢

轮船招商局大楼

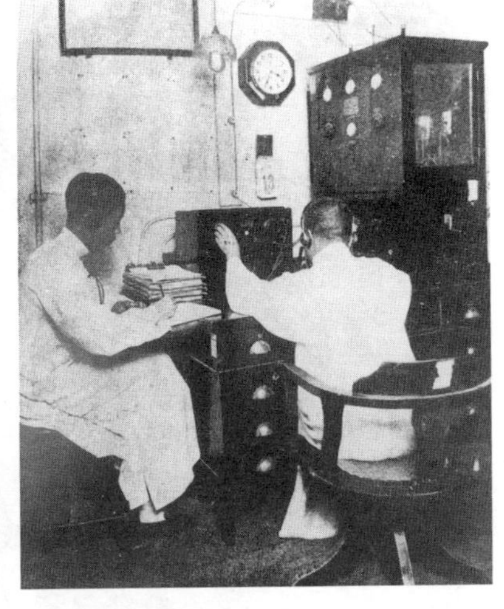

轮船招商局电报室中的工作人员

1878 年 3 月，唐廷枢又创办了济和保险公司，专保仁和的溢额保险和轮船招商局的码头、栈房和货物的财产保险。

1886 年，仁和、济和两家保险公司合并，成立仁济和保险公司，资本金为规银 100 万两，由此拉开了民族保险史的序幕，作为第一家颇具规模的华商保险公司，仁济和保险公司终于登上了历史舞台。

1905 年，中国第一家官办银行——中国通商银行在上海创办了华兴保险公司，自此逐步形成银行投资保险的热潮。

1907 年，在盛宣怀的支持下，由徐锐编纂的《保险业章程草案》，是中国保险史上第一部以保险为名的专项法规。

1907 年，上海的华兴、华安等 9 家保险公司发起成立华商保险公会，它是上海保险同业公会的前身，是中国第一家保险团体。

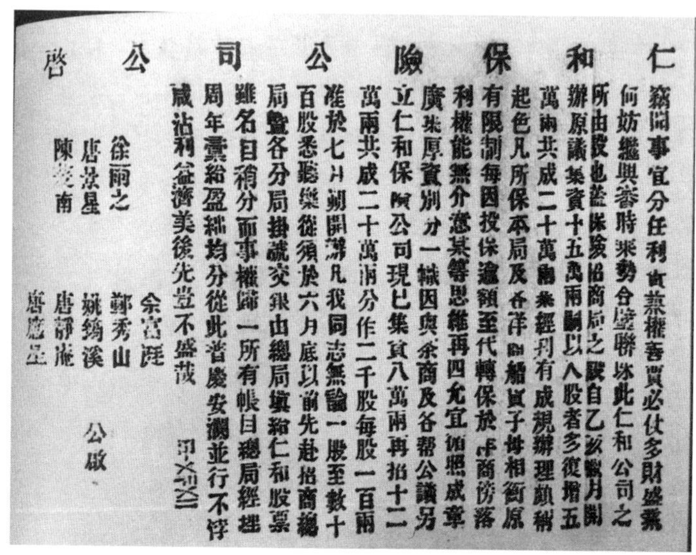

仁和保險公司啓

竊聞事宜分任利歸兼權善賈必仗多財盛業何妨繼興警時乘勢合壁聯珠此仁和公司之所由設也蓋保險招商局之設自乙亥歲月開辦原議集資十五萬兩嗣以入股者多復增五萬兩共成二十萬兩業經刊有成規辦理頗稱起色凡所保本局及各洋船貨子母相衡原有限制每因投保逾額至代轉保於洋商傍落利權能無介懣某等思維再四允宜循照成章廣集厚資別分一幟因與衆商及各幫公議另立仁和保險公司現已集貲八萬兩再招十二萬兩共成二十萬兩分作二千股每股一百兩准於七月朔開辦凡我同志無論一股至數十百股悉聽樂從須於六月底以前先赴招商總局暨各分局掛號交銀由總局填給仁和股票雖名目稍分而事權歸一所有帳目總局經理周年彙給盈絀均分從此普慶安瀾並行不悖咸沾利益濟美後先豈不盛哉

徐雨之　余富庭
唐景星　鄭秀山
陳茇南　姚錫溪　公啟
唐靜庵
唐應星

仁和保险公司广告

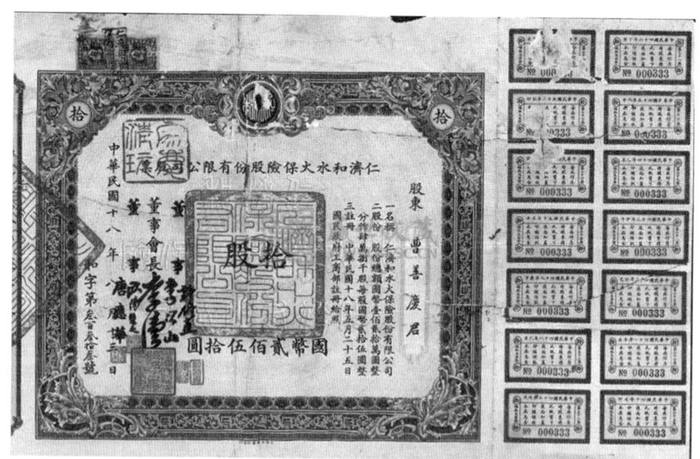

仁濟和水火保險股份有限公司

拾股

股東　曾善慶　君

國幣貳佰伍拾圓

董事會長

董事

中華民國十八年　月　日

和字第叁百叁拾叁號

№ 000333

仁济和保险公司股票

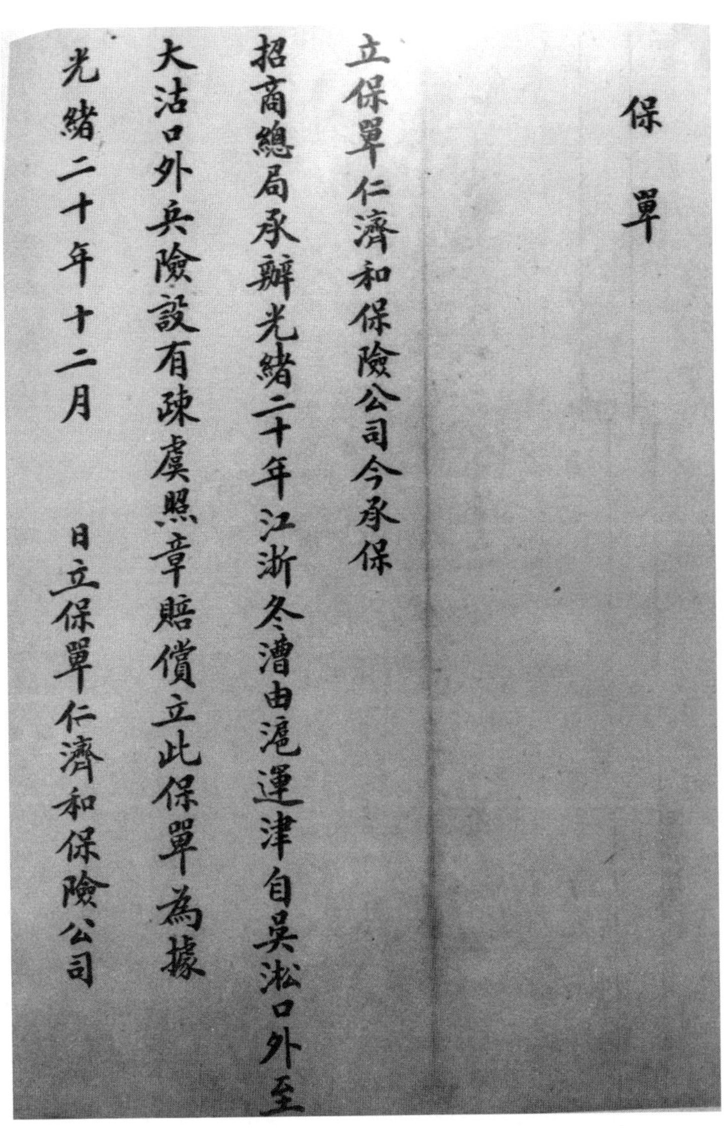
保單

立保單仁濟和保險公司今承保
招商總局承辦光緒二十年江浙冬漕由滬運津自吴淞口外至
大沽口外兵險設有疎虞照章賠償立此保單為據
光緒二十年十二月　　日立保單仁濟和保險公司

仁济和保险公司保单

1912年6月，原英商永年人寿南京公司经理吕岳泉联合民国元勋徐绍桢和武昌起义的八大功臣之一王人文，在上海创立华安合群保寿股份有限公司，成为民族寿险业兴起的标志。1935年2月，京剧泰斗梅兰芳一行出席莫斯科首届电影节，华安合群为其办理了人身意外短期保险。

1915年7月，中国百货业先驱、先施百货的创办人马应彪在香港创办了先施保险置业有限公司。1916年1月，永安百货的创办人郭氏兄弟在上海创办了永安水火保险公司。

1924年7月，《保险与储蓄》杂志在上海创刊，这是中国第一本保险刊物。

1925年2月，商务印书馆出版了王效文编著的《保险学》一书，这是中国第一部保险学著作。

1935年8月，中国历史上第一个保险学术研究团体——中国保险学会在上海成立。

4. 史带：让友邦惊诧

2018年12月18日，在北京人民大会堂召开庆祝改革开放40周年大会上，党中央、国务院宣布了中国改革友谊奖章获得者名单。其中，获奖者莫里斯·格林伯格的获奖词为“倡导并推动中外经贸合作和中美友好的企业家、国际友人”。

格林伯格是中国人民的老朋友，也是新中国保险业的友好使者。他所在的美国国际集团（AIG）的前任史带，1919年在上海创

中国改革友谊奖章获得者莫里斯·格林伯格

建了美亚保险公司，是首位把保险营销概念带给中国的西方人。

1892年，史带出生在美国加州一个叫富特布赖格的小镇。史带2岁的时候，父亲就去世了，靠母亲打理一家小旅社艰难度日。18岁的史带被加州大学伯克利分校录取，但因为经济原因，一年不到就退学了。

1911年，19岁的史带回乡创办了镇上第一家冰激凌店，两年后转手净赚了1000美元。随后，史带进入当地一家房地产公司，并在那里第一次接触到保险。1914年，史带来到旧金山学习法律，同时在太平洋海岸灾害保险公司做兼职代理。几个月后，史带取得了律师执照，并创办了自己的保险经纪公司。

史带

1917年，美国加入第一次世界大战。史带关掉保险经纪公司，应征入伍。《保险史话》一书非常注重人物的刻画，在这部历史鸿篇中叙述了这样的故事细节：

> 史带的性格颇具冒险特质，参军原是希望能派到海外作战。不过他很快发现机会渺茫——只有晋升到士官军衔后才可能被派往海外作战，这让酷爱浪迹天涯的史带感到十分沮丧。[5]

史带果断退伍，来到太平洋邮轮公司谋职，获得外派日本横滨的机会。史带的上司十分傲慢，每次找史带时都会以按铃的形式传唤，这让史带无法忍受，最终离职。

1918年，史带怀揣300日元，携一只小皮箱，形单影只地前往上海，伟大的冒险就此展开。能用伟大修饰的，大多缘起于渺小。

史带先是在《字林西报》当记者，凭借自己的聪慧睿智，结识了加州同乡、美丰银行的老板礼文，后被邀请到美丰银行分管保险业务，代理美国普益保险公司在华业务。史带不负众望，在上海将保险业务做得风生水起，并结识了很多达官显贵。而使史带发家的，则是“老虎机”式的博彩生意。有了第一桶金的史带，自然要在十里洋场大显身手。

1919年12月12日，史带在百慕大注册创立了美亚保险公司

(以下简称美亚)，这是一家只有两间小屋和两名雇员的保险代理公司。在礼文的帮助下，美亚很快获得了美国保险公会和部分英国大保险公司的代理合同。

史带倡行代理人营销模式，聘用当地有号召力且愿意为公司服务的华人，积极主动地发展客户。除了采取本土化经营之外，史带还深谙投保人的心理——轮船公司一般不敢裸航，但是投保给华商怕理赔难，投保给外商又觉得保费太贵。史带于是在保单上印上“费率如议”，他只告诉代理人一个最低费率，多出部分归代理人所有。重赏之下必有勇夫，美亚集团在抗战前的全盛时期，为史带服务的大小代理人有2000多人，上海各行各业都有他的“门徒”，史带成为“远东保险王”。

1925年，美亚根据中国贸易法令，向中国政府注册。1929年，美亚升级改制为美亚保险股份有限公司，发行股票3万股，共筹得30万美元。有了雄厚的资金保障，美亚开始了扩张之路，1930年，史带与英国商人在香港合办四海保险公司；1931年，史带与法国商人在越南联办法美保险公司；1932年，华人市场出现排斥外商的倾向，史带拉拢联合华人工商领袖与华人银行，合资筹建泰山保险公司，并将其包装成华人公司。

据1936年《中国保险年鉴》的记载，美亚的资本金为279.7万元，公积金及准备金为107.5万元，美亚代理的外商保险公司多达26家，每年营业额达800余万美元，其中就华人的业务与华商公司分保费收入，美亚占比为70%以上。美亚几乎掌控了整个中国保险市场。

创立美亚两年后，1921年，史带利用美亚的赔款准备金，创

1982 年格林伯格（左五）和人保宋国华（左二）、李嘉华（左一）等合影

建了友邦人寿保险公司（以下简称友邦），取名“友邦”，有向中国人示好的含义。友邦的司徽图案为喜马拉雅山山脉和“寿比南山”文字，意味“永恒如喜马拉雅山”。友邦是第一家向华人推广寿险产品及服务的外国保险公司。

因抗日战争爆发，史带将友邦总部迁往美国。新中国成立后，友邦退出中国市场。1967 年，格林伯格接替史带成为掌舵人，次年史带逝世。1969 年，美国国际集团（AIG）重回美国上市。1989 年至 2005 年 3 月，格林伯格出任 AIG 董事长兼首席执行官，他实现了史带绘制的金融帝国的蓝图和梦想。

格林伯格由于为人处世的风格与史带酷似，所以，被没有子嗣的史带视为己出，自然就成了无可挑剔的接班人，这是历史上选择接班人的完美案例。格林伯格同样是美国保险业的传奇人物，是世界保险业最有影响力的领袖之一。格林伯格还被称为世界保险教父，如今已 94 岁高龄的他，已然是保险业的“活化石”。

可以说，AIG 这家世界上最大的保险集团公司最早是在中国起家的。而且，格林伯格，以及与中国保险业也有着不解之缘，他在 1975 年便来到中国开展保险业务，以及与中国人保的历届领导探讨合作，亲眼见证了中国保险在改革开放中取得的巨大成就。

5. 天津：只是成了北方中心

海风从广州吹到上海，在上海形成银行、保险业迅猛发展的浪潮。海风一路北上，要寻找下一个落脚点，再创建一个金融中心。天津首当其冲。

1864 年，第二次鸦片战争后，天津开埠通商，逐渐成为中国北方最大的工商业城市，作为办理洋务的重镇，天津开始向现代转型。

金融业是经济流通的血脉，天津最初的金融业是以中国传统的钱铺、钱庄、银号的形式存在的。“银行”这种近代金融形态，始于外商银行陆续而来，保险也随之萌发。

1845 年，英国于仁洋面保安行在天津设立分支机构，成为最早进入天津的保险机构。与中国其他地方的保险历史一样，洋行是民族保险业最初的载体。1864 年，怡和洋行在天津设立分行，代理保险业务。

1882 年，英国汇丰银行天津分行正式开业。随后，1895 年，另一家英国银行——麦加利银行天津分行开业；1896 年，华俄道胜银行天津分行开业；1897 年，德华银行天津分行开业；1899 年，日本横滨正金银行天津分行开业；1901 年，花旗银行建立天津分行；1906 年，华比银行建立天津分行；1907 年，法国东方汇理银行建立天津分行；1920 年，意大利华义银行建立天津分行……

中国第一家官商合办的中国通商银行，于 1898 年在天津开设分行。1903 年，袁世凯上奏请准在天津开办官商合办银行，志成银行成为总行设在天津的首家银行。

1919 年，美国火险公司进入天津。1924 年，美亚在天津设立分公司。同时，北美洲保险公司也在天津设立分公司。

1928 年 11 月 1 日，是北京金融业彻底衰落的标志性日子。这一天，中国最大的两家银行——中国银行和交通银行总管理处由北平移到上海，使天津的金融地位更加稳固。但海风从广州吹来，毕竟路途遥远，风力渐弱，还有北方地理、政治和经济等因素的影响，天津最终并没有取代上海的中心地位。但还是形成了民国时期金融中心为“南上海”“北天津”的局势。

天津英法租界中街（今解放北路）素有“银行街”之称，洋行、保险公司和轮船公司等均跻身于此，街道的两侧，一些气派的银行、保险大楼陆续建成。民国时期天津的民营银行，最著名者莫过于“北四行”，即盐业、金城、大陆、中南四家银行。

在中国民族工业的发展历程中，有四个实业界人士，即搞重工业的张之洞、搞化学工业的范旭东、搞交通运输的卢作孚、搞纺织工业的张謇。这四位实业界人士中，范旭东创办永利制碱公司和卢作孚创办民生实业公司都与周作民及金城银行对民族工商业的投资倾向有很大的关系。

天津口岸

天津金融街

第一次世界大战期间，中国民族工商业的发展和北洋军阀政府财政上对银行资金的需要，是刺激和促成金城银行成立的两项主要因素。金城银行的发起人正属于这两种类型。一类是军阀、官僚及他们的代表人，比如安徽省督军倪嗣冲、安武军后路局督办王郅隆、天津造币厂监督吴鼎昌等。另一类是与官僚、军阀有联系的交通银行当权人物，比如总行协理任振采、北平分行经理胡笔江、总行稽核科主任周作民等。

1917 年 5 月 15 日，金城银行在天津成立，金城，取“金城汤池永久坚固”之意，王郅隆任董事长，周作民任总经理，注册资本 200 万元，实收 50 万元。

周作民号称剑走偏锋的金融“大鳄”，他的八面玲珑和自我克制来源于他的明智，他知道要“给予不同的人不同的东西”，而且懂得如何给予，这也为金城银行和太平保险的创办奠定了坚实的社会基础。

1926 年，周作民被奉军张学良部绑架，舆论大哗。尽管有熊希龄、赵尔巽等大人物前往周旋，周作民还是付出 40 万现洋的代价才获得自由。周作民说：“我从刺刀上读到了银行家也要遵循的原则——利润必须分拨一部分打磨刺刀。”

1927 年，金城银行总经理处迁到上海，周作民也因此任总经理兼董事长，大权集于一身。

1929 年 2 月，金城银行在周作民的倡导下，在上海发起创办太平水火保险公司，额定资本为 100 万元。周作民任董事长，总经理为丁雪农。丁雪农此前曾任交通银行青岛分行经理，而其叔父丁敬臣是青岛商会会长，岳父吴蔚如是青岛中国银行经理，可见其人脉之广。保险历史研究专家童伟明在《周作民与太平保险》一文中讲：

> 查阅当时的资料，金城银行董事会议录记载了周作民对当时市场前景的分析："就上海一地而言，每年保险费达七千万元（大体相当于现在的50亿~60亿元），从前几乎全部在外人保险公司之手。"周作民曾对陈光甫（上海银行经理）等保险同业者云：只可向外人争，不可自争，果能争得百分之十，每年亦有七百万元。[6]

1985年，时已86岁的中国人保公司原国外业务部专家陶听轩先生回忆当年受周作民委派和丁雪农一同组建太平保险的经历：

> 1925年，离开天津来上海，有老朋友黄克络兄告诉我，上海金城银行拟筹办保险公司并已由丁雪农主办此事。丁雪农雄心筹办，渴求内行人合作。经黄克络介绍与丁雪农见面，他比我长4岁，两人互谈对保险业的抱负、认识等，一拍即合。经丁雪农介绍我见了金城银行总经理周作民，同意我参加太平保险的筹办工作。丁任经理，我任副理，另加职员十数人。[7]

太平保险公司同仁合影

太平水火保险公司创办初期，开办了水、火、船壳、汽车等险种，并承办玻璃、邮包、行动、茧纱等险种，随着业务扩展，又开办了木驳、电梯、兵、盗、信用、意外、人寿等险种。

1933 年 9 月，金城银行召开董事会，决定太平水火保险公司改组为太平保险公司，并由金城、中南、大陆、交通、国华 5 家银行共同注入资本，资本增为 500 万元，规模扩大。

随后太平保险公司先后收并了安平、丰盛、天一等保险公司，向集团化方向发展，业务也随之大增。至 1936 年底，承办各种保险总额约 13 亿元，每年盈利都在 15 万 ~30 万元。

太平保险公司除在上海设总公司外，在京、汉、津、哈、鲁、粤六大区设分公司，鼎盛时期，全国代理网点达900余家。当时就上海一地，每年保费收入为700万元。太平保险公司逐步开办国外分保业务，并在香港、西贡、雅加达等地设立了分公司。

1936年，陶听轩被太平保险公司派往欧美考察保险业，并被选为英国保险学会会员，太平保险公司的国际声誉由此鹊起。陶听轩还与劳合社签订了分保代理合约，为太平保险公司开办远洋运输保险业务创造了条件。

1938年，太平保险公司创设太平人寿公司，业务迅猛发展，太平保险公司遂成为全国数一数二的华商保险公司，成为中国当时保险业中的巨擘。

太平保險股份有限公司

太平保险公司保单

太平人寿保险公司宣传折页

1929 年，中国银行总经理张嘉璈出国考察，对美国保险业在经济大萧条时期挽救美国财政金融危机的作用，感受很深。因此张嘉璈向董事会建议设立中国保险公司，借以保障中国银行财产及贷款安全，同时可以收取保费，增加收入。

1931 年 11 月 1 日，中国保险公司在上海仁记路（今滇池路）中国银行行址正式开业，中国银行上海分行总经理宋汉章兼任公司董事长。公司额定资本为 500 万元，先收半数，由中国银行独家投资。

中国保险公司的主要业务有一般保险业务、再保险业务和人寿保险业务。一般保险业务初期以火险为主，后期又扩充到茧子险、银钞险、运输险、汽车险、邮包险、奶牛险、电梯险、柜窗玻璃险、船壳险及水上运输险等。人寿保险方面，1933 年中国保险公司拨出 50 万元作为人寿保险部的基金，开始经营人寿保险业务，其种类有终身人寿保险、储蓄保险、人身意外保险、劳工保险、雇主责任保险等 12 种之多。人寿保险部于 1937 年改组为中国人寿保险公司。

中国银行对申新四厂有大量贷款，全部财产由中国保险公司汉口经理处承保。1934 年，汉口申新四厂发生火灾，全部损失折合银圆 200 余万元，占中国保险公司实收资本 250 万元的 80%，成为当时国内保险业中空前的大案。中国保险公司特派经理陈伯源立即赶赴汉口核实损失。太阳保险公司也派高级职员了解情况，按契约汇来应负担的赔款。中国保险公司也按应负担的部分，给申新四厂及时理赔，使该厂及早重建，恢复生产。申新四厂特在上海《申报》《新闻报》刊登整版篇幅鸣谢启事，以事实为中国保

宋汉章

中国银行大楼

中國保險股份有限公司

國民政府註冊立案

資本金額五百萬元

總公司上海

貳拾年儲蓄保壽單　儲字第玖壹貳零號

中國保險股份有限公司（以下簡稱公司）今承保
林恩君（以下簡稱被保險人）年叁拾叁歲
保險金額國幣壹萬圓（＄10000）整（以下簡稱保額）允於
民國肆拾捌年拾壹月伍日爲本保壽單（以下簡稱保單）滿期之日屆時如
保單仍在有效期內將保單退還公司則公司即將保額付與被保險人親自收領倘於保
單滿期之前並於有效期內接得被保險人身故之證明經公司核准後即將保額付與其
妻周賽英女士（以下簡稱受益人）但如受益人已先去世則付給被保險
人之法定繼承人具領自民國貳拾捌年拾壹月伍日起繳付第一次保險費
國幣伍佰陸拾肆圓壹角整（以下簡稱保費）後保單開始生效以後每逢
拾壹月伍日依照上述之保費數目按期繳付公司使保單繼續有效至保單滿期至
民國肆拾捌年拾壹月伍日或於是日之前被保險人身故時爲止
本保單及另幅所載之一切條件與本保單之要保書均爲本保單契約正文之一部份一
律有效

中華民國貳拾捌年拾壹月伍日訂於上海

董事長

經理

驗單員

中国保险公司保单

险公司作了有力宣传，使中国保险公司名声大振，业务量日增。

1933 年 6 月，永安保险公司与其他 8 家民营保险公司在“中国联合保险总经理处”的基础上，创办了中国第一家专业再保险公司——华商联合保险公司。

1935 年 10 月 1 日，中央信托局在上海成立。这是国民党四大家族垄断资本的一个金融机构，与中央银行、中国银行、交通银行、中国农民银行、邮政储金汇业局、中央合作金库合称“四行二局一库”。紧接着，由中央银行拨款 500 万元，中央信托局成立保险部，办理火险、水险、兵盗险、汽车险、寿险、一切财物及人身意外险，并经营分保业务。

随着抗日战争全面爆发，国民政府从南京撤向重庆，保险中心也由上海转移至重庆。重庆先后有中央信托局产物保险处和人寿保险处、邮政储金汇业局保险处、大东方保险、大南保险、中国人寿、中国天一、中国保险、中兴保险、亚兴保险、太平保险、太平人寿、永大保险、安平保险、永兴保险、裕国产物、华安保险、兴华保险、华盛保险、宝丰保险等 21 家保险公司。

1943 年 12 月，交通银行在重庆创办太平洋保险公司。同年，中国农民银行在重庆投资建立中国农业保险公司。

随着抗日战争胜利，一些保险公司总部纷纷迁回上海。1948 年，在上海的保险公司华商达 178 家，外商达 63 家。

民国时期，哈尔滨、沈阳、大连、北京、济南、烟台、青岛、南京、长沙、武汉、宁波、厦门等地也曾是保险发展的重镇。

历史学家布罗代尔说：“在谈到各个帝国和它们的兴衰的时候，也许应该注意到促使这些国家诞生的命运，也就是说，不要混淆时期，不要过早去察觉那些与日俱增后来变得强大的事物的举动威势，也不要过早去预示那些随着岁月流逝后来不再强大的事物的衰落。”

国家诞生的命运如此，保险诞生的命运也是如此。它思接千载，视通万里，千姿百态，风云变幻。你要有足够的想象力，就可以品尝它足以令人销魂的魅力，回眸无边落木的苍凉，体验时远时近的错落，拥有不畏浮云遮望眼的自信。

第四章

一条来自南方的红色血脉

1. 燃灯者

20 世纪刚刚进入 20 年代，上海金融界掀起设立交易所的狂潮，各种交易所有 136 家之多，包括布、麻、煤油、火柴、烟、酒等许多看似不起眼的行业都成立了交易所，呈现出普罗大众一心追求金钱利益的疯狂态势。

1921 年 7 月 23 日晚 8 时，在上海法租界望志路树德里 106 号，一栋砖木结构的两层石库门楼房前，几位穿着长衫的人行色匆匆地走进了楼内。楼外的虫鸣此起彼伏，更显得夜色的浓重。

这些人操着各地不同的口音，悄声低语。按陈潭秋在 1936 年的回忆文章中所讲，附近博文女校的一位厨师，负责为他们做饭。“他根本不知道这些客人是谁，因为他不懂他们的土话，他们讲的都不是上海话，有的讲湖南话，有的讲湖北话，而有些则讲北京话”。

这是一次非常隐秘的会议。二楼客厅的那盏碳极弧光灯，似乎被输入了一种能量，散发出夺目流泻的光芒。它要向外传递着什么，也许是要向世界预示着什么。

同样不在现场的李大钊这样描述："好比在沉沉深夜中得一个小小的明星，照见新人生的道路。我们应该趁着这一线的光明，努力前去为人类活动，作出一点有益人类的工作。"

这就是中国共产党的第一次全国代表大会。李达、李汉俊、张国焘、刘仁静、毛泽东、何叔衡、王尽美、邓恩铭、陈潭秋、董必武、周佛海、陈公博和包惠僧出席了会议。共产国际代表马林、尼科尔斯基列席了会议。

这栋楼房成为中国共产党的圣地。习近平 2017 年曾站在这里说："毛泽东称这里是中国共产党的'产床'，这个比喻很形象，我看这里也是我们共产党人的精神家园。"

20 世纪 60 年代一大会址

在一大会址纪念馆里，收藏着许多中国共产党创建初期的文物，其中有一件是胡愈文在1940年写的《忆詠骐先生》一文的手稿。这份珍贵的文物，成为中国人民保险公司红色血脉的圣物，特别是成为南方这条红色血脉源头的证明。上海是中国人民保险公司的摇篮，也是新中国保险业的出发地。

胡詠骐作为上海保险业地下党的创始人，其名字被镌刻在中国共产党的历史中，也被铭记在中国人民保险公司红色家谱的顶端。

著名作家郑振铎的《蛰居散记》是一部散文集，其中第三篇文章就是写胡詠骐的：

上海战役失败后，上海的情形，紧张、混乱。友人们撤退的、躲避的纷纷不绝。在其间，也有许多若橡树似的，屹立于暴风雨之中而坚定不动的，胡詠骐先生即是其中之一。他稳定地站在危难、艰苦、恐怖、纷扰的环境中，像一个巨人似的；在他的巨影之下，许多人赖以安定、不惧。他执了一盏光明四射的灯笼，在茫茫黑夜里，引导着许多人向前走。他的忠勇、冷静与明晰分毫的理论，增加了同伴者无穷的勇气。

他不是一位孳孳为利的普通商人，他看得远，见得广，想得透彻。他知道一个商人在这国难时期应尽的责任是什么。他的一切措施、一切行动，都是以国家民族的利益为

> 前提的。他从事商业近二十年，但他的经济情形也仅足够一家温饱而已。而对于爱国事业，则无不竭力帮助着；比千万百万富翁所尽的力量更多，更大！[1]

胡詠骐是浙江宁波鄞县人。少年时就读于教会学校斐迪中学，并开始信仰基督教。中学毕业后，进入上海沪江大学学习。1919年，获文学学位。他回到宁波，创办基督教青年会并任总干事，后转任中华基督教青年会全国协会董事。胡詠骐每天沐浴在圣歌声中，似乎在信仰的道路上，正在一步一步向前。

1926年，胡詠骐得到教会资助，赴美国哥伦比亚大学攻读金融、人寿保险和商业管理学。其后，他到纽约联邦人寿保险公司实习。

1929年，胡詠骐回国后，任宁绍商轮公司保险部经理，后任宁绍水火保险公司总经理。1931年，他在上海创办了宁绍人寿保险公司并任总经理。公司在广州、北平、汉口、青岛设分公司，九江、重庆、南京等地设代理处。股东大多是宁绍帮寓沪的富商，资本收足规银25万元。

胡詠骐可以说是一个思想和智慧非常通透的人，作为一个优秀的基督徒，他同时有着过人的经商才能。在保险领域里，他充分施展着其经营管理的才华。胡詠骐把上帝的慈爱融入保险经营理念中，把对人的关爱价值体现在对客户的呵护中。他提出“以被保险人利益为前提”的经营理念，并热心“客户服务月”的活动，

胡詠骐

胡詠骐全家合影

免费为驻沪保户注射霍乱及伤寒疫苗，以期不负被保险人之原意，而完成寿险的关爱使命。正如郑振铎所说："他把人寿保险事业，作为社会事业之一，足为后来人最好的楷模。"

1933 年，胡詠骐创办了《寿险季刊》《人寿保险学讲义》，构筑保险理论体系。这是中国保险界第一次出版的定期刊物，也是第一本人寿保险学的专业刊物。

1935 年，中国保险学会成立，胡詠骐任常务理事。其后，胡詠骐又出任上海保险业同业公会主席。他首次建议成立中华寿险再保委员会，并主持制定《火险经纪人登记与管理规章》。

1936 年 5 月，胡詠骐应国民政府立法院委员马寅初函请，出席保险法修订会议，新《保险法》随后出台实施。其间，胡詠骐建议政府聘请寿险专家，编制中国国民经验死亡表。他主持翻译了保险单上长期沿用的英文条款，结束了中国民族保险公司在保险单上没有中文条款的历史。

胡詠骐重视保险教育，呼吁请政府公派留学生安排保险专业名额，并在中小学课本中增加保险知识内容，建议在大学设置保险学必修课。

1936 年，胡詠骐在上海市保险业同业公会工作报告中指出：

> 保险事业在国内之历史，既尚肤浅，一半经验自属缺乏，以致不知不觉间，难免有盲人瞎马、夜半深池之憾！唯商战无异兵战，我人营业如欲驾乎洋商之上，而须熟练保险

> 业务之状况，取人之长，弃己之短，所谓知己知彼，则战无不胜，攻无不克，以是目前最重要之工作，厥惟编制各种统计及设计之工作。
>
> 今日之研究保险事业者，辄以难得正确之材料及统计数字为苦。故欲保险事业之发达，而不以搜集材料编制统计为务。实等于缘木而求鱼耳。[2]

随着胡詠骐在上海保险业的声名鹊起，他成为保险业的领军人物。但无论是在宗教信仰方面，还是在事业的耕耘方面，胡詠骐都没有得到心灵的慰藉。他在思索，他在寻求，追寻理想的道路。共产党像一束拨动心扉的光芒，胡詠骐在人生的道路上，终于与它相遇。

共产党为了维护胡詠骐的经济地位和社会影响力，有意安排他深入卧底，并没有马上批准他入党，指示他广泛发展保险精英，有效开展地下斗争。

1937 年，“八一三”淞沪会战爆发后，胡詠骐以保险业同业公会主席的身份，致力于难民救济工作。他发起组织上海保险界战地服务团，开展各项为抗日前线服务的活动，为抗日爱国救亡运动甘愿肝脑涂地。

1937 年底，在共产党的指示下，胡詠骐秘密联系保险业地下党同仁，发起筹建上海市保险业业余联谊会（以下简称保联）。从外表来看，这是一个公开合法的群众团体，其实这是一个共产党的外围组织。

胡詠骐生活朴素，自奉甚俭，但他经常资助文化事业。他协助胡愈之组织“复社”，资助夏衍出版《译报》。当时上海出版斯诺的《西行漫记》、鲁迅的《鲁迅全集》、瞿秋白的《海上述林》《瞿秋白文集》等进步书籍，都是胡詠骐出资印制的。

胡詠骐的亲密战友林震峰曾在一篇悼念文章中，详细记录了胡詠骐与地下党、文化界、工商界人士的往来：

> 他经常和我地下党的领导同志刘少文、刘晓（刘镜青）、沙文汉（张登）等在一起，他善于利用他的社会地位，掩护党的工作，开展各项进步的抗日救亡活动。他经常以社会化的方式，如在家宴请等方式与地下党的领导人聚会，畅谈革命形势和党的方针政策。请刘晓同志任宁绍人寿保险公司的经理员。刘晓同志在重庆八路军办事处时，他利用宁绍轮船公司的关系，沿途予以照料。他经常以不让人知道的方式帮助一些同志和进步人士解决一些生活上的困难。他利用座谈会、聚餐会等适合文化界、工商界人士的方式开展各项活动，他经常利用他的办公室和比较宽敞的家庭住房举行各种聚会，他与文化界、教育界胡愈之、郑振铎、许广平、王任叔（巴人）、刘湛恩等，以及工商界进步人士章乃器、王志莘、孙瑞璜等往来很密切。[3]

胡詠骐（前排左四）与宁绍商轮公司保险部同仁合影

1939年初，上海金融业地下党终于同意胡詠骐为中国共产党预备党员。他的入党事项是报请中共中央批准的。上海文化界地下党书记沙文汉是他的入党介绍人，胡詠骐在其指导下研读了《资本论》(英文版)。

1940年5月，胡詠骐患病住院，11月5日逝世，年仅42岁。在他的葬礼上，几乎没有人知道他是一名共产党员。胡詠骐在去世前的遗嘱中写道："余信仰为人在世应为大多数人民谋福利，生为中国人应先中国而后世界。余不赞成私有财产制度，家人日常生活应力求简朴，只求合乎卫生，切弗奢侈。每年全数收入除简朴生活

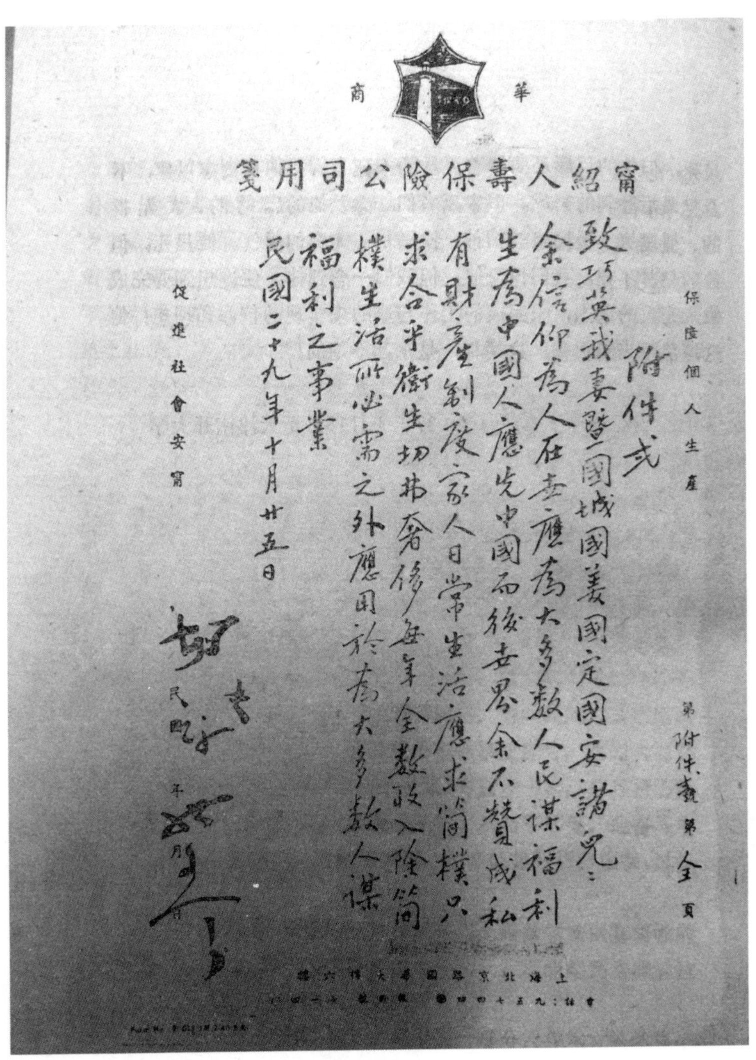

華商

甯紹人壽保險公司用箋

保障個人生產

促進社會安甯

第 附件貳 第 全 頁

附件弍

致巧英我妻暨國城國義國定國安諸兒：

余信仰為人在世應為大多數人民謀福利生為中國人應先中國而後世界余不贊成私有財產制度家人日常生活應求簡樸只求合乎衛生切勿奢侈每年全數收入除簡樸生活所必需之外應用於為大多數人謀福利之事業

民國二十九年十月廿五日

胡詠騏

民國　年　月　日

上海北京路華商大樓六樓

胡詠骐遗嘱

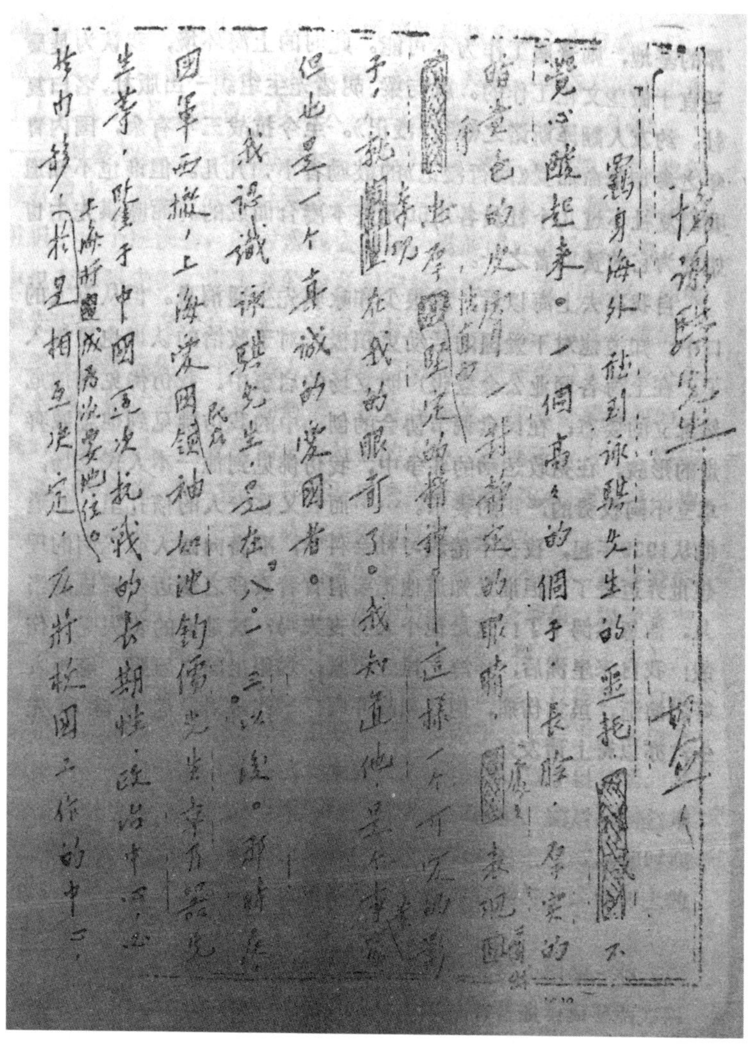

悼詠騏先生　胡愈

羈身海外，聽到詠騏先生的噩耗，不覺心酸起來。一個高高的個子，長臉，樸實的暗黃色的皮膚，一對鎮定的眼睛，表現出樸素堅定的精神——這樣一個可愛的影子，就再現在我的眼前了。我知道他是個事業家，但也是一個真誠的愛國者。

我認識詠騏先生，是在"八一三"以後。那時在國軍西撤，上海愛國民族領袖如沈鈞儒先生章乃器先生等，鑒于中國這次抗戰的長期性，政治中心移向內地，上海將失去重要地位。於是相互決定，在將救國工作的中心，

胡愈文悼念胡詠骐文章手稿

所必需之外，应用于为大多数人谋福利之事业。”郑振铎写道：

> 一个火种遗留下来，可以传之不熄。他便是不熄的火种。他虽死，但他的巨影还荫覆着无数的未死者们。他虽志以死，不及见最后胜利的完成；但未见死者们一念及他的忠笃的大无畏的爱国家、爱民族的精神，便增加了无穷的勇气。[4]

据说，著名电影演员孙道临曾写过胡詠骐的电影剧本，并有意亲自出演胡詠骐。

胡詠骐不仅为近代中国民族保险的事业播撒星火，也为中国共产党的事业传递火种，名副其实地又红又专。胡愈之说他“是个实业家，但也是一个真诚的爱国者”；保险历史研究专家王珏麟说他是“民族保险的巨人”。

2. 与魔鬼打交道的人

上海是中国共产党的诞生地，也是中国工人运动的发源地。一批又一批共产党人冒着生命危险，战斗在白色恐怖中，开辟了第二条战线。他们坚定执行中共中央有关地下党的“隐蔽精干，长期埋伏，积蓄力量，以待时机”的 16 字方针。

抗日战争时期，周恩来在上海建立的周公馆成为共产党驻沪的办事处。上海地下党受共产党江苏省委领导，书记是刘晓。潘汉年为上海著名地下党领导人，并从延安调来冯文彬秘密来沪，协助地下党工作。上海金融业地下党领导人为张承宗（张人俊）。

张承宗，原籍浙江宁波北仑，20世纪20年代至沪求学，后在上海辛泰银行当职员。1937年8月，张承宗加入中国共产党，在辛泰银行建立了上海第一个银行党支部。1938年，张承宗负责组建金融业党委，并任第一任书记。1947年9月，他出任上海地下党市委书记。1949年后，他任上海市副市长。

1937年11月，上海金融业地下党书记张承宗先后发展宁绍水火保险公司的程恩树、中国保险公司的林震峰两人入党，他们成为上海保险业最早加入共产党的人。

1979年，习仲勋（右）与荣毅仁（中）和张承宗（左）亲切交谈

程恩树，上海高桥人，早年在鸿兴金号当学徒，1930 年，到宁绍水火保险公司任职员；1936 年，加入上海职业救国会；1939 年，在重庆中央信托局保险部任职，开展地下工作；1943 年，任民安保险业务处副处长；1949 年后，在外贸部门工作。

林震峰（吴善德），祖籍浙江慈溪。1918 年，林震峰出生在上海，父亲为上海印书局老板。林震峰 17 岁到中国保险公司任实习生，他被同母异父的哥哥建议改为林姓，但也有说他的改姓，与从事地下党活动隐蔽身份有关。林震峰积极参加公司内的读书会及上海职业界救国会，积极宣传共产党抗日救亡的主张，很快成为党的发展对象。1936 年，上海市银钱业业余联谊会成立，林震峰任第一届监事。1949 年后，任中国人民保险公司副总经理，他是中国人民保险公司创始人之一。

1938 年 5 月，张承宗通知程恩树、林震峰在保险业组建党支部，程恩树任书记，林震峰任宣传委员。从此，拉开了中国共产党对保险业领导的序幕。

1939 年 10 月，程恩树、林震峰撤退到昆明，在中央信托局保险科任职。美亚保险公司的施哲明担任保险业党支部书记，英商保险公司的张先成、太平保险公司的陈瑛任支委。

施哲明 1914 年 10 月出生于上海，家境贫寒，1930 年，在上海美亚保险公司任职员；1934 年，投身革命，从事上海洋行华员联谊会活动；1936 年 1 月，在抗日救亡的浪潮中，上海成立各界救国联合会，施哲明、杨经才、杨延修等作为外商保险公司的进步职工代表，与来自华商保险公司的胡詠骐、谢寿天、程恩树、郭雨东、林震峰等进入救国会，成为上海保险业早期从事革命的

保险业地下党活动

骨干。1938年9月，施哲明加入中国共产党。1949年10月，中国人民保险公司成立后，施哲明任华东区公司监理科科长，中国保险公司副总经理。

陈瑛，浙江宁波人，1934年，是上海天一保险公司的职员；1938年，参加保险业业余联谊会，从事妇女部工作，编织毛衣支援新四军；1939年，加入共产党；1948年，随刘晓北上；1949年后，在纺织系统任职。

1942年12月，施哲明因病调离休养，由昆明回沪的林震峰接任保险业党支部书记。其后，施哲明、赵锦仁等地下党员转移到苏北新四军根据地。

1946年6月，太平保险公司的廖国英担任保联党团书记。

廖国英，福建福州人，早年在兴华保险公司任职；1940年，在太平保险公司任职。1946 年 3 月，加入共产党，介绍人为章丽华。1947 年，任太平保险公司党支部书记；1948 年 11 月，遭国民党逮捕入狱；1949 年 5 月，参加上海市军事管制委员会（以下简称上海市军管会），负责接收中国航联保险公司；1950 年 2 月，被派往香港；1951 年 11 月，在中国保险公司总部任会计室主任。

1947 年 5 月，民安产物保险公司的沈润璋担任保联党团书记。

沈润璋（沈光荣），上海松江人，1944 年 12 月，加入共产党，后在民安保险公司工作；1949 年 1 月，撤退到华中党校；1949 年后，在人民银行任职；1987 年，任交通银行副董事长、副总经理。

1947 年 5 月，新丰保险公司的吴越担任保险业党支部书记。

吴越，原名吴光远，江苏武进人，1939 年，进太平保险公司工作；1943 年，独自去往苏北抗日根据地；1946 年，在新丰保险公司工作；1946 年 5 月，加入共产党，任保联学术部副部长；1949 年后，任人保上海分公司副总经理。

还有其他行业的两位上海地下党员，后来也成为人保公司的创建者。

顾濂溪，中央信托局保险处领组，后在上海信托局任党支部书记，1949 年后任人保上海分公司经理。

张蓬，1937 年加入共产党，上海益友会党支部书记；1956 年，任人保总公司总经理。

这些战斗在保险业的地下党们，平日里穿着长袍马褂，在上海车水马龙的街市中穿行，俨然一副账房先生的模样。他们或者西装革履，坐着黄包车出入洋楼。他们一般在咖啡馆，或在“星二聚餐会”“星五聚餐会”中联络同志，在家里秘密开会，印制材料。

程恩树

林震峰

施哲明

陈瑛

沈润璋

吴越

吴越介绍，那时他与谢寿天、蔡同华、孙文敏在一起碰面，对暗号、传递情报、部署任务。为掩人耳目，他们一般在南京东路的永安公司的七重天舞厅喝茶跳舞，时间也是选择不被人注意的下午 5 时至 7 时。他们在“靡靡之音”与细碎舞步的陪伴下，传递着红色的火种。在热闹的夜场来临前，及时把自己的身影掩藏进黄昏的里弄中。

在他们隐藏身份的背后，是敢于抛头颅、洒热血的铮铮铁骨，时刻都有为共产党捐躯的危险。他们每天都在出演着一个又一个惊心动魄、有声有色的戏剧。

上海保险界地下党创始人之一的谢寿天，自小生活在清贫的家境中，勤于读书，烛火产生的黑硝，比那浓浓的黑夜还要深厚。1926 年，谢寿天自诚意商业学校毕业来到上海；1931 年，进入民信银行当练习生。1935 年，于沪江大学商学院夜校部毕业，进入上海天一保险公司担任会计科科长，成为筹建“保联”的骨干力量。

谢寿天的夫人蒋学杰，曾用名蒋浚瑜。她出身于上海资本家的家庭，家境富裕，父亲蒋惠先是一家银行的高级经理。蒋学杰在上海启秀女中毕业后考入复旦大学。在大学期间，蒋学杰就参加了苏联红军远东情报局工作。

大学毕业后，蒋学杰进入大安保险公司工作。蒋学杰利用家庭作掩护，并无私地将住房腾出来，让从延安、苏北来的共产党人留宿过夜，她还用父亲的汽车，秘密接送他们。那时寄给共产党人黄维祐的信件都是投入她家的信箱里，收信人的名字写的是蒋渊若（蒋学杰的另一个名字）。年仅23岁的蒋学杰，利用父亲的地位，像个阔小姐般地周旋于上海各大饭店，出入上流社会，自然没有引起人们的注意。然而，由于叛徒陆海防告密，蒋学杰最终成为特务追捕的对象。

1935年，白色恐怖笼罩下的上海，出了一桩轰动一时的奇案——怪西人案。《申报》1935年8月24日报道：

> 上海怪西人，又称神秘西人之约瑟夫·华尔顿，前因勾结刘燧元、萧柄实、陆海防等组织机关，刺探中国关于政治上及军事上之秘密，报告第三国际案发，经淞沪警备司令部于本年五月五日派探将陆海防捕获，继由陆自首指供，先后捕获该西人等，分别以危害民国紧急治罪法起诉，开庭审判。[6]

谢寿天与夫人蒋学杰合影

这个西人约瑟夫·华尔顿被捕后，一言不发，始终以沉默来应付一切审讯。国民党军警特务一筹莫展，虽绞尽脑汁，也未能查清其身份，只好称之为“怪西人”，聊以自嘲。约瑟夫·华尔顿，真名叫罗伦斯，出生在苏联立陶宛，早年投身布尔什维克革命，担任过红军上校。他为人机敏，仪表堂堂，会讲德、俄、英、法四国语言，颇有一副西方绅士的派头。1933年，受苏联红军情报部派遣，罗伦斯来到中国，接替他的前任、“红色间谍”左尔格的工作。当时，正值国民党军队集中全力“围剿”苏区红军。苏联红军情报部在华工作的重点是搜集有关情报，以协助中国工农红军粉碎敌人的“围剿”。罗伦斯经过一番努力，打开了情报工作的新局面。但由于陆海防的叛变，除罗伦斯外，国民党当局还陆续逮捕了苏联红军情报部人员陈绍韩、黄维祐、汪默清、胡克林、俞瑞允等人。

共产党对此极为关注，急派“左联”盟员关奚如等请鲁迅先生通过内山完造和其他日本友人了解案情。

蒋学杰也因此被关进国民党淞沪警备司令部的牢房，她虽然看见各式刑具，听到各种惨叫声，但始终保持镇静，一口咬定黄维祐只是其大学同学，其他一切均不知晓。最终法庭以蒋学杰“年幼无知，受共党利用，无罪释放，责家长严加管教”结案。

20世纪80年代初，外贸部为平反蒋学杰的“叛徒”案进行审查，发现当时她投递的是苏联红军总参三部截获破译的蒋介石围剿中央苏区的军事计划，而接收情报的人是邓颖超。为此，邓颖超特意在人民大会堂接见了蒋学杰。

1949年，蒋学杰与谢寿天一同参与了中国人保上海华东区公司的建立。

《上海市保险业职工运动史料》一书中介绍，施哲明有个妹妹叫施月珍，在大安保险公司任职员。她是保联的积极分子，经常参加歌咏组和话剧组的活动。施月珍同样早就参加革命，是中共华东联络部的地下党员。

施月珍的上线是张莲舫，施月珍经常向其汇报保联的工作。张莲舫后来叛变投敌，这不仅破坏了华东联络部党组织，而且国民党中统局上海办事处也掌握了保联的活动和骨干情况，时局非常严峻。

1947 年 3 月 6 日晚，施月珍还没有来得及掩藏，就被特务抓去。但施月珍在次日傍晚即被放了出来，敌人是想利用她放长线钓大鱼。

上海保险业党支部派蔡同华向她了解情况，施月珍诉说了被捕经过和特务机关要挟她监视保联的活动，以及特务多次上门催要情报的情况。上海党支部认识到情况危急，决定让施月珍以患肺病为由，不参加保联的活动，暂时对付特务，并决定让施月珍随后离开上海，到宁波蔡同华的家乡暂避，再转至解放区。

但就在这时，施哲明从苏皖解放区来上海办理货物，顺道探亲，他并不知道妹妹已被特务盯上，于是施哲明不慎被发现行踪。在回皖解放区的船上，施哲明被军统特务系统水上警察逮捕，后侥幸过关。

而施哲明这次被捕的经历，在“文革”期间，成为造反派批斗他的把柄，受尽摧残。

1946 年 6 月 23 日，上海发生震惊中外的“下关惨案”。面对国民党特务的白色恐怖，郭雨东不顾个人安危，掩护受伤的阎宝航（阎明复之父）、陈震中两位民主战士在自己家中隐蔽疗伤。在他们伤愈后，谢寿天、郭雨东又设法分别护送他们转道香港前往解放区，北上参加中国人民政治协商会议。

据郭雨东的儿子郭瑞讲，那时郭雨东住在上海虹桥附近的一栋日本别墅内，门口经常有国民党特务蹲点，情况十分紧张。有一次，赶上郭雨东的一个东北老乡当班，因为发生争执，那老乡掏出手枪："姓郭的！我知道你是共产党，你给我老实点。"情况到了剑拔弩张的地步。郭雨东曾向他讲，那时特务经常会从上到下搜身，他一般把情报贴在手臂下方，举手搜身时，以防被特务发现。有时假装叫外卖面条，如果地下党人把一根面条头露在外面，就是情况不妙，赶紧走人的暗号。

1948年11月21日，国民党党通局在太平保险公司门外，秘密逮捕了下班的廖国英及保联骨干洪汶、体育部的赵伟民3人。情况复杂危急，党支部书记林震峰先是按兵不动，稳住战局；紧接着以到香港做买卖为名，转移已暴露的程振魁到香港学习，将近期比较活跃而引起敌人注意的徐天碧、蔡同华等地下党员撤退到江苏、浙江等地，指定吴越留守，全面负责领导保险业地下党组织。

而3天后的24日，吴越在新丰保险公司办公室，忽听见门口传话有人找，吴越内心喜悦，以为是急切盼望的上级党组织来接关系了。当他走到办公室门口，来人很斯文地出示一张便笺，上面写着："越兄：兹有要事，请随来人即至沙利文（咖啡馆）一叙，弟洪汶启。"吴越一看，破绽很多，怀疑自己已暴露。吴越正想脱身的办法，来人马上用插在大衣口袋里的手枪顶住他，吴越被架上一辆军用卡车，直奔党通局魔窟。

吴越等人先被关在亚尔培路 2 号党通局上海办事处，后转到蓬莱路警察局内党通局看守所。在狱中，吴越历尽折磨，但他坚持斗争，始终没有暴露党员身份，没有涉及任何同志，没有影响地下党组织。

1949 年 1 月，国共和谈，在释放政治犯的舆论呼声压力下，经地下党的营救，并付出 20 万金圆券后，吴越等 4 人终于被保释出狱。

据吴越介绍，南京国家第二档案馆保存着一份档案，从另一个侧面印证此事的经过。原国民党党通局（即原国民党中央执行委员会调查统计局）局长叶秀峰为破获中共上海保险地下党案于 1949 年 1 月 11 日给蒋介石的报告，节选如下：

为呈报破获上海市共匪保联支部洪汶一案经过，恭请鉴核案由。据本局上海办事处报称：经查上海市保险业业余联谊会范围颇大，约有会员 2000 名以上，实足证明该会确有共党活动，经派员打入侦查，探悉共匪在该会设有保险支部，成立迄今约有 8 年之久，所发展之党员计有民安公司会计主任洪汶、新丰保险公司职员吴越等 4 人，旋经派员跟踪守候于上年 11 月 21 日至 25 日先后将该 4 犯捕获，据讯廖国英，赵伟民供认参加共党组织，洪汶自认系“非党干部”，吴越仍未承认有共党关系，然就各犯口供研究，似有互不相供之嫌等情，除指饬继续询问保联支部全貌，追究上层关系……[7]

1948年11月，为保存力量，上海地下党组织保险业人员分3批撤退到解放区，等待解放军横渡长江，其中第一批为沈润璋、王伟、王培荣；第二批为刘凤珠（化名刘敏芬）、朱元仁（化名朱国文）、汤铭志、姚乃廉（姚洁忱）；第三批为徐达（徐慧英）。

刘凤珠，1923年1月出生在著名的经学世家，后在泰山保险公司做财务工作；1946年，在保联加入共产党；1949年后，任人保太平保险公司办公室主任。

朱元仁，1922年10月出生在扬州一小业主家庭，在堂叔朱懋仁的介绍下，来到太平保险公司工作；1945年，在保联加入共产党；1949年后，在中国人保国外业务部工作。

姚乃廉（姚洁忱），1921年11月出生于浙江湖州市南浔，1940年，姚洁忱考入上海沪江大学夜校，同时进入丰盛保险公司工作；1945年，在太平保险公司工作；1946年3月，经程振魁介绍加入共产党；1949年9月，参加了为组建中国人民保险公司成立而召开的第一次全国会议。

据刘凤珠回忆，当时撤退的情景真是惊心动魄：

在将近11月底的一天晚上，我们四人化装成回乡探亲的生意人，随身带着一些糕点杂货，从北站乘火车动身。临行前金家铨代表组织上关切地叮嘱我们：路上要听从交通同志的指挥，遇有情况时，要沉着应付。也由他出面交涉。可是，当我们4人已上车待发的时刻，突然看到交通员在车窗下向我们招手，示意赶紧下车。我们不知所以，慌忙走下火车，随着人群走出站台，交通员机警地迎着我们，在擦肩而过时，轻声说了一句："回原地等候"。[8]

原来，计划撤退的路线因战斗情况变化已不能使用，要另选新的安全路线。他们全都住在亲戚的家里，每天焦急地等待组织的讯息。

姚洁忱找到了他的舅舅沈兆福家里。沈兆福是粮油店的店员，收入较低，他在打浦桥棚户区找了一处房子居住。上海人所说的棚户区就是贫民区，居住条件极差，人口密集。舅妈为了保护外甥，常常把姚洁忱反锁在家里。她自己在邻居家打麻将，实际为外甥望风。

姚洁忱因身份并没有暴露，最终被留在上海。他与林震峰一起被调入共产党上海局策反小组，做争取国民党军队起义投诚的工作。

直到 1948 年 12 月下旬，其余人再次搭上开往镇江的夜车，换上渡轮，在瓜州上岸。

瓜州是通向苏皖解放区边界的门户，当地交通员指示他们在一家小饭铺进餐休息，关照他们见到有肩扛着红花棉被的人从饭铺门前经过时，要立即跟上，但不要搭讪，只管继续赶路。刘凤珠描述：

程振魁

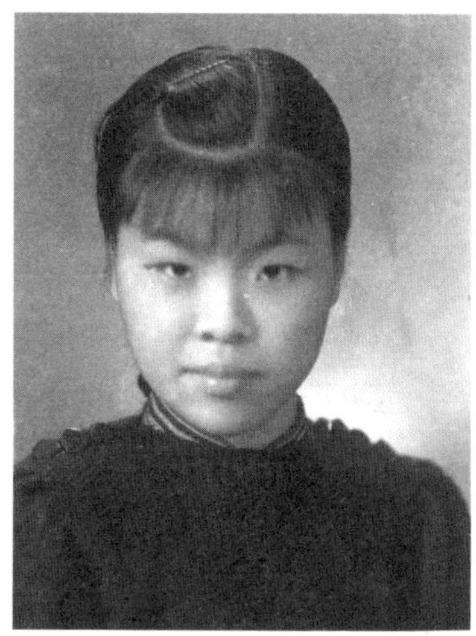

刘凤珠

朱元仁

姚洁忱

> 快到中午时分，果然有个肩扛着红花棉被的农民模样的人，从饭铺门前一晃而过。我们3人相互使了个眼色，激动而紧张地提起行李，就迈步跟着他上路。事后才知道，这个肩扛红花棉被的人，就是解放区派来接我们的交通同志。我们跟着他跋山涉水，埋头赶路，由于我们在上海从未走过这么多路，这么难走的乡间小道，越走身上的包裹越沉，腿酸脚痛，欲歇不能，一路上出了不少洋相。[9]

他们经过长途跋涉，终于到了仪征的一个共产党的交通站，他们十分兴奋，不仅因为这里曾是刘凤珠、朱元仁的家乡，更重要的是他们找到了回归组织的归属感。

1948年12月，经林震峰联系，姚洁忱化名姚骏，潜入地处虹口的淞沪警备旅，实施策反工作。他在部队里的军衔为上士，但他只是在部队当伙夫。对于一个保险公司的职员，在家中又很少下厨房的姚洁忱来说，要扮演这个角色有一定难度。但他居然还和其他伙夫一样，把自己吃胖了，看来他对这个角色很投入。

1949年3月，张承宗的弟弟，地下电台报务员张困斋被捕就义。刘长胜、张承宗、沙文汉留守上海，他们住在共产党内线的国民党将领家中，准备接应解放军。

3. 划破夜空的歌声

1938年7月，中共上海地下党借鉴“银联”“华联”的经验，倡议在“孤岛”上海，成立上海市保险业业余联谊会，这标志着上海保险业的职工运动在广度和深度上向前迈进了一大步。

保联成立大会在宁波同乡会召开，会议选举胡詠骐、谢寿天、朱懋仁、郭雨东、李言苓、关可贵、程恩树、林震峰等为第一届理事、监事，下设秘书处、会员部、娱乐部、体育部、学术部、妇女部、出版期刊部等。

胡詠骐为保联顾问，他为会刊《保联》题写了刊名，并题写了“乐业好群”的贺词。杂志刊印的保联火炬会徽十分醒目，让人热血沸腾。正如《保联》创刊词所说：“希望它是会的喉舌，希望它成为全体会友乃至全体保险业同仁共同的园地，共同所有的刊物。”它的任务是“报道会务消息，反映保险业同仁在各方面的现状和趋向，鼓励同仁在学术研究上交换知识，使同仁在精神上融成一片”。

保联会员一直保持在1000人左右，最多时曾达1500人左右，占保险界全部职工的80%。保联广泛团结保险职工，开展多种形式的活动，方便了地下党开展抗日民族统一战线的工作。

林震峰、吴越作为学术部负责人，创办了保险学术性刊物《保险月刊》。保联经常举办保险学术讲座，先后有项馨吾、金瑞麒、唐雄俊、郭雨东、邵竟等久负盛名的保险名家做各种保险专题讲座。保联成立太立夫（TARIFF）研究组、火险条款研究组、水险讲座和保险实用英文班，深入持久地开展保险学术研究。保联学

保联学术部人员合影

保联体育部人员合影

术部特策划了名为“保险论文竞赛”的征文活动，金瑞麒受邀为评判委员会委员。

林震峰带领保险业的地下党员，以保险骨干的身份结合保险业务实际宣传发展民族保险事业的方向和政策，为摆脱外商对中国保险业的控制，作了思想上的准备。并且，为新中国保险事业积蓄了大批专业人才。

在时事讲座方面，学术部先后聘请一些著名的民主人士到保联会所演讲，内容大多是要求民主、反对独裁，要求和平、反对战争，在保险界产生了巨大影响，使保险职员热情高涨。当时，郭沫若、胡愈之、范长江、马寅初、黄炎培、陶行知、沙千里、马叙伦、章乃器、沈钧儒、茅盾、胡子婴、雷洁琼、吴晗等大名鼎鼎的人士都曾被邀请来演讲。通过演讲，地下党的影响力得到了提升，也让保险界同仁的思想更加活跃，视野更加开阔。保联积极筹划出版代表保联并适应保险业各个层次群众需要的宣传刊物，以加强保联与广大保险业职工的联系。

保联还设有图书室，中央信托局的项馨吾将自己珍藏的10箱《四部备要》拿出来，供会员借阅。保联经常举行摄影、绘画培训、话剧演出、歌咏口琴比赛、体育比赛等，加强保险职员间的联系，丰富职员的业余生活。

1939年7月，中共上海地下党发起组织大规模的“上海市业余话剧界慈善公演”。金瑞麒、关可贵、谢寿天等15人组成保联义卖公演委员会，负责剧务、演出、义卖等事宜，金瑞麒还亲自扮演角色，上台演出。

金瑞麒，1911年出生于上海嘉定，天一保险公司是他保险职

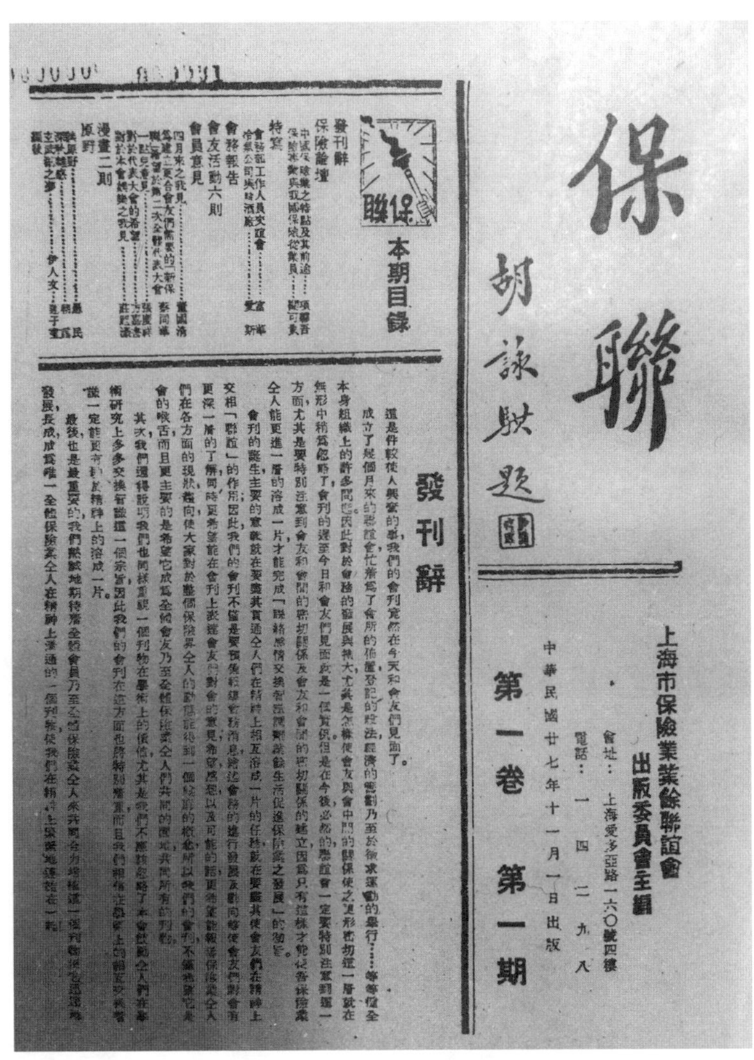

保聯

胡詠騏題

上海市保險業業餘聯誼會出版委員會主編

會址：上海愛多亞路一六〇號四樓
電話：一四二九八

中華民國廿七年十一月一日出版

第一卷　第一期

本期目錄

發刊辭

這是件較使人興奮的事，我們的會刊竟然在今天和會友們見面了。

成立了幾個月來的聯誼會，忙着爲了會所的佈置，登記的辦法，經濟的籌劃，乃至於徵求運動的舉行……等等佔全本身組織上的許多問題，因此對於會務的發展與擴大，尤其是怎樣使會友與會中間的關係使之更形密切這一層就在無形中稍爲忽略了，會刊的遲至今日和會友們見面，就是一個實例，但是在今後，必然的，聯誼會一定要特別注意到這一方面，尤其是要特別注意到會友和會間的密切關係及會友和會間的密切關係的建立，因爲只有這樣才能使吾保險業全人能更進一層的溶成一片，才能完成「聯絡感情交換智識調劑業餘生活促進保險業之發展」的宗旨。

會刊的誕生，主要的意義就在要靠其貫通全人們在精神上相互溶成一片的任務，就在要靠其使會友們在精神上交相「聯誼」的作用；因此我們的會刊不僅是要預備報導會務消息，轉述會務的進行發展及動向，使會友們對會有更深一層的了解，同時更希望能在會刊上表達會友們對會的意見希望感想，以及可能的話更希望能報導保險業全人們在各方面的現狀，趨向，使大家對於整個保險界全人的動態能得到一個綜錯的概念，所以我們的會刊，不僅希望它是會的喉舌，而且更主要的是希望它成爲全體會友乃至全體保險業全人們共同的園地，共同所有的刊物。

其次我們還得說明我們也同樣重視一個刊物在學術上的價值，尤其是我們不應該忽略了本會鼓勵全人們在學術研究上多多交換智識這一個宗旨，因此我們的會刊在這方面也將特別注重，而且我們相信在學術上的相互交換，智識一定能更有助於精神上的溶成一片。

最後，也是最重要的，我們熱誠地期待着全體會員乃至全體保險業全人來共同合力培植這一個刊物，使它迅速地發展，長成，成爲唯一全體保險業全人在精神上溝通的一個刊物，使我們在精神上緊緊地團結在一起。

《保联》杂志

业生涯的启程之处；1951 年 10 月，任人保太平保险公司副总经理；1957 年，被打成右派；1969 年，含冤自杀。

话剧组是保联活动中最经常、最活跃的组织，由太平保险公司地下党支部书记程振魁负责，骨干演员有 80~100 人。

1938 年 12 月，话剧组在西藏路宁波旅沪同乡会首次演出独幕剧《锁着的箱子》。1939 年 7 月，上海地下党发动组织上海市业余话剧界举行慈善公演，参加演出的有保联、银联、华联、益友社及职业妇女俱乐部等 11 个单位。保联剧团演出的是阿英创作的三幕话剧《日出之前》，保联售票所得有 1400 多元。公演筹备委员会副主席胡詠骐通过中共八路军驻沪办事处的刘少奇，将演出收入转交给了新四军。

程振魁在《活跃在抗战时期的保联话剧组》一文中介绍：

> 话剧组自 1938 年成立到抗日战争胜利，在漫长的艰苦环境中，始终在地下党的直接领导下，把话剧这门综合性的艺术，作为教育群众、团结群众的武器。通过它的活动，宣传抗日救国，揭露社会黑暗，激发广大群众的爱国热情，密切联系一批保险界的青年职员。[10]

话剧组是培育上海保险业进步青年的革命熔炉，许多进步青年从话剧的舞台出发，走上了革命道路，找到了革命角色的坐标。保联话剧组的骨干先后有吴镇、刘文彪、孙文敏、徐天碧、吴越、廖国英、朱元仁、周础、刘凤珠等。

刘凤珠成长在一个开明的家庭环境中，自小接触了西方进步思想。她开朗活泼的性格和热情奔放的文艺天赋，使她积极投入保联的活动中：

> 1945年抗战胜利后，保险界职工举行庆祝大会，保联话剧组上演话剧《宁静的江南》，内容是江南民众艰苦抗日的剧情。徐慧英、程振魁、朱元仁、刘凤珠等参加了演出。演出结束时，全体演员在台上领唱抗日歌曲，所有观众群情激动，起立合唱，歌声持续了20多分钟，久久不肯散去。[11]

刘凤珠在保联话剧组中不仅找到了革命组织，而且还找到了自己的心上人朱元仁，两人喜结良缘，在共同奋斗中，结出爱情的果实。徐天碧不仅是刘凤珠的入党介绍人，同时也是她的婚姻牵线人。

徐天碧（毕世英），1920年出生在上海一个小菜贩家庭，他通过徐志摩的《猛虎集》，迷上新诗，写过一首《云与愁与爱与恨》。1940年，他在北美保险公司当打字员；在保联中，阅读了《西行漫记》及马雅可夫斯基的诗；1944年，经程振魁介绍加入共产党；1949年，负责接收保险公司；曾任人保上海分公司副总经理，后到外交部工作。

保联话剧组人员合影

话剧演出

4. “罢工是地下党的培训学校”

1945 年下半年起，国统区通货膨胀，物价飞涨，上海各行业职工的经济斗争此起彼伏。太平保险公司普通职工工资指数下降，实际收入水平前后差距悬殊，生活困难度加剧。

在太平保险公司的共产党地下组织非常稳固，还设有支部。地下党根据上级指示，分析了当时政治经济形势以及群众情绪和要求，认为在太平保险公司发动经济斗争的条件已经具备，决定从维护职工经济利益出发，发动一次以改善工资待遇为目的的罢工运动，并达到树立共产党的威信、教育团结广大群众的效果。罢工准备得非常充分。

> 当时，在太平保险公司工作的上海保险业地下党支部委员程振魁召集太平保险公司的地下党员和积极分子进行秘密商议。参加秘密商议的人先后有廖国英、朱元仁、姚乃廉（姚洁忱）、金家铨、杜伯儒、董仁民等。李锵作为党的积极分子全程参与了斗争策略的制定和战前动员，李锵任纠察队长。[12]

程振魁（程子范），1917 年出生于上海；1936 年在安平保险公司任职，后到太平保险公司任职；1939 年，加入共产党；1946 年，罢工结束后，到民安保险公司工作；1947 年，到汉口建业银行工作；1949年，随刘晓北上；后在纺织、统战部门工作。夫人是陈瑛。

李锵，1924年10月出生在苏州悬桥；1942年，经王伯衡介绍，在太平公司谋得一职；1950年，经朱元仁举荐，选派到北京人保总部。

1946年2月，太平保险公司各单位代表40余人召开了准备会议，对罢工斗争进行部署。第二天，在公司食堂召开全体职工大会，250余人到会。会议通过了三项要求：其一，工资计算基础从按生活指数的50%提高到70%；其二,一律发年奖三个月；其三，传递生即行提升为职员。会议还推举程振魁、金家铨、张少渔为交涉代表，罢工委员会下设组织、宣传、纠察等小组。

太平保险公司总经理丁雪农面对罢工，非常懊恼，蛮横地拒绝了罢工要求。罢工职工集中在食堂，看守大门，封闭电话室，动员安平保险公司职工一致行动，以壮大声势。

太平保险公司资方代表丁雪农、李祖模不得不出面谈判，并派社会局处长顾炳元出面调解，还让太平保险公司职工陈瑛劝说丈夫程振魁，不要领导罢工。但罢工持续了三天，声势浩大。

资方最终答复如下：第一条要求缓期考虑；第二条立即实现发放；第三条原则同意，但需经过考试。斗争取得了基本胜利。罢工委员会顺势成立了太平同仁联谊会，朱元仁、金家铨等13人为太平联谊会理事，廖国英为联谊会理事主席。

但太平保险公司资方反守为攻，采取报复措施，宣布对李锵、姚乃廉、严秉中等罢工骨干进行工作调动，将他们调往太平保险公司汉口分公司。

李锵和夫人罗烈仙合影

1946 年 3 月，经济斗争胜利后，太平保险公司火线发展姚洁忱、金家铨为新党员。当时任中国共产党上海保险业支部的支部书记林震峰亲自到姚洁忱的家里，与其进行了入党谈话。

1946 年 5 月，太平保险公司从外单位转入廖国英、杜伯儒 2 位党员，此时公司共有 8 名地下党员，党员得到了锻炼，共产党的力量得到了加强。于是，太平保险公司成立了地下党支部，书记由程振魁兼任，保险业支部上级联系人仍为杨世仪。

1948 年端午节期间，太平保险公司因为停发奖金的问题，再次引起职工反对。朱元仁、金家铨、李锵等代表向丁雪农表达诉求。丁雪农以公司面临财政困难为由，拒绝了职工合理要求。职工以怠工的形式展开罢工。地下党从政治军事的大局出发，认为斗争目标是打垮国民政府，对民族资产阶级还要以团结为主，而且也考虑到自己遇到的实际困难，因此，此次罢工适可而止。

1948 年秋，解放军相继攻占济南、连云港等地，随后解放军大举南下，上海也四面楚歌。太平保险公司的资方惶惶不可终日，对共产党的政策采取观望的态度，他们一方面欲把资金转到香港，另一方面宣布解散公司。太平保险公司地下党组织职工斗争，恢复、稳定保险市场，迎接共产党接管。

5.“十三太保”

1938 年冬，广州失守，武汉吃紧。当时我国工商业大半集中在长江及沿海一带，为避免工商业毁于战火，坚持长期抗战，重庆国民政府号召工矿企业内迁。但一部分工商界人士担心内迁后，厂房、机器设备和物资会随时遭到日军飞机轰炸，因而徘徊观望，不肯内迁。

1939 年夏，考虑工厂内迁物资运输的安全，国民政府拨付中央信托局资金 1000 万元（旧法币，约合黄金 3 万两），办理陆地兵险，内地工矿企业于是纷纷响应内迁，于是组建一支队伍。

中央信托局保险部在香港、上海分设了两个办事处。保险部经理项馨吾由昆明潜入上海，会见了上海办事处主任姚

> 达人等。通过上海保险同业公会秘书关可贵在《保联》刊物上发布了一条招聘保险人才的广告，传播面很广，半月内报名的达百余人。项馨吾用了两个星期，分别进行了面试，择优录取了13人，组成一支办理陆地兵险的骨干队伍。这支队伍后来被保险界称为“十三太保”。[13]

“十三太保”之称源于唐末李克用手下骁勇有谋、为后唐开国立有大功的“十三太保”的典故。这13位保险同仁是：

林震峰，中国保险公司职员，地下党员，后任中国人民保险公司副总经理。

程恩树，宁绍保险公司职员，地下党员，后任中国外经贸部第一局局长。

张仲良，美亚保险公司职员，后任中国人民保险公司华东区公司副经理。

包玉刚，中央信托局保险部职员，后任香港环球航运集团主席，号称“世界船王”。

唐雄俊，中国保险公司职员，后任上海社会科学院教授。

沈雍康，四明保险公司职员，后任中国人民保险公司理赔部负责人。

茅子嘉，华商联合保险公司职员，后任大信保险公司总经理。

徐曾渭，中国保险公司职员，后任中国人民保险公司华东区公司业务科科长。

周志斌，英商保险公司职员，后任中国人民保险公司上海分公司职员。

胡肇忠，四海保险公司职员，后到西安工作。

沈尔元，中国保险公司职员，后到香港从事贸易工作。

童肇麟，四明保险公司职员，后到中国机械进出口公司工作。

赵镇圭，美商慎昌保险职员，后到上海冶金局外事办公室工作。

在上海地下党的领导下，林震峰用“一切为了祖国”的口号感召着大家，陆地兵险小组成为了一个坚强的团体，为抗日战争的胜利争取更多的资源。

1939年10月，为躲避日寇制造恐怖事件，保存党的实力，程恩树、林震峰按照上海地下党领导的部署，用办理陆地兵险者的身份做掩护，撤退转移到后方昆明、重庆。

据保险历史专家王珏麟介绍，在当时内地大片领土被日军占领的情况下，“十三太保”奔赴云南，尝尽了千辛万苦。

姚达人、赵镇圭曾回忆：

> 10月17日，他们一行搭乘当时唯一通向海外的怡和轮船公司的“裕生轮”，经香港、越南辗转由滇越铁路到达昆明。第二年（1940年）随总部迁重庆。[14]

他们跋山涉水，奔赴大后方开展救亡运动。尽管后方物资条

“十三太保”合影

“十三太保”在昆明合影

件匮乏，生活比较艰苦，但这13位同仁以大局为重，积极开展兵险业务。

从林震峰遗留下的许多照片中，可以看见当年“十三太保”在香港、河内、昆明、重庆等地的活动情景。随着陆地兵险结束，人员也随之分散各地。这项爱国主义行动，在我国保险业发展历史中具有举足轻重的地位。

林震峰在西南边陲纵横跋涉时，积极开展地下工作，在队伍中发展进步人员。其间，林震峰与包玉刚结下了深厚友谊，为日后包玉刚成为红色资本家船王打下了基础。

在重庆八路军办事处工作期间，林震峰在红岩村见到了周恩来，并提出奔赴延安的诉求。周恩来告诉他，上海地下党遭到国民党清洗，人员紧张，以他的社会关系和家境条件，更适于在上海。周恩来为林震峰提供了部分费用，加上林震峰卖掉西装的钱，凑够了路费，他从重庆飞到香港，又从香港乘船回到了上海。

对于林震峰的地下党身份，他夫人一直都不知道，直到1949年上海解放，林震峰穿着军装回来，公开了身份，他夫人才知道自己的丈夫是一个干大事业的人。

1941年秋，江姐（江竹筠）的丈夫彭咏梧奉中共川东特委之命到达重庆，任重庆市委委员，负责领导重庆沙磁区、新市区一带的工作。为了顺利开展工作，彭咏梧以伪中央信托局产物保险处职员身份为掩护；1943年又与江竹筠假扮为夫妻（1945年经中共党组织批准他们正式结为夫妻），时常西装革履地出入于各种社交场合，团结了一大批中央信托局、工商界的进步人士，并向他们揭露官僚资本主义侵吞民族资本、破坏民族工商业的事实，教育广大工商业者团结一致，反对四大家族，共同抗日。人保上海分公司的陈希贤曾与彭咏梧一同工作。

中国人保早期统计科科长高功福是四川地区地下党员。1938年，高功福在成都参加“星芒社”工作。“星芒社”是中国共产党领导下的于1937年9月在成都成立的一个比较大的抗日救亡团体。1939年，高功福在泸县因参加抗日救亡运动的组织工作，被川康殖业银行开除。高功福由颜国瑾介绍，在泸县秘密加入了共产党。1939年，高功福在泸县兵工署二十三厂成品库担任雇员，后又潜伏在重庆的四川桐油贸易公司会计组，随后在重庆华西建设公司会计科任科长。其间，高功福在地下党支部先后担任宣传、组织委员及支书的工作。

1941年，高功福在济康银行重庆分行储蓄部任主任。1942年，高功福离开重庆，在济康银行雅安总部、西昌分行任职。由于异地的单线组织关系没有接应上，高功福不得不暂时与党失去了联系，但他始终保持着对党的忠诚，时刻期待着党的召唤。

1949年，高功福参加共产党接收工作，并在人保西南区任职。

6. 周恩来指导创办保险公司

1941年，太平洋战争爆发后，上海英美保险公司被迫歇业，日商保险公司实力不足，给华商保险公司发展提供了机会。中国天一保险公司襄理谢寿天为民族保险业着想，向中共江苏省工委建议创立一个保险公司。党工委考虑保险公司可以与社会各界的中上层人士保持联系，有利于开展统一战线，便同意谢寿天出面筹建。

1942年，谢寿天邀请郭雨东、陈巳生、关可贵、董国清、龚渭源、金宝瑜共同作为发起人，筹集股金，成立大安保险公司，注册资本为50万元。孙瑞璜任董事长，陈巳生任常务董事，郭雨东任总经理，谢寿天任总稽核。

郭雨东，又名郭景芳，1904年出生于黑龙江哈尔滨宾县，后赴日留学；1936年，回国后应丁雪农之聘，到上海太平保险公司任职；1938年，上海市保险业业余联谊会成立，郭雨东被推选为理事会主席；1948年，由谢寿天介绍加入共产党；1949年后，任人保公司设计室主任。

陈巳生，1892年出生于浙江海宁，父亲是晚清进士，当过翰林。1914年，陈巳生在基督教青年会任总干事，后到美国留学；1937年，在宁绍保险公司任副经理；1941年，加入共产党；后曾在大安保险公司掩护过蒋学杰；1949年后，在华东政协工作。

大安保险公司内部有地下党员8人，根据党组织决定，这些党员既不编在同一支部，彼此也没有横向联系，虽在同一公司工作，但相互之间不知道对方真实的政治身份。

大安保险公司成为地下党从事革命活动的一个阵地，也是保联活动的赞助者和支持者。大安保险公司经常组织聚餐会，向民族工商业者及金融界人士开展统战工作。

1945年，谢寿天与上海金融界颇有影响的金城银行董事长兼总经理周作民及中国银行沪行经理吴震修多次接触，争取团结他们，使他们日后也成了新中国保险事业的领导者。谢寿天也成了“红色保险掌门人”。

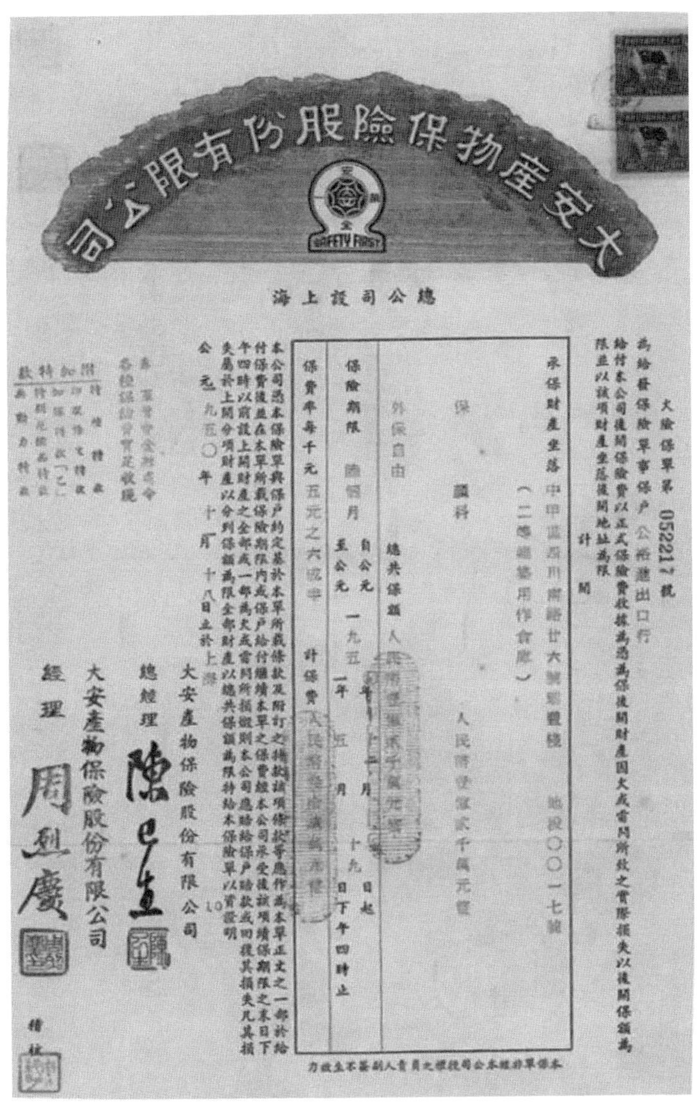

總公司設上海

大險保單第 052217 號

為給發保險單事保户 公裕進出口行
給付本公司後開保險費以正式保險費收據為憑為保後開財產因火底當時所致之實際損失以後開保額為
限並以該項財產坐落後開地址為限
計開

承保財產坐落 地段〇〇一七號
（二樓繼續用作倉庫）

保 額

外保自由 總共保額

保險期限 自公元一九五 年 月 日起
至公元一九五一年 五月十九日下午四時止

保費率每千元 五元之六 計保費

本公司憑本保險單與保户約定基於本單所載條款及附訂之摘該項條款等應作為本單正文之一部於給付保費後並在本單所載保險期限內或保户給付繼續本單之保費經本公司承受後該項續保期限之末日下午四時以前設上開財產之全部或一部為火或當時所損毀則本公司應給保户賠款或回復其損失凡其損失屬於上開分項財產以分列保額為限全部財產以總共保額為限並給本保險單以資證明

公元一九五〇年十月十八日立於上海

大安產物保險股份有限公司
總經理

大安產物保險股份有限公司
經理

本保單非經本公司授權之負責人簽署不生效力

大安保险公司保险单

大安保险公司能够摆脱困境，还得益于另一个共产党地下企业——民安保险公司的增资支持。

民安保险公司的创办人卢绪章，与胡詠骐一样，也是浙江鄞县人。卢绪章就是电影《与魔鬼打交道的人》中张公甫的原型之一。

卢绪章 14 岁就离家赴上海，在源通轮船公司当练习生，业余就读于上海总商会商业补习班夜校。

1933 年，为了筹措抗日救国经费，卢绪章联合活跃在商界的热血青年杨延修、张平、田鸣皋、郑栋林，共同集资 500 元（法币），在上海成立广大华行，开展西药和医疗器械的邮购业务。所谓"华行"，是区别于上海滩大批外国洋行的银行。广大华行的办公地点就是杨延修的家，那时杨延修和妻子朱学明新婚不久。

杨延修出生在江苏泰州一个手工业者家庭。1925 年，14 岁的他进入上海英商信纳洋行当小茶房，并成为洋行保险部经纪人处的一名练习生。后来，他到法商保太保险公司担任高级职员。不久，他又担任了水险部华员经理。他还担任江南银行保险部经理，还与人合办永平保险总行，任总经理。

杨延修一直追求进步，参加了上海市商会社会童子军团等群众团体的抗日救国活动，很快结识了风云人物卢绪章。

1938 年 4 月，杨延修任广大华行副总经理。卢绪章发展杨延修等广大华行创始人加入了中国共产党，广大华行成为中共上海地下党秘密联络点之一，不久，被中共南方局改为共产党的秘密工作机构。广大华行最终发展成为一家上海地下党的企业，为共产党提供和调节经费。

杨延修

卢绪章

随着国民政府迁都重庆，重庆成为中国大后方的政治、经济、军事、文化中心及抗日民族统一战线的政治舞台，工商业和运输业得到高速发展。广大华行也迁到重庆，进一步扩大经营规模，加速资金积累，壮大经济力量。

1939年底，在重庆红岩村八路军办事处，周恩来亲自约见了卢绪章，并给他布置了任务。周恩来微笑着和卢绪章握手，开门见山地说："卢绪章同志，从今天开始，你们办的广大华行由红岩村单线领导，广大华行内的党员由你单线领导，不许同重庆地下党发生横向联系。"

接着，周恩来仔细分析了当时的形势，他说，最近中央制定了当前白区工作的方针，中心内容是隐蔽精干，长期埋伏，积蓄力量，以待时机，一定要做到社会化、职业化、合法化。广大华行作为党的第三线机构之一，只有在第一线、第二线机构遭到破

广大华行五位创始人合影

广大华行员工合影

坏后才能动用，所以今后要做到不与左派人物往来，不再发展组织，即使在自己妻子面前也不许暴露身份。对外要广交朋友，包括国民党方面的朋友，参加公开的社团活动，提高广大华行和个人的社会地位。要充分利用各方面的关系作掩护，使这个机关长期保存下去，完成党组织交给的各项任务。

远处传来公鸡啼鸣声，黎明即将来临。为了安全，卢绪章必须在天亮前离开红岩村。周恩来用力握着卢绪章的手，又一次叮嘱道："卢绪章同志，工作环境险恶，你这个'资本家'可一定要当得像呀。你要像八月风荷，出污泥而不染，与各方面打交道，交朋友，一定要记住同流而不合污呀！"

1943年初，卢绪章为进一步提高广大华行的实力和社会地位，构想创办一家保险公司。这一拓展计划，得到周恩来的肯定和支持。

卢绪章以广大华行总经理的身份，在重庆开始筹建保险公司。卢绪章找来当时在重庆最著名的保险业专家、重庆中兴保险公司总经理、太平保险公司重庆分公司副经理杨经才先生和民生轮船创办人、国民政府交通部部长卢作孚先生，商讨共同推动创办保险公司的理念。

1943年秋，民安产物保险股份有限公司（以下简称"民安产物保险"）在重庆成立。之所以取名"民安"，是因为卢作孚认为该保险公司的职责，应侧重于对人民物资的安全保障。以卢绪章代表广大华行为一方，以卢作孚代表民生实业公司为另一方，双方各筹资一半，共同投资1000万元。当时民安产物保险由卢作孚任董事长，杨经才任总经理，卢绪章任副总经理，杨延修等被选为常务董事。

民安产物保险的创立，标志着地下党所领导的企业社会层次提高，经营领域扩大，广大华行跻身金融实业界的行列。

民安产物保险开业后，保险业务发展蒸蒸日上，很快成为西南大后方保险界的一枝新秀。

1943 年，周恩来、董必武、叶剑英、邓颖超等在重庆红岩村接见了杨延修，周恩来交代他要在党的特殊战线上更好地工作："你在白区的工作，你的工作就等于战场上的一个师。你就要当好这个资本家。"

1944 年 12 月，总经理杨经才不幸病逝。1945 年 5 月，卢绪章接任民安产物保险总经理职务。

1945 年 9 月，抗日战争胜利，国民政府政治经济重心东移。根据形势的变化，经中共中央同意，民安产物保险东迁上海，并进行参股投资，进一步扩展业务，业务覆盖全国各地，为共产党筹措了大量资金。

1947 年，不仅上海经济和金融市场萧条，各行各业也一片萧条，一些企业纷纷把资金转移至香港，算是为自己留一条出路。民安产物保险上海总公司也筹划在香港设立分公司，为日后开展地下斗争做资金方面的准备。

民安产物保险凭借太平保险公司的老关系，也考虑到沈日昌的开明和进步的身份，便游说沈日昌负责到香港筹设民安产物保险分公司。

历史就这样，等待翻开新的一页。

第五章

一条来自北方的红色血脉

1. 摇篮里的红色保险

八月桂花遍地开，
鲜红的旗帜竖起来，
张灯又结彩呀，张灯又结彩呀，
光辉灿烂闪出新世界。[1]

这首为庆祝苏维埃政权成立而创作的民歌，抒发了穷苦大众面对“光辉灿烂”的政权可以“闪出”一个“新世界”的美好诉求，“闪”字用得生动。

1922 年 8 月 16 日，中国共产党建立的公开领导工人运动的总机关——中国劳动组合书记部发布《劳动法大纲》。大纲中规定工人有享受劳动保险的权利，主张劳动者的保险费用应该由雇主和国家分担。这是中国共产党最早提出的保险概念，成为红色保险的渊源。

1927 年 10 月，毛泽东、朱德、陈毅、彭德怀和滕代远等率领中国工农红军来到江西井冈山，创建了以宁冈县为中心的中国第一个农村革命根据地，开辟了“以农村包围城市、武装夺取政权”的具有中国特色的革命道路。从此井冈山被誉为“中国革命的摇篮”“中华人民共和国的奠基石”。

中国共产党十分重视金融事业的发展。1928 年，中共东固区委、区苏维埃政府创办了东固平民银行，这是共产党成立的最早的银行，得到毛泽东的高度重视和评价。同年，湘潭边界苏维埃政府在井冈山上井村成立了井冈山造币厂，用打土豪和战争中缴获的银器、银饰，铸造出有“工”字凿记的银圆。

1931 年 11 月 7 日，中华工农兵苏维埃第一次全国代表大会在江西瑞金召开。其实，共产国际远东局一直督办这个会议，并直接起草了大会主要的法律文件，但是由于环境险恶，大会筹备工作一度停顿，召开时间一再延期。

大会讨论通过了中华苏维埃共和国宪法大纲、土地法、劳动法、苏维埃组织法等议案。劳动法第八章、第十章分别为劳动保护、社会保险，其中对养老保险、工伤救济、医疗保险、失业保险等作了详细规定。

1932 年 2 月 1 日，中华苏维埃国家银行在瑞金叶坪成立。毛泽东的弟弟毛泽民任第一任行长，毛泽民的妻子钱希均参加了银行的创建，毛泽东的妻子贺子珍任印钞所长，毛泽覃任支行行长。

毛泽民，字咏莲。1921 年，在毛泽东的带动下，从韶山到长沙，投入革命洪流。1923 年 3 月，任安源路矿工人俱乐部消费合作社总经理。毛泽民在担任国家银行行长后，采取一系列符合苏区实际情况的财政政策，使中央苏区统一了财政，统一了货币，繁荣了经济，保障了军民物资供给。在长征路上，毛泽民担任有“扁担上的国家银行”之称的十五大队政委，负责携带160多担黄金、白银和苏区钞票，沿途还要负责接收没收的土豪的财物。1938年，他启程去苏联休养，但被困在新疆。1943年，毛泽民被盛世才杀害，时年47岁。

1934年1月，中华苏维埃第二次全国代表大会在江西瑞金召开，大会修订了《中华苏维埃共和国宪法大纲》，其中第五条列明：

> 中国苏维埃政权以彻底改善工人阶级的生活状况为目的，制定劳动法，宣布八小时工作制，规定最低限度的工资标准，创立社会保险制度与国家的失业津贴并宣布工人有监督生产之权。[2]

共产党初期的保险思想还处在探索之中，劳动保险和商业保险还没有清晰的差别，其中劳动保险实际上成为供给制的一部分。

2. 万里长征，只需要跟着走

1934年，中国工农红军主力撤离长江南北各苏区，转战两年，

毛泽民

到达陕甘苏区的战略转移，被称为“二万五千里长征”。长征被称为人类历史上的伟大奇迹，是一部革命英雄主义的壮丽史诗。习近平说：“长征是一次理想信念的伟大远征。”邓小平的女儿毛毛曾问邓小平：长征是怎么过来的？邓小平的回答是：“跟着走！”

在中国人民保险公司早期创业者中，有3位是从长征中走出来的，他们分别是总务科科长胡良英、东北区公司经理罗高元、门卫王某。

黄安是湖北省红安县的旧称，位于鄂东北大别山南麓，这里是黄麻起义的策源地和鄂豫皖革命根据地的摇篮，是仅次于井冈山、延安的中国革命圣地。鄂东军、红一军、红四方面军、红二十五军、红二十八军等5支革命军队都是在这里成立或改编的。这里诞生了董必武、李先念两任共和国主席，走出了韩先楚、陈锡联、秦基伟等223位将军。因此，黄安1952年正式更名为红安县，又称为将军县。

1902年6月，胡良英出生在黄安一个贫苦的农民之家，兄弟三人因贫穷一直都没有上学。有革命者在地主家大门上写下鼓舞革命的宣传标语：“穷莫忧愁富莫夸，哪有常穷久富家。土豪把我穷人压，不劳而获得荣华。只要农民团结紧，千年铁树也开花。”这使闭塞的山村燃起了暴动的星星之火，也激起了胡良英兄弟们的反抗斗志，他们参加了农民自卫军。

1927年11月，徐其虚、廖荣坤等共产党人率领黄安、麻城的农民自卫军和上万名群众参加黄麻起义，起义军攻克了黄安城。同年，胡良英参加了起义，随之参加了工农红军。

1931年11月，以鄂豫皖苏区部队为主力组成的红四方面军在黄安七里坪成立，总指挥徐向前、政治委员陈昌浩、政治部主任刘士奇，总兵力共4.5万人，胡良英成为其中一员。

1932年7月，国民党以30万人的兵力，对鄂豫皖苏区发起“围剿”，这是第四次“围剿”战争的一部分。迫于国民党军的强大压力，红四方面军决定放弃鄂豫皖苏区，转战西进，在陕西和四川边界创建川陕苏区。

1933年7月，红四方面军击败川军的三路围攻，力量迅速发展。胡良英一路走来，在这一年，终于加入了中国共产党，并担任了排长。胡良英在坝圣灯山的战斗中冲锋在前，光荣负伤。

1935年3月28日，红四方面军发起渡江战役。胡良英在嘉陵江战役中英勇善战，再次负伤。嘉陵江战役胜利后，红四方面军放弃川陕苏区，夺取茂县、理番县、松潘等地，开始长征。胡良英头顶北斗星，日夜兼程，踏上人生不平凡的征途。

1935年6月，红四方面军一部在四川懋功与红一方面军会师。6月29日，中共中央政治局在懋功县两河口召开常委会议，决定统一领导指挥中央红军与红四方面军，张国焘任中央革命军事委员会副主席，徐向前、陈昌浩任军委委员，胡良英任连指导员。

张国焘率左路军穿过松潘草地到达阿坝后，拒绝继续北上，南下再过草地，希望能在西康创建根据地，但屡遭挫折，部队损失严重。胡良英付出了几过草地的辛劳。

过了黄河的西路军被号称“西北五马”的马步芳、马步青、马鸿逵、马鸿宾、马仲英军阀打败，散落在河西一带。由于众寡悬殊，胡良英不幸被俘，历经严刑拷打，他坚贞不屈，侥幸逃出魔爪，追上大部队。许多被俘的战友，最终被“西北五马”活埋，场面惨烈。

罗高元与胡良英一样，有着几过草地的经历。

1914 年 9 月，罗高元出生在四川达州宣汉的一个农民家庭，他在初小结业后，毅然离家出走，参加了地方武装。

1929 年 4 月，共产党将一些松散的地方武装组织起来，组成川东游击军，成为红四方面军的一支。红四方面军于 12 月过大巴山入川北，1933 年 1 月占领通江，建立川陕根据地。

1933 年，罗高元告别家人，加入红四方面军第四军的长征队伍，同时成为一名共产党员。19 岁的他比当时的“红小鬼”大不了多少，但他从此便跟定了共产党，跟定了红军长征路线。由于罗高元有文化和政治觉悟，并对当地环境和语言熟悉，被委派为第四军的交通队的交通员，负责传达首长指示和督战任务，他骑着马，带着刀和枪，很是风光。罗高元在艰苦的跋涉中渐渐成长，在战火的燃烧中走向成熟。

但是由于张国焘的错误指挥，红四军变成了西路军，损失很大。如果罗高元所在部队也过了黄河，可能也被马步芳给消灭了。罗高元为此爬过两次雪山，走过三次草地，这是多大的体能付出啊！甚至，他的后背因枪伤留下了一块疤痕。

延安就是北斗星指引的方向，就是心中的圣地，就是唯一的目的地。罗高元坚守信念，跟着部队走，从不掉队。

1936 年 7 月，红二军团和红六军团与红四方面军在甘孜会师。10 月 22 日，红一、红二、红四方面军在甘肃会宁会师，标志着长征结束。

在“文革”期间，罗高元在讲述红军经历时，曾讲到他的交通队死了一匹马，大家分吃马肉，有一名饥饿的战士竟撑死了。但造反派批斗他，说他污蔑红军，红军是吃草根、啃树皮过来的，怎么会有撑死的？

在1996年红军长征60周年的时候，已经离休的罗高元曾写下《英烈赞》一诗：“弃守苏区新运筹，红军转战半神州。长征谱写千秋史，无数英灵壮志酬。六十春秋瞬息过，长征战友已无多。雪山草地埋忠骨，吾辈幸存赋赞歌。”

人保第三位红军老战士是负责门卫的王某，可惜连名字都被人忘记了，大家只记得他叫“王老头”。由于他没有文化，只做了门卫。他之前一直单身，后来，还是在人保月坛北小街宿舍的传达室结的婚。

胡良英

罗高元

3. 有理想的人在延安聚集

几回回梦里回延安，
双手搂定宝塔山。
千声万声呼唤你
——母亲延安就在这里！[2]

延安是中国共产党的又一个圣地，是中国革命的落脚点和出发点，宝塔山像一支巨笔，饱蘸着延河水，在辽阔的天空中书写着历史。

中国人民保险公司的创建者也是从这里出发的，虽然他们不可能“身长翅膀脚生云”，但他们满怀豪情，一路留下了深深的足迹。

1936 年 5 月，中共中央决定以中国工农红军学校为基础，创办中国人民抗日红军大学（以下简称红大）。1937 年 1 月 20 日，红大随中共中央机关迁至延安，改称为中国人民抗日军事政治大学（以下简称抗大），林彪任校长，刘伯承任副校长，毛泽东任抗大教育委员会主席。毛泽东为抗大规定了“团结、紧张、严肃、活泼”的校风。

抗大是培养军事和政治干部的学校，抗大的毕业生，纷纷成为新组建的八路军和新四军的主要骨干，也有多位学员成为中国人保的创建者。

延安

中国人民抗日军事政治大学

胡良英随着红军到达延安，通过抗大的补习，获得了高小文化水平。由于战时紧张，胡良英奋不顾身转战杀场，遗憾的是再没有机会补习提高文化。

同样，罗高元也在延安的抗大接受了再教育，得到了精神的洗礼和灵魂的升华。

1939 年，在抗日战争中，罗高元任八路军一二九师特派员，与妻子韩桂英一同奔赴太行山。

1942 年，罗高元回到延安，参加整风运动。在惊心动魄的运动中，罗高元曾为当年的红军战友说情，证明清白，差点被保安处枪毙。

此时，还有几位人保的创业者，正在奔赴延安的路上，先后成为延安抗大的学员。

孙继武，1905 年出生在甘肃省榆中县城南的李家营村，祖上是山西移民，一家人以耕地务农为生。

1922 年，孙继武在本县高级小学毕业后，一心想去省城兰州上中学。但其父亲总想让他到商店里去当学徒，做点买卖，以图改变家境。舞文弄墨的希望已经破灭，无奈之下，孙继武选择了戎马生涯。

1924 年底，孙继武加入了甘肃省督办陆洪涛的军队，开始了职业军人的生涯。受同乡梁子玉的影响，孙继武加入了共产主义青年团，这在甘肃共产党史记中都有记载，可见加入时间之早。

1930 年，蒋冯大战爆发，结果冯军失败，新编第八师中的团长雷邦敏恰是孙继武在教导团时的同学，为扩充自己的势力，强拉在家务农的孙继武出山。

“九一八”事变之后，全国抗日烽火遍燃，冯玉祥与吉鸿昌在张家口组成抗日同盟军。孙继武兴奋地赶到张家口参战。

1933年冬，青海、宁夏回民军阀马鸿逵、马鸿宾、马步芳、马步青联合抗击屯垦督办孙殿英，史称“四马拒孙”。蒋介石利用他们相互攻伐，达到两败俱伤的目的。乡党雷中田任孙军第五军军长，孙继武也随军打到宁夏，但结果是全军覆没。1934年7月，孙继武又回到了榆中家里，陷入绝望之中。

1936年，红军已由四川到了甘肃陇南，在榆中家乡的孙继武仰望陇上的晨星，苦苦思索自己千回百转的人生道路该如何重新选择。

1938年4月，孙继武参加了中国共产党，与八路军办事处的谢觉哉有过接触。在国民党特务的跟踪围剿下，孙继武决心离开兰州，投奔延安。

1938年7月，孙继武徒步数日，跨过黄河，经银川到达红军驻防的盐池县，最终到达红色首府延安，进入抗大学习，开始新的征程。

孙继武在延安亲耳聆听了毛泽东的一场报告，感到了太阳一般的光芒和温暖。

组织上找孙继武谈话，为了简化续转手续，可以办理重新入党。1939年1月，孙继武重新参加了中国共产党。在学习尚未结业的情况下，孙继武即被调到军事队任区队长。

1939年7月，孙继武抗大毕业后，尽管工作变化不断，但他始终愉快地面对。因为，他的心在和延安一起跳动，积极向上。

阎达寅（阎燕军），1918年出生在山西省榆次县一座典型的晋商风格的深宅大院中。父亲阎崇礼是一位祖传的郎中，享有盛誉。

哥哥阎建寅，初中毕业后到太原国民师范学习，其间秘密加入中国共产党的外围组织，1934 年加入共青团，1937 年加入共产党，拉开了这个家庭投身革命的序幕。在他的带动下，一家人前仆后继地奔赴革命的征程。

1937 年，抗日战争全面爆发。日本的飞机在家乡的上空盘旋，家乡沦陷近在眼前。阎达寅的父亲坚决不当亡国奴，但也无力再给遍体鳞伤的中原开出什么医治的药方了。他毅然决然地抛家舍业，带着夫人和两个女儿（阎萍、阎颖），一同找到在晋南驻扎的儿子阎建寅所在的部队，参加革命。在当地邮局做职员的阎达寅，也随之投奔革命。一家人在同一战壕中战斗。

1938 年，阎达寅经过一路艰辛，顺利到达延安，进入抗日军政大学学习。1939 年，阎达寅在抗大学习期间加入了中国共产党。

1943 年，阎达寅的父母和小妹妹逃出敌占区，来到陕西米脂县解放区，终于找到了大儿子阎建寅和大女儿阎萍。但此时，阎达寅已到了太行山根据地。阎氏这一家人充满传奇色彩的经历，闪动着一家人心向延安的义举，他们一个个光辉的名字构成了阎氏红色族谱。

曲荷，1921 年 3 月出生在河南省焦作市孟县璩沟村一户士绅家庭。他原名璩含华，取“璩”姓谐音，“曲荷”为敬词，有承受、承蒙之意。在这个等级森严的封建大家庭中，他的母亲张氏为妾室，而且她出身于贫穷的屠户家庭，他因此受到各种不公平待遇，自小在家族中备受欺辱。后来，他成为最好学校的学生，果然母随子贵，张氏终于可以在正厅用膳。

1938 年 7 月，曲荷受哥哥影响，投身革命，加入山西第一战区牺牲救国同盟会。

1939 年 6 月，曲荷的哥哥在山西八路军前方总政治部工作，他送曲荷奔赴了延安。在延安由王世英介绍，曲荷进入中国人民抗日军政大学上学。毛泽东在抗大转移的欢送大会上，亲笔为曲荷题词留念——“斗争”。

1940 年 6 月，曲荷加入共产党。抗大到达晋东南，与八路军会合。

阎文康，1920 年 1 月出生于山西省灵石县城内，从小家境败落。

后来，阎文康当了乡村小学教员。年轻的阎文康在学习中逐步接受进步思想的启蒙，积极参加抗日救亡运动，利用小学教师的身份，积极向学生和市民宣传共产党的“停止内战，团结抗日”的主张。

1937 年春，阎文康投笔从戎，进入山西国民兵军官教导二团。

1937 年，山西牺牲救国同盟会成立了山西新军的第一支部队——山西青年抗敌决死队。同时，阎文康所在的山西国民兵军官教导二团改编为山西牺牲救国同盟会决死二纵队。阎文康在教导团期间，近距离地得到了光明的照耀，终于和地下组织取得了联系，参加了中国共产党。

1937 年 11 月，由党组织介绍，阎文康穿过敌人的层层封锁线，徒步由山西来到延安，参加抗大学习。

曾任中国人保第二任总经理的吴波，早年任晋察冀干部大队参谋，第十八集团军野战政治部统战部驻洛阳办事处秘书。吴波受周恩来委托，通过地下党组织的关系，帮助营救被捕的西路军将士，其中包括刘延东的父亲刘瑞龙等。

1939 年 4 月，吴波告别家人，只身一人化装成商人，穿过敌区，历尽千辛万苦，一路奔赴心中的圣地延安，寻找已在那里的南汉宸。但在陕甘宁边区前沿，吴波复杂的从业经历和来历不明的身份，受到了当地政府的质疑，差点被遣送回去。最后还是靠南汉宸出面证明，吴波才被安排到晋西北临时战地总动员委员会工作。1941 年，吴波加入中国共产党，在中央统战部担任传记委员会编辑。当南汉宸调到陕甘宁边区财政厅当厅长时，他把吴波也调到了财政厅做秘书主任。

1937 年，七七事变爆发后，周恩来在西安的一次会议上，风趣地问大家："在座的谁是老醯儿（山西人）？"一位个子高高的人举起了手。周恩来看了看，说："好，就是你！跟我回趟山西，找阎锡山去！"

山西牺牲救国同盟会成员合影

这个人就是南汉宸。他是中国人民银行第一任行长，中国人民保险公司的缔造者。

1895 年 12 月，南汉宸诞生于山西洪洞，他幼年丧父，4 岁时即与祖母、母亲相依为命。1909 年初，不满 15 岁的南汉宸结识了喜爱西学的教书先生狄龙田，并成为他的得意门生，他们以兄弟相称，南汉宸在思想上得到了启蒙。南汉宸走出私塾，进入太原陆军小学，与傅作义等一些青年才俊成为同窗。随后，南汉宸加入同盟会，并考取太原师范学院。

南汉宸因在学校多次聚众闹学潮，被开除。

南汉宸在家乡种过地，教过书，也办过煤炭公司。他也曾在当地教堂看过基督教教义，在广胜寺读过佛经。

1919 年，南汉宸响应于右任的倒阎运动。1924 年，冯玉祥发动北京政变，南汉宸参加了其旗下的国民联军，并成为训练处长，在保定、包头一带与军阀混战。1926 年 10 月，国民联军组织参观团访问苏联，南汉宸主动要求前往。启程前，他找到共产党人刘伯坚，正式加入了中国共产党。他一直隐藏身份，在国民革命军中开展工作。

1928 年，在安徽太和，杨虎城素闻南汉宸训练干部有方，热情地邀请南汉宸担任革命军事干部学校校长，并与他结下了兄弟般的情谊。1930 年 7 月，中原大战，冯玉祥、阎锡山在陇海线失败，杨虎城被蒋介石任命为陕西省政府主席。南汉宸被杨虎城委任为陕西省政府秘书长。其间，他多次解救共产党人。1931 年春，刘志丹被捕，南汉宸力劝杨虎城排除阻力放人，最后把刘志丹营救了出来。

1932年夏，国民党行政院电告杨虎城，南汉宸是共产党员。不久，蒋介石又派胡逸民携函会见杨虎城、南汉宸。胡逸民把委任状和通缉令一起摆在南汉宸面前，脸色一沉说：你要么到南京当中央监察委员，要么就到南京下狱，任选一张。南汉宸说："我宁愿选择通缉令。"然而，杨虎城知道南京方面对他重用共产党不肯善罢甘休，建议南汉宸夫妇东渡日本避难。

1936年12月12日，张学良、杨虎城发动西安事变，震惊中外。中共代表团到达西安后，周恩来征得杨虎城同意，决定调南汉宸协助代表团工作。南汉宸是国共双方的重要代表人物，一明一暗，能够处理好西安事变中的种种棘手问题，南汉宸的政治地位可见一斑。

1941年，由于日寇的残酷"扫荡"，以及国民党顽固派的经济封锁，各抗日根据地的财政和经济遇到了极为严重的困难。一次，毛泽东在枣园召见南汉宸，风趣地说："我们不能跳崖，不能解散，我们要自己动手。中央决定由你任边区财政厅厅长，我就是要你做一个会做无米之炊的巧媳妇。"

毛主席伸出宽大有力的手，紧紧地与他相握，并亲自送到窑洞外，临走时毛主席又叮嘱一句说："以后，每个星期到我这里汇报一次情况。"这次谈话长达4个小时之久，在场的除了南汉宸夫妇外，还有江青在旁边插了几句无关紧要的话。[4]

南汉宸与夫人王友兰合影

南汉宸一回到延安，就受到毛泽东如此的重托。他担任了陕甘宁边区财政厅厅长，把“钱”作为解决边区迫在眉睫的问题，紧抓不放，一抓到底。为了保证供给，解决财政与发展生产的资本，他提出禁止法币流通，由边区银行发行边币的建议。

边区的经济得到改善，但作为功臣的南汉宸一直保持着无私无畏、艰苦奋斗的做人精神。一次，毛泽东看见南汉宸孩子的鞋还是破的，亲自嘱咐林伯渠要关心一下。

1942 年 10 月，中共中央西北局在延安召开陕甘宁边区高级干部会议。毛泽东在大会上作了《经济问题与财政问题》的长篇报告。其间，南汉宸负责撰写了粮草、税收、金融、贸易等资料，为毛泽东的报告提供了重要参考。

毛泽东在延安时期曾说过：“革命胜利后，要为南汉宸立个碑。”可见在毛泽东眼里，南汉宸是一位财经战线的功臣。尽管毛泽东说的那个碑一直没有建立起来，但在今天，至少在中国人保人的心中已经矗立起了这块丰碑。

要说曾在延安的人保人，欧阳天娜应是岁数最小的了。她是随父亲欧阳山、母亲草明来到延安的，那时她才 3 岁多。在延安时，毛泽东亲自给叶剑英写了条子，安排欧阳天娜及姐姐欧阳代娜、弟弟欧阳加 3 人进入了延安保育院的子弟小学及中央托儿所，当时欧阳天娜曾和李敏、李铁映等一班。周恩来有一次见她冬天穿得少，特向毛泽东请示，批给她了一件棉衣。

4.“马背银行”与“挎包银行”

1935年11月，苏维埃国家银行随中央主力红军到达陕北，更名为中华苏维埃共和国银行西北分行，同时将陕甘晋苏维埃银行并入西北分行。

1937年10月，为了贯彻抗日民族统一战线政策，西北分行更名为陕甘宁边区银行，是当时共产党金融业中最核心的金融机构，总行设于延安。

当时，林伯渠任中央财政经济部部长、中央财政经济委员会主席；陈云任西北财经办事处副主任兼政治部主任；南汉宸任陕甘宁边区财政厅厅长；曹菊如任陕甘宁边区银行首任行长。

1938年1月，晋察冀边区政府成立，通过了设立晋察冀边区银行以及钞票的决议案，随后，晋察冀边区银行在山西五台山成立。

在日寇的严酷封锁下，抗日根据地的军民生活处于极端艰难困苦中，国民党顽固派扣发八路军军费。万般危急之时，毛泽东决定在被隔断地区设立地方银行，发行纸币，与敌伪经济展开斗争，同时，推行农村信贷，发展生产，保障抗日根据地的军需民用。

1938年10月，毛泽东在中共中央六中全会扩大会议报告中指出：“有计划地与敌人发行的伪币及破坏法币作斗争，允许在被隔阻的地方设立地方银行，发行地方纸币。”会议决定由八路军一二九师负责在山西黎城县组建冀南银行。

1939年10月15日，在长治市黎城县东崖底村，冀南银行召开成立大会，总行就设在附近的小寨村。该行隶属晋冀鲁豫边区政府。冀南银行之所以选择晋东南小寨村，而没有选择河北南部，就是要给敌人造成错觉，声东击西，掩人耳目，减少敌人对银行的破坏。高捷成任冀南银行总行的首任行长，胡景澐任冀南银行总务部主任。

胡景澐，1909 年 10 月出生在山西省文水县的南胡家堡村，他和刘胡兰有亲戚关系。

胡景澐的父亲胡理治，早年是个舞刀弄枪的武举人。辛亥革命那年，胡理治参加抗袁新军，负责把守娘子关，抵抗清军，可惜晋燕联军功败垂成，娘子关失守，胡理治被阎锡山追责，竟遭斩首示众。胡景澐 14 岁时，不愿为读书给家里增添负担，毅然去了太谷一家票号当学徒，从此走上了一生从事金融生涯的道路。

山西的票号极大地促进了中国银行业的发展。在晋商发源地的太古地区产生了大财阀孔祥熙。民国十一年（1922 年），太谷农工银行在县城内西大街成立，首任大掌柜也是位姓胡的世家子弟，叫胡世泽，银行中主要管理人员皆是票庄出身，胡景澐也在其中。太谷农工银行的票子可以在包括太原县的晋中平川各县流通，而且控制各县市场，可见其生意兴隆。胡景澐理财记账，甚至看家护院，样样是把好手，深得掌柜的喜爱。

1928 年，胡景澐考上山西银行专科学校，重新学习银行业务知识，毕业后他在太原晋恒造纸厂等处从事会计、审计工作。

1937 年 8 月，胡景澐放下了算盘，拿起了刀枪，投身八路军，走上了抗日的道路。同年他转任太行纵队司令部太行合作总社四科副科长、社长。1938 年 1 月，他加入中国共产党。

胡景沄凭借早年学习的银行专业知识和从事财会工作积累的经验，在冀南银行的初创时期，默默耕耘。1941—1944年，日寇对根据地不断进行大规模围剿、扫荡，加上旱灾、蝗虫，根据地军民遭遇到空前的困难。

冀南银行的职工说是管钱的，但他们的生活和前方的战士是一样的待遇，实行供给制。每月发几元津贴作零用钱，吃的是小米、高粱和黑豆，穿的是一样的军服，分不出领导和普通职工。在最困难时，还要自己动手，开荒种地。胡景沄曾率领开荒队在圪垃铺村开荒种植马铃薯。[5]

胡景沄写的《一年来之冀南银行》一文介绍，当时，他们的工作付出了巨大的体力，因此，再简单的饭菜都吃得很香。他们常常是一手拿枪，一手持账本，一边战斗，一边生产。

1939年9月，胡景沄担任冀南银行路东支行副经理。胡景沄一行17人，带着准备发行的冀南银行钞票，从太行区黎城县南陌村起程，到冀南区抗日根据地的路东，准备开展建立支行的工作。这是一次经受考验的旅程，每当黑夜降临，驮运钱币的马队行走在乡间的小路上，可以说一路危机四伏，充满惊险。

1942年，日本侵略者对太行山根据地发动“大扫荡”。胡景沄在一次带队转移中，由于叛徒的泄密，队伍被包围。在战斗中，胡景沄与大部队失联。胡景沄将随身携带的重要文件埋藏好，但

胡景澐

最终还是被日军俘虏，关押在山东德州监狱。胡景沄坚持咬定自己是一个棉花商人，后经过多方努力营救，终于获释出狱，辗转回到八路军总部左权县。

胡景沄被俘入狱后，他的夫人李如萍把地下党“不要抵抗，伺机逃脱”的指示抄在纸条上，放进大葱的葱段里，买通狱守，给胡景沄送饭。不仅如此，正因为李如萍正直不屈，做了冀南银行的库房管理，她整天把银圆绑在身上。

1943 年，胡景沄任冀南银行副行长，承担新员工的培训工作。为培养银行会计及业务职员，他着手成立建业会计学校，并亲自兼任校长。

1944 年，胡景沄任冀南银行行长、太行工商总局局长、晋冀鲁豫中央财经办事处金融处处长。

1946 年，为了更好地适应形势发展及加强对敌斗争，迅速恢复遭战争破坏的工农业生产，搞活市场金融，调剂社会资金，解决群众生产中的困难，以促进工农业商业发展，中共晋冀鲁豫中央局指示胡景沄化名胡竹轩，发起募集 5 亿元冀钞，筹建民营性质的瑞华银行。

1946 年 4 月，胡景沄在《新华日报》刊登《瑞华银行募集股金启示》，并由冀南银行出面在长治、晋城、邯郸、邢台、临清、南宫、菏泽、济宁等地同时募集股本。1946 年 6 月 11 日，瑞华银行在邯郸成立，总经理胡景沄，下设邢台、临清、南宫、长治 4 个分行。

瑞华银行的经营方针是“开放存放款业务，发展汇兑，运用社会游资，扶助工农商业为主”。瑞华银行还经营生金银买卖、工商业投资、有价证券买卖、外汇和开办仓库业务。利用仓库存储

冀南银行邯郸支行全体人员合影

冀南银行人员合影

冀南银行人员合影

大量边区军民生产生活所需和支援解放军南下所需的物资。组织大批土特产，如太行山区的桃仁、花椒，冀南、冀鲁豫平原的棉花，以及土布等，卖到北平、天津等地，从敌占区换回大量的黄金和外汇。

在晋冀鲁豫解放区中国共产党领导下的银行中，瑞华银行非常特殊，它以民营商办的面目独树一帜，形成了独特的管理和经营方式，开办了一些专有的业务种类，建立起它在解放区银行体系里重要的地位。瑞华银行的经营方针是：开放存放款业务，发展汇兑，运用社会游资，扶助工农商业为主。体现为三大主要工作任务：一是吸收各类存款和股金，以增强银行的资金实力和经营能力；二是发放工农商业贷款，促进边区生产生活的发展和经济的恢复；三是办理汇兑、仓库业务，储备黄金。[6]

瑞华银行培养了一大批银行人才，他们有的成为中国人保的创始人。瑞华银行的首任行长胡景沄、第二任行长孙继武、放贷处主任阎达寅、会计部主任程仁杰等，后来都成为中国人民保险公司的创始人。

1945 年 8 月，抗日战争终于迎来了最后的胜利。军区决定，调孙继武到晋冀鲁豫中央局经济部开展隐蔽的经济工作。

突然要脱去军装，孙继武感到浑身不自在，故向组织表示不

1946 年，瑞华银行成立，首届股东大会召开时股东暨董事、监事合影

十五年五月十九日

1948 年，瑞华银行总行成立两周年迁移至石家庄时，全体同仁合影，第一排左八孙继武，左九为阎达寅，左十一为程仁杰

瑞華銀

愿转业。刘伯承司令员、李达参谋长及邓小平等与他谈话，说明工作的重要意义，孙继武依依不舍地告别了部队。

华北解放区经济部长杨立三派孙继武到邯郸市组建光华房地产公司并任公司经理，归华北金融处处长胡景澐直接领导，这是他第一次见到胡景澐，从此他俩结下了毕生的情谊。

当时国共斗争日益紧张，共产党准备先撤出邯郸。孙继武组建的光华房地产公司的任务是以民间公司的名义经营共产党在邯郸的房地产，经过保护、修缮，谋取开辟财源，并为将来邯郸政权更迭做好准备。

1947 年 9 月，孙继武被调任瑞华银行总经理兼光华房地产公司经理，该行是共产党组建的最早的金融机构，划归冀南银行领导，胡景澐任冀南银行总经理，孙继武担任冀南银行党委会委员。

阎达寅从抗大毕业后在太行山八路军民运部工作，1945 年后，调到晋冀鲁豫边区银行工作。

1946 年，阎达寅跟随胡景澐，来到瑞华银行，任放贷处主任。

程仁杰，1908 年 9 月生于河北巨鹿前堤村。程仁杰自幼好学，在村里上的私塾，又读完初小、高小。1930 年，程仁杰考入巨鹿师范学校，成为本家的出众后生。

程仁杰在巨鹿师范学习期间，接触到许多进步思想，开阔了眼界。1938 年，经同村同学郭福生介绍，程仁杰加入了中国共产党，积极投入到抗日武装斗争中。

1939 年，太行山抗日根据地不断发展壮大，需要充实大量的特别是有文化的新生力量。程仁杰奉上级之命，踏上了太行山之行。程仁杰在抗日军政大学（太行山分校）经过短期受训，被分配

畢業証書

第01358号

程人傑同志，自一九五六年九月至一九五七年七月在本校普通班学習期滿，准予畢業。

中共中央高級党校

一九五七年七月十五日

程仁杰的毕业证书

到八路军一二九师供给部。在一份1948年晋冀鲁豫边区干部登记表中，有程仁杰亲笔写的思想汇报材料，他诚恳地写道：

> 参加工作的动机，在好的方面是为了抗战，在另一方面就是为了解决自己的生活问题，打算提高自己的社会地位，而争名誉与发财观点在当时自己的思想上，已占统治地位，对八路军有些好奇的想法，并没有意识到革命是怎么一回事。[7]

程仁杰在胡景澐的带领下，积极开展工作。或许正是由于他们都是来自河北山西一带的北方汉子，因此脾气相投，在战斗中，结下了深厚情谊。

1942年，日本侵略者对太行山根据地发动“大扫荡”，在一次战斗中，程仁杰与胡景澐被打散。胡景澐被捕，而程仁杰为了保护账本，机智地滚下山沟，腰部撞到石头上，忍痛顺山沟逃离了追击。由于腰部受伤较重，加上长期住山洞潮寒，从此落下病根。

1944年11月，程仁杰调到冀南银行工商管理局第六分局邢台县办局任主任局长。

巧的是人保第三任总经理贝仲选和程仁杰都是河北巨鹿人，两家相距只有四五里路。

1927年，贝仲选考入河北冀县省立第六师范学校。在冀南革命斗争史上，冀县六师与邢台四师、大名七师并称为冀南革命的摇篮。

1930年12月，在学潮斗争中，贝仲选等10名同学被反动当局挂牌开除。贝仲选1938年2月参加革命；1939年11月加入中国共产党。他参加抗战工作后，历任巨鹿县抗日战地动员委员会主任、冀南行政公署财经处长、宁晋县抗日民主政府县长、冀南行政公署粮食局局长；1944年1月调中共北方局党校，初为党校学员，后为党校研究室副主任；1945年6月，任中共冀鲁豫中央分局研究室主任。

1945年9月1日，八路军冀鲁豫军区部队解放了临清城区。9月2日，冀鲁豫行署冀南办事处发布通令：“刻临清已被我克复，经本处行政会议决定，划临清城区为临清市，由办事处直接领导。”贝仲选随即上任，为临清市第一任市长。

贝仲选虽任临清市市长仅两个月，但在当时是临清家喻户晓、人人皆知的人。这不仅是因为他签署发布的文告常常贴在街头巷尾，更因为他的身影频繁出现在各类集会和民众的生活中。他高高的个头、老成持重、为人和蔼的形象，临清一些健在的高龄老人至今记忆犹新。

1947 年 6 月，贝仲选调任晋冀鲁豫军区第二纵队后勤部办事处主任。他随冀南第一批南下干部渡过黄河，开始新的旅程。

在晋察冀边区银行冀中分行中，有一位叫杨子久的人，也是人保的创建者。

杨子久，1921 年 2 月出生在河北省衡水市安平县一户农民家庭。杨子久上小学时，每次在县里会考成绩都是前三名，为学校争得了荣誉。而且每次参加会考都是校长亲自套马车陪他去，中午还请他在县城的饭馆吃顿饭。

1938 年 9 月，晋察冀边区银行冀中分行在安平县招收员工，杨子久在村民的鼓动下，前去报考，考取了第三名。他被录取分配到冀中分行加印部检查科工作，负责在新钞票上盖章、编号。

1940 年，杨子久被调到冀中分行总部。随后他被分配到冀中第一专区银行办事处任出纳组长。为了躲避日军的扫荡和干扰，他们每隔三五天，就要转移一次，每次都要连续行军好几天。在行军过程中，用骡马驮运钞票，装卸费事，行动不便。杨子久研究设计了一种用人背的装置，一种用土布缝制成多层、多个口袋并可反复折叠的背包，把各种货币、大小金额的钞票，分别装

杨子久和夫人陈玉玲合影

在粗布背包的各个口袋里。以前的“马背银行”，变成了“布袋银行”。

1941 年，杨子久任冀中银行任河县（任丘、河间）营业所主任。1942 年 5 月，侵华日军对冀中军区发动了空前残酷的大扫荡。杨子久和同志们又开始转战，他们掩埋了边区票，带着枪和账本，历经千难万险，到达了阜平总行驻地。杨子久把冒着生命危险保存下来的完整无损的营业所的账目、报表、枪支等，一一上交。总行经理关学文特此接见了他。杨子久或许由于劳累，得了伤寒，昏迷了好几天。

1945 年 3 月，杨子久在利民总店被发展为正式党员。

1946 年 2 月，杨子久到阜平县边区银行冀西分行报到，任唐县银行办事处主任，重新回到银行系统。

冀南银行和瑞华银行在中国红色金融史上的地位，是非常重要的。冀南银行是八路军的银行，是抗日根据地的银行，是中国人民银行的前身。瑞华银行是解放区的第一家民营银行，从其诞生到结束，虽然只有短短的三年时间，却在中国经济金融事业的初始阶段进行了探索和试验，在中国金融发展史上留下了精彩的一笔。因此，有人说它是中国金融的“祖庙”，也是中国人民保险公司的“先坛”。

5. 用鲜血染红的货币

冀南银行成立之初，钞票印制是当务之急。冀南银行发行的钞币（以下简称冀钞，分为太岳版、太行版、平原版），是作为边区的本位币发行的。冀南银行在前后 9 年时间里，共发行本币 47 种、本票 9 种，累计发行冀钞 2012.7 亿元。

1939 年，一二九师将师部一架石印机调出，又从邢台敌占区请来印钞技师张裕民，正式开始了钞票的研印工作。

在边区党政军的支持配合下，从冀西、太北、太南、鲁西南各有关报社和上党银行印刷厂等部门调集印刷、铅印等机器设备，抽调部分干部职工，同时从部队选派了一批优秀青年战士。四个印钞所和两个厂部及铜印、分裁、鉴定封包等机构在很短时间便

冀南银行币

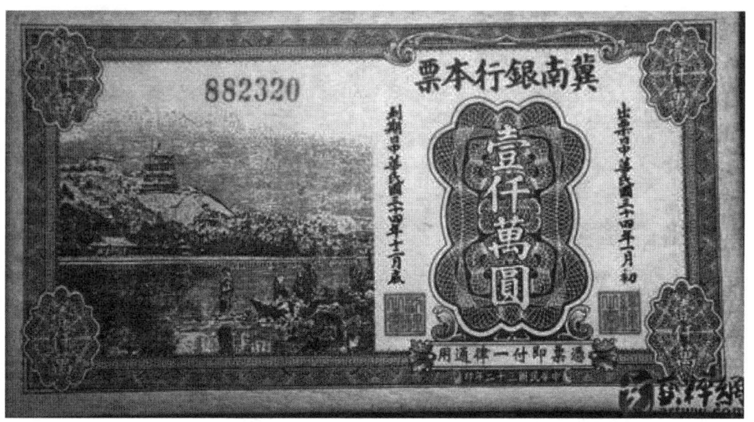

冀南银行本票

冀南银行旧址

依次建立，在八路军总后勤部和一二九师的领导下，实行军队建设、军事管理、军队供应。

1939 年 6 月，冀南银行发行部在黎城县小寨西村建立第一印刷所，胡良英担任指导员。

胡良英带领大家艰苦创业，很快，一批批朴素典雅的冀南银行币（冀钞）问世了。当时，冀钞面值有 19 种，本着“培养抗战经济的摇篮，保护人民利益的堡垒”的宗旨，流通于晋冀鲁豫抗日根据地。

正如冀南银行行歌所唱：

我们是一群经济拓荒者，
在民族革命的狂潮里，
激情的从事祖国伟大的建设，
从汾河到运河，
从平静的泸沱河到滚滚的黄河，
我们站在经济斗争的最前线，
打击伪币，统一货币，
发展工农业，活泼市场，
改善人民的生活，
在广大的抗日民主根据地
开遍了繁荣的金融花朵。[8]

1941年，冀南银行开展生产自救，精兵简政，将印刷一所、二所合并，成立太行第一印刷厂，厂部设在石泉，胡良英担任厂长，张存泰担任教导员。

1943年，遇到罕见的旱灾和蝗虫灾荒，为维持基本生活，胡良英带领大家上山挖野菜，补充给养。他们常常以野菜、树皮、黑豆充饥。

由于汉奸的告密，冀南银行所在地小寨村遭遇过日军七八次扫荡。在一次反扫荡战斗中，胡良英布置员工将机器设备藏在山洞中，命令一部分同志持枪守护设备埋藏地，他率领一部分同志与敌人周旋打游击。胡良英英勇阻击，拖住敌人，保卫了国家资财。当年战友满怀深情地回忆道：

想起了胡良英同志，他是湖北人，鄂豫皖的老红军形象；矮小的个子，三十多岁，黑瘦干瘪的脸上，镌刻着久经艰苦奋斗留下的皱纹，满口鄂东话，但他精力充沛，品格优良，对人和善，步履轻快，吃苦、细致的工作作风，谨慎负责的态度，白天打里照外，夜间巡岗查哨，全部心神为革命，人人都很敬重他。胡良英同志特别善于在勤杂人员中做工作。这是他贫寒出身，又经历了长期战斗生活锻炼成的。在敌后战争环境下，要进行极度保密的印刷事业，如果没有那些警卫战士以及勤杂人员和工作技术人员的一致努力，简直是不可想象的。他们白天搞环境保卫，夜间要放哨；印就的成品要向外运送，各种器材要及时送来，说要就得要，说走就得走，稍有懈惰便影响生产，那是不能允许的。他们出差，翻山越岭长途跋涉是家常事，都是为了顺利安全地印钞票。没有他们的辛苦血汗，像一个人只有心脏没有动静脉血管流通，也活不成。胡良英同志看重这个方面，因而经常做勤杂人员的思想政治工作。他不是板着面孔说教或以严厉命令，而是与群众推心置腹地交流情感，说服教育。效果是异常显著的。

在那深山老沟，穷乡僻野地区，物质是很贫瘠的，机关的伙食问题最大。能吃到一顿猪肉，无论谁都像过一次“大年”一样高兴，伙房炖肉的香味一出来，便是有力的鼓动工作，生产就可能突破纪录。司务长为改善大家的生活，常下山到很远的地方去买猪，后来自己所里也养起猪来。

有一次，司务长带领驮队要去运粮了。胡良英同志送他们到山下，嘱咐途中事。司务长说：“胡指导员，我们好几天才能回来，家里的猪，你们先宰杀吃了吧。”胡良英同志答说：“不！等你们都回来，再宰杀，大家一起改善生活。”一句话说得战士们心上热乎乎的。“改善生活”，这个很有诱惑力的词，对谁都是一样的兴奋剂。胡良英同志想着全所的每一个同志。他一句人情话，一桩小事，一个思想，都闪烁着革命队伍的团结友爱之光，流淌着无产者的感情，生动地发扬着无产阶级革命队伍的优良传统。

胡良英同志，在每次改善生活时，都必亲自掌勺，给每个盆盆碗碗里盛肉，不偏不倚，先人后己，他生怕在这艰苦中的一点享受上惹出不愉快的麻烦，扫了大家的兴。

胡良英同志，识字不多，他有个记事的小本本，不会写的字，便画些别人看不懂的符号，不管什么事他都记得一丝不苟，各方面的工作都安排得井井有条。这是他关心同志、关心团结、关心生产、关心党给他的光荣任务所学来的本领。[9]

1944 年，胡良英长期在艰苦的环境中工作，积劳成疾，再加上旧伤复发，他患了重病。上级党组织命令他暂停工作，就地休养。随着解放军大举南下，胡良英从部队转业，离开戎马生涯，与夫人一同到刚刚成立的中国人民银行做行政工作。

1941 年 2 月，曲荷从抗大毕业，到十八集团军总后勤部的冀南银行担任政治指导员和支部书记。曲荷在 1991 年撰写的回忆文章《反扫荡中的印钞厂》一文中介绍：

> 当时印钞厂有 20 多台石印机，纸张、油墨都是从敌区运来的，就连印制总技师张裕民也是从敌占区邢台请来的。张裕民原来因伪造货币还入过国民党的大狱，一度为日寇服务。张裕民担任印刷所所长，工资最高，还有一匹骡子。他还有吸食大烟的嗜好，并且是带着老婆来的，但共产党还是重用他，使他感激涕零，愿为共产党肝脑涂地，后来张裕民还真的入了党。[10]

1943 年，曲荷任冀南银行第一印刷所所长及监委。在洪岭战役中，负责留守厂部的曲荷，看到日军在掩埋着印石机器的地方驻扎，情绪十分紧张。他奋勇地带领战士从侧面引开了敌人，保护了贵重机器的安全。

1943 年 5 月，因叛徒告密，冀南银行行长高捷成在河北内邱县白鹿村遭遇包围。高捷成在突袭战斗中，中弹牺牲。冀南银行

曲荷

印钞厂同仁合影

副行长陈希愈指示曲荷寻找烈士遗体，曲荷带领警卫排长连夜赶到白鹿村，挖出高捷成烈士的遗体，运到涉县索堡镇，冀南银行在那里召开了追悼会。会后，高捷成的遗体被掩埋在石门村左权的墓地旁。

1948 年，华北地区的晋察冀和晋冀鲁豫两大解放区连成一片，晋察冀边区银行和冀南银行开始联合办公，并成立华北银行。5 月，冀南银行发行处改组为华北银行第二印刷局。曲荷任晋冀鲁豫边区华北人民银行第二印制局的秘书。

秦道夫，1929 年 10 月出生在荣成县北下河村。秦道夫在其传记中写道：

北海银行同仁合影

冀南银行同仁合影

瑞华银行员工合影，左五为阎达寅、左九为胡景澐

父亲秦有丰平日里话很少，家门外的事一概不管。他上过小学，应当是个识字的人，可是我从来没有见他读过书、写过字，也从来没有教过我认字。倒是和我说过应该好好读书，长大了好不当农民，不种庄稼。[11]

秦道夫在上小学时，被推选为儿童团团长，使用鸡毛信和消息树为八路军服务。他的书包里，除了课本，还多了一颗木柄手榴弹。

1945年春天，秦道夫从抗日中学毕业，被分配到八路军山东军区东海区司令部机炮轮训队担任文书，成为了八路军。

1945年秋天，秦道夫奉命从文登县政府调到山东北海银行文登办事处工作，开始了毕生的金融生涯。秦道夫做的第一份工作就是负责点钞票，握过枪的手，点钞技术也很强。

1946年2月，秦道夫到了北海银行胶东印钞厂。由于国民党军逼近印钞厂驻地，印钞生产停止。工厂将印钞机全部拆卸，涂上润滑油，在深夜用马车拉到河边，深埋进沙子里。秦道夫换上军装，带上工厂里的武器，上了前线。他负责撰写敌情通报，发到后方。

1948年8月，秦道夫加入了共青团；1949年1月，加入了共产党。他的入团和入党几乎是连在一起的，这可以说是一个奇迹。

秦道夫曾对我说过，他一直珍藏着一份他在解放战争期间写的入党志愿书。在一次躲避国民党军的进攻时，他掉在河里，随身携带的志愿书也漂在水面上，被他奋力捞起来，志愿书上有的字都洇湿了。我不理解他为何冒着生命危险去捞那份志愿书，回头再写一份不就得了。当我亲眼目睹了那份珍贵的志愿书时，那些字如同经过时间长河的漂洗一般，闪烁的理想是那样的纯粹。我才明白，秦道夫捞起的不是一张纸，捞起的是他镌刻在内心的信念。

或许是历史的巧合，在中国人保早期创建者中，竟有13人来自陕甘宁银行、晋察冀边区银行、冀南银行、瑞华银行、冀中银行、北海银行等红色根据地银行。来自瑞华银行的有5人；来自边区银行印钞厂的有6人。其中，胡景澐、崔平、李绍禹、冯天顺、尚明、宋国华、秦道夫先后担任中国人民保险公司总经理；孙继武任副总经理，阎达寅任办公室主任，曲荷任人事处处长，程仁杰任检查室主任，杨子久任北京分公司经理，胡良英任办公室总务科科长。他们共同组成了中国人民保险公司的一条来自北方的红色血脉，使得这条血脉的色彩格外的浓烈。

2009年，人保财险副总裁王和写给人保60年华诞的《红色宿命》一文中，讲到人保的品牌价值的历史印记和红色企业属性时，提到了人保的“红色基因”，是由于诞生于“红色背景”，成长于“红色经历”，遵循于“红色道路”，奉行于“红色宗旨”，这是中国保险界第一次提出“红色基因”这一重要属性。

2015年，由姚庆海、童伟明主持编纂的《保险史话》一书出版，这是中国保险历史研究的一部里程碑式的著作。该书专列一章，确认革命根据地颁布的《中华苏维埃共和国劳动法》，对社会保险制度进行了初步探索，以此开创了新中国保险的理论基础。该书首次提出了“红色保险”这一成体系、成规模的概念。

2016年，我在此基础上，撰写了《南北两条血脉的汇合——记中国人保红色基因的初始形成》一文，首次提出了中国人民保险公司成立初期的创建者来自南北两条红色战线的理论构架。

过去我一直认为，对于一个面对市场竞争的企业来说，过分渲染所谓的红色历史，有些尴尬。但我通过对中国人民保险历史的深入研究，对其品牌文化的层层剖析，发现平日广为流传的两句话——“中国人民保险与共和国同生共长”“中国人民保险与共产党血脉相连”，其有着切实的历史渊源。也就是说，中国人民保险根红苗正的传承，其负载着天然的红色基因，构成中国人民保险的精神族谱，这绝对是中国保险史独有的特色和地位。我在梳理中国人民保险的根系脉络时发现其红色基因原来是来自南北两条脉络这一秘密。

1949，西交民巷108号

——中国人民保险公司的诞生

第六章

诞生，伴随着开国大典的礼炮

1. 石家庄的小灰楼

1947 年 11 月，解放军攻克石家庄，晋冀鲁豫和晋察冀两大解放军连成一片。

1948 年 7 月 22 日，晋察冀边区银行与冀南银行在平山县城南关奉命合并，改称为华北银行，晋察冀边区政府财政处长、华北财经办事处副主任南汉宸任总经理，原冀南银行经理胡景沄和晋察冀边区银行经理关学文分别任副经理。

1948 年 11 月 2 日，辽沈战役胜利结束。华北人民政府主席董必武主持召开政府第一次政务会议。会议认为，各解放区已迅速连成一片，物资交流和经济往来恢复，但各解放区的货币不统一，冀南币、北海币、晋察冀边币、西北农币四种钞票同时流通，而且比价不固定，给经济贸易、百姓生活带来很大的困难，接管平津后，有必要成立中央银行，发行统一的货币，以减少混乱。

在新建立的银行名称上，董必武认为，新银行名称不仅要考虑目前货币统一的问题，还要与将来建立的人民共和国联系起来，要考虑使其成为将来人民共和国国家中央银行的问题。用“中国

1948 年，晋察冀边区银行与冀南银行扩大行务会议参会人员合影

扩大行务会议合影

董必武

人民银行”这个名称，既表示这个银行是人民的，也不失作为将来成为新中国国家中央银行的规格。董必武就此向党中央发电，中央回电批示：“目前建立统一的银行是否有点过早，进行准备工作是必要的，至于银行名称，可以用中国人民银行。”董必武接电后，立即命令南汉宸着手中国人民银行的筹备工作。各个解放区银行都动员起来，由点到面，层层推进。

1948年11月18日，董必武主持召开了华北人民政府第二次政务会议，中心议题是成立中国人民银行，发行统一的货币。会上，董必武再一次慎重地询问南汉宸：

“汉宸，眼下已时不我待呀！你们的筹备工作做得怎么样了？可不可以明天就把人民银行的牌子挂出去呢？”南汉宸胸有成竹地回答：“我看可以了！经过这一年来的筹备，各项工作都已经就绪了，12种面额的钞票版面，已经请中央几位领导同志看过，我们已托晋察冀边区印制局给印制出来了，存放在发行准备库里，明天就可以把钞票发行出去。为了准备北平解放后立即由我们的人民币占领市场，我们城工部的同志已经派人携带印版进入北平，同那里的一家印制厂谈妥，已秘密地代我们印出一批钞票，等我解放军一进城，人民币就可以在市场上流通。”董必武高兴地说：“好！马上对外宣布中国人民银行成立。”[1]

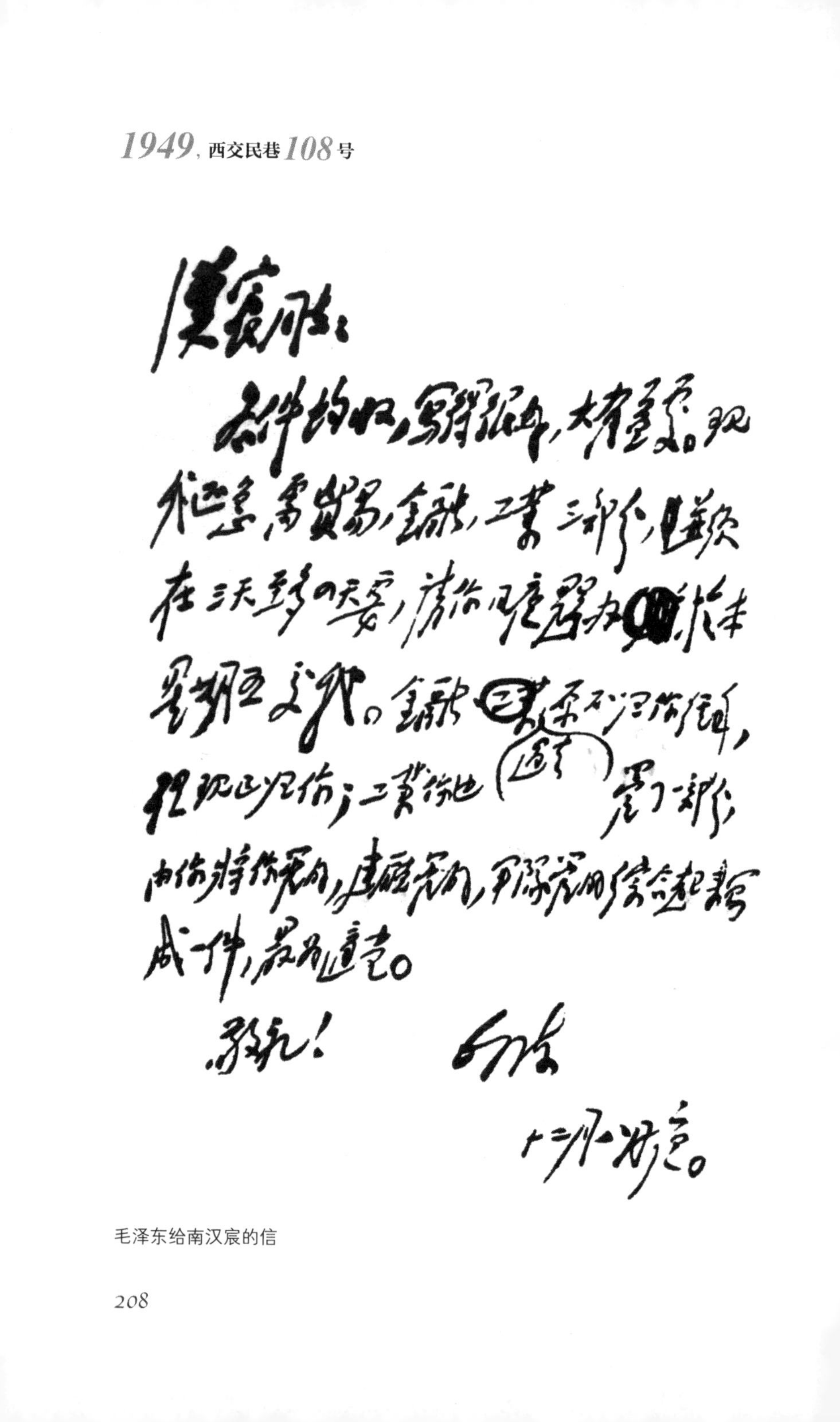

毛泽东给南汉宸的信

1948年12月1日，中国人民银行在石家庄宣告成立，并正式发行第一套人民币。华北人民政府当天发出布告，由中国人民银行发行的人民币在华北、华东、西北三区的统一流通，所有公私款项收付及一切交易，均以人民币为本位货币。南汉宸担任中国人民银行总经理，胡景澐、关学文任副总经理。中国人民银行的成立是新中国开国历史上的一件大事，从此中国金融史翻开了崭新的一页，中国人民保险也将孕育而生。

中国人民银行办公地点在石家庄的中华北大街55号，俗称小灰楼。小灰楼始建于日本侵略者占领石家庄时期，为日伪建设总署石门河渠工程处。日本投降后，国民党先遣军侯如墉部强占石家庄，即把这座小灰楼作为司令部。因侯如墉字子固，所以当时的老百姓都称这里为“侯子固大院”。侯如墉残部被歼灭后，这里又成为当时的国民党石家庄行政公署公路局所在地。

小灰楼成为人民银行办公地点后，二楼右手依次为南汉宸、胡景澐、关学文3个人的办公室，因此当时流行一句话：“到银行办事，必过南胡关。”

人民银行组织金融接管工作组开赴北平、天津，接管国民政府的中央银行、中国银行、交通银行、中国农民银行、中央信托局、邮政储金汇业局、中央合作金库以及设在这些城市的河北省银行、天津市民银行、山西裕华银行、金融管理局及其印刷厂等官僚资本金融机构。

1949年1月15日，天津解放。当时的天津解放北路有49家国内外银行，其中12家国内银行总部设在这里，有“旧中国华尔街”之称。为了搞好对天津的金融接管，胡景澐亲自率领中国人

華北人民政府佈告

金字第四號

為適應國民經濟建設之需要，特商得山東省政府，陝甘寧晉綏兩邊區政府同意，統一華北、華東，西北三區貨幣，決定：

一、華北銀行，北海銀行，西北農民銀行合併為中國人民銀行，以原華北銀行為總行。所有三行發行之貨幣，及其對外之一切債權債務，均由中國人民銀行負責承受。

二、於本年十二月一日起，發行中國人民銀行鈔票，（下稱新幣）定為華北、華東、西北三區的本位貨幣，統一流通。所有公私款項收付及一切交易，均以新幣為本位貨幣。新幣發行之後，冀幣（包括魯西幣）邊幣，北海幣，西農幣，（下稱舊幣）逐漸收回。舊幣未收回之前，舊幣與新幣固定比價，照舊流通，不得拒用。新舊幣比價規定如下：

（一）新幣對冀幣，北海幣均為一比一百，即中國人民銀行鈔票一元等於冀南銀行鈔票或北海銀行鈔票一百元。

（二）新幣對邊幣為一比一千，即中國人民銀行鈔票一元等於晉察冀邊區銀行鈔票一千元。

（三）新幣對西農幣為一比二千，即中國人民銀行鈔票一元等於西北農民銀行鈔票二千元。

以上規定，望我軍民人等一體遵行。如有拒絕使用，或私定比價，投機取巧，擾亂金融者，一經查獲，定予嚴懲不貸。切切

此佈

主席 董必武

副主席 薄一波 藍公武 楊秀峯

中華民國三十七年十二月一日

华北人民政府布告

民银行特别成立的金融接管处赴天津开展工作。此时，孙继武转去天津参加军管接收工作，并担任军管会金融处办公室主任和党总支书记。

2. 上海滩穿军装的接收大员

上海政权更迭前夕，国民党特务开始恫吓金融、工商界的巨擘名流，鼓动他们撤离上海，逃往台湾。保险业地下党谢寿天、郭雨东等授命在上海和香港两地开展安抚工作，他们与太平保险公司董事长周作民、总经理丁雪农，中国银行沪行经理吴震修，中国保险公司总经理宋汉章等上海金融界颇具影响力的领袖人物多次接洽，稳定他们的情绪，团结争取他们留在大陆。

1949 年初，谢寿天、郭雨东由香港北上，在石家庄参加接管上海金融业的干部培训。

1949 年 5 月 3 日，饶漱石、陈毅、粟裕等率部进驻丹阳，与先期到达的总前委、华东局机关部队和南下干部会合，部署接管上海的准备工作；6 日，华东局在丹阳举行会议，讨论接管上海的问题；10 日，陈毅在县城南门外大王庙对接管上海的干部作关于接管上海的报告。

在华中党校学习的刘凤珠等保险业地下党，一边学习，一边随着党校逐步南迁，并组建了“青州纵队”。他们随着南下渡江的部队和支前民工的队伍，快步前行，浩浩荡荡。一路上他们高唱着新编的革命歌曲，兴奋异常。刘凤珠特别细致地记述了他们当时渡江的感受：

> 那个凌晨，江边静悄悄的，气氛很严肃，我们登上木帆船，想到几天前百万雄师渡江的情景，不禁肃然起敬。我们重新踏上刚刚解放的江南田野，距离我们北撤仅5个月，而革命形势已发生了翻天覆地的变化。[2]

1949年3月，在中共华中党校学习的第二期十四队全体学员合影

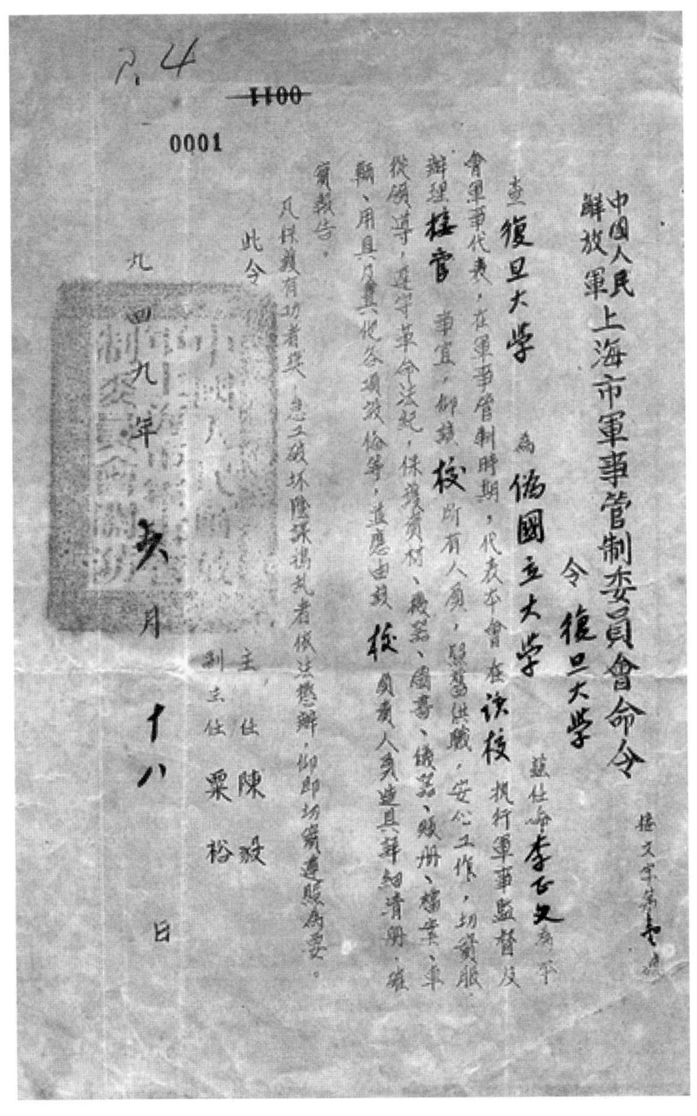

7.4

~~1100~~

0001

中國人民解放軍上海市軍事管制委員會命令

接文字第[illegible]號

令　復旦大學

查　復旦大學　為　偽國立大學　茲任命　李正文　為本會軍事代表，在軍事管制時期，代表本會在　該校　執行軍事監督及辦理　接管　事宜，仰該　校　所有人員，照舊供職，安心工作，切實服從領導，遵守革命法紀，保護資材、機器、圖書、儀器、賬冊、檔案、車輛、用具及[illegible]各項設備等，並應由該　校　負責人員造具詳細清冊，據實報告。

凡保護有功者獎，惡意破壞隱瞞搗亂者依法懲辦，仰即切實遵照為要。

此令

主　任　陳　毅

副主任　粟　裕

一九四九年六月十八日

上海市军管会接管复旦大学的文件

1949年5月27日，上海国民党守城部队投降，解放军进驻上海，开始接管上海的各行各业。

为了落实丹阳会议精神，在苏北解放区专门学习接管城市政策的孙文敏聚集撤退到华中党校学习的保险业地下党员徐天碧、朱元仁、刘凤珠等随军渡江回沪，与留守上海的林震峰、吴越等地下党员会合。在上海市军管会财政经济接管委员会金融处，共同组建了“保险组”。他们脱下便服，穿上军装，胸章是“中国人民解放军”，臂章是“上海市军管会”。

金融处副处长谢寿天分管保险组，林震峰任保险组组长，孙文敏任副组长，郭雨东协助保险组的全面工作，朱元仁兼任秘书，

保险业地下党欢迎上海解放，施哲明、吴越、唐凤喧等走在前面

上海市军管会金融处参加庆祝解放游行，施哲明走在队伍前面

廖国英、刘凤珠负责审查各接管单位的财务账册和报表。

保险组成员分工负责接管 24 家官僚资本保险机构，吴越主要负责接管中国产物保险公司和中国人寿保险公司；顾濂溪、姚洁忱接管中央信托局产物保险处和人寿保险处；徐天碧、戈志高接管太平洋保险公司和交通产物保险公司；施哲明、陶增耀接管中国农业保险公司和国民保险公司；朱元仁接管资源委员会保险事务所；杜伯儒、廖国英接管中国航联意外责任保险公司和中国航联产物保险公司；唐凤喧接管台湾产物保险公司。

其余如中国再保险、中国人事、江苏、世界、浙江、中南、人和、同信等保险公司早在1949年前已经停业，仅存空壳。中合保险公司的资金已全部转移至台湾。四联盐运保险和盐运再保险是中央信托局产物保险处、中国产物、太平洋产物、中国农业四家官办保险公司的联合办事机构，没有资本金，也无资产，就由保险组分工兼管接收。

他们反复学习军管会有关的方针政策和城市工作条例，拟定保险业接管方案，明确接管范围和对象。在保险公司张贴布告，召开会议，组织学习。刘凤珠负责起草入城规定："一、遵守军管会及人民政府一切法令和各种规定；二、遵守城市政策，站稳阶级立场，发言谨慎；三、克服工作上的粗枝大叶，随时总结经验；四、无事不上街，外出必请假；五、不徇私舞弊。"

大家吃住在一起，白天分头工作，晚上汇报交流。不到一个月时间里，军管会接管了中央信托局产物保险处等24家保险公司。林震峰曾介绍接管战果：

> 接管黄金123两、银圆1718枚、美钞15783元、港币3345元、英文打字机88台、小轿车19辆以及少量股票、债券、金圆券和房地产，还有4支自备手枪。保险机构的员工777人，其中职员652人、工人125人。[3]

经过整顿清理，部分保险公司获准登记复业。共计106家，其中华商 64 家，外商 42 家。原专营寿险的公司均未复业。由于中国产物保险公司经营管理规范、人员整齐，市场影响力大，海外各地机构完整，再加上接收工作顺利，因此首先获准复业经营。经金融处批准，中国产物保险公司于 1949 年 6 月 20 日首获复业。

为增强华商保险公司承受保险责任的能力，在军管会保险组的促进和支持下，由复业的中国保险公司主持筹建一个办理分保业务的组织。

1949 年 7 月 20 日，民联分保交换处正式成立，共有 47 家保险公司自愿参加。公推太平保险公司的丁雪农为主任委员，大东保险公司的董汉槎、合众保险公司的毛啸岑、中国保险公司的孙广志为副主任委员，兆丰保险公司的唐雄俊任经理，金瑞麒为理事长，林震峰为副理事长。

民联分保交换处属于互助合作性质，是负责集中办理华商私营保险公司分保交换的服务性机构，不直接经营保险业务。民联分保交换处还与天津、南京、苏州等地建立了联系或设立了办事处。

民联分保交换处增强了华商保险公司的团结，摆脱了外商的垄断，奠定了进一步扩大联营的基础，是当时上海工商界中最早成立的一个联营机构。

3. 东北最先迎来人民保险的曙光

1945 年，罗高元从延安出发，被委派到东北负责接收银行工作，在陈云的领导下，开创了财经建设领域。

在黑龙江黑河的北安、佳木斯、合江等地，罗高元参与东北银行基层机构的建立，足迹遍及陌生的黑土地。

1945 年 11 月，东北银行正式成立，这是在共产党领导的东北解放区成立的第一家国营银行。

东北地区的保险行业依然处于瘫痪状态，为此，1948 年 8 月，东北银行开始组建哈尔滨联合保险公司，由太平、联保、亚洲、阜成、中兴 5 家私营保险公司组成。哈尔滨企业公司经理杨裕民任理事长，东北银行哈尔滨分行经理张世昌任监事长，太平哈尔滨公司经理袁忠祥任总经理，东北银行哈尔滨分行副经理王雨田任经理。

哈尔滨联合保险公司以经营火险为主，后更名为新华保险公司，由王雨田主持工作，它是东北人民政府领导下的第一家公私合营的保险公司。

1948 年 11 月，解放军解放东北全境。为适应国民经济恢复，以及发展生产和保障安全的需要，东北银行总行决定筹建国营保险公司机构。

1949 年 5 月，由东北银行总行主导并拨黄金 2 万两，在沈阳组建东北保险公司，资本金为 5 万两黄金。同时任命东北银行业务处处长沈海清为东北保险公司经理。公司领导辽西、辽东、吉林、龙江、松江、热河、内蒙古等地的保险机构开展业务，这是共产党政权成立的第一家国营保险公司。

东北保险公司初创时期人员不足 20 人，以经营火险为主。随后，大连关东银行的保险部改组为大连保险公司，哈尔滨的新华保险公司改组为松江保险公司。

东北保险公司得到迅猛发展，为今后纳入中国人民保险公司系统作了铺垫。

罗高元随之加入了东北保险公司的建设工作。罗高元在东北工作时期的老同事程明星回忆，罗高元给人的印象是非常严厉，但他从不以老红军自居，不压制任何人，总是创造条件帮助下属进步。在生活上，罗高元也十分关心同事。他在东北工作期间，组织上给他配有专门的厨师，他吃的是小灶。但他总会告诉他的厨师留一些肉分给大家，他从不独自享受，就连夫人也不能沾光。每到周末，他经常会请单身的同事到家里吃饭。

1949 年 11 月，在中国人民保险总公司的领导下，东北地区各保险公司共同组织成东北区保险公司，与人保系统华南区公司、华东区公司、西北区公司等区公司遥相呼应。12 月 16 日，东北银行总行以总字第 49 号文件任命罗高元为东北区公司第一任总经理。公司共有机构 78 处、员工 140 名。

4. 汇聚成河

1949 年 1 月 31 日，北平和平解放，中国人民解放军从前门大街进入，穿过使馆区（东交民巷）、金融街（西交民巷）。

1949 年 2 月，中国人民银行从石家庄迁入北平。10 月 19 日，中央人民政府正式任命南汉宸为中国人民银行行长，胡景澐、关学文为副行长，孙继武负责接收旧政府银行中央信托局的工作，后任人民银行储蓄处处长，准备开办相关业务。

1949 年 1 月 31 日，解放军进入北平

人民银行的行长和综合处在西交民巷西头的清朝户部银行旧址办公，各专业部门在北洋保商银行旧址办公，后搬到西交民巷的大陆银行办公。

当时人民银行采取的措施是，边接管，边建行；先后布告社会民众，宣布人民币是唯一的合法货币，严禁一切伪币、外国货币流通，所有公款一律存入人民银行，不得存入私营行庄，公私团体与个人可以保存银圆，但不得私下买卖。致电中国银行的伦敦、纽约、新加坡、东京、香港、加尔各答等行处，通知其总行已经被接管，要求驻外分支行及其员工坚守岗位，遵守新民主主义经济金融政策，保护财产，拒绝向国民党借垫款项。

1949 年 1 月 13 日，《人民日报》发表南汉宸关于新币和按比例收兑旧币问题的讲话，他郑重地宣布："不但对人民银行新币负责，而且对一切解放区银行过去所发行的地方货币负责，将来我们收回地方货币的时候，一定按照规定的比价收兑，兑到最后一张为止。”

中国人民银行开始接收以“四行二局一库”为首的国民党官僚资本银行，挖断这个垄断旧中国经济命脉的金融体系。但为了不影响市民正常生活，对国民党设于各地的银行，虽停业清理但并不解散，而是利用原有的营业地点办理收兑旧币等业务，原具有操作经验的人员也被保留，组成人民银行的业务部门，既利于民众又利于开展业务。

同是山西人的南汉宸、胡景澐成为人民银行的行长、副行长。巧合的是，南汉宸、胡景澐都从小丧父，上过银行学校，干过实业，胡父和南父共同在娘子关打过仗；他们共同组建过晋察冀边区银行，在出生入死的年代，他们两人分别被冠以“一号首长”“二号首长”的秘密代码。正是这些共同的经历，使得他们在战斗中和工作中结下了深厚的情谊，这种非同一般的友谊在当下是不多见的。

南汉宸思贤若渴，为人民银行延聘了一大批著名的经济学家，如千家驹、王学文、章乃器、沈志远、陶大镛、冀朝鼎等，使人民银行成为“人才篓子”。

在钞票上印刷人物肖像是各个国家的共同习惯，有利于钞票防伪。人民银行建议在票面上印毛泽东像，毛泽东不同意，说：“票子是政府发行的，不是党发行的，现在我是党的主席，而不是政府的主席，因此票子上不能印我的像，将来再说吧。”董必武立即找南汉宸商议，改印解放区工农业生产图案，让人到设在阜平南峪的印刷局调换了票版图案。

南汉宸将主要精力投入建立新中国金融体系的伟大事业中。南汉宸以金融家的胆识，运筹帷幄，带领人民银行严厉打击地下钱庄和投机资本的不法活动，平息了上海的银圆风波。因此，南汉宸成为陈云、薄一波的得力助手，进入了中央财经委员会，对倡导成立保险公司拥有了话语权 。

正是接收中央信托局的工作经历，使孙继武认识到该局的储蓄、信托和保险三大金融职能不可或缺。他以一位身经百战的军人谋略和一个从事商铺、地产及银行的经营者头脑，深刻认识到组建保险公司的紧迫性和必要性。这在大多数进城的干部还不知道保险为何物之时是多么的难能可贵，对于中国人民保险公司能够在共和国成立之际就得以成立，起到非同一般的作用。

孙继武积极倡导成立保险公司，宣导保险公司的作用，人民银行的南汉宸、胡景沄欣然接受了他的建议，并上报中央财经委员会，获得陈云、薄一波的一致同意。可以说，中国人民保险公司在成立之初，就呈现出从上到下一路畅通的大好局面。

1949 年 8 月，由陈云同志主持，在上海召开了华东、华北、华中、东北、西北五个地区的财政、金融、贸易部门领导干部参加的财经会议，这是新中国成立前夕一次重要的经济工作会议，创建保险公司的建议就是在这次会议上提出来的。

参加会议的中国人民银行各区行负责同志在金融小组会上一致认为，对全国保险事业的集中领导和统一管理十分必要，筹设一个全国性的保险公司的条件已经成熟。在小组会上，完成了对于建立中国人民保险公司的议案，同时提出，为了对国际贸易有

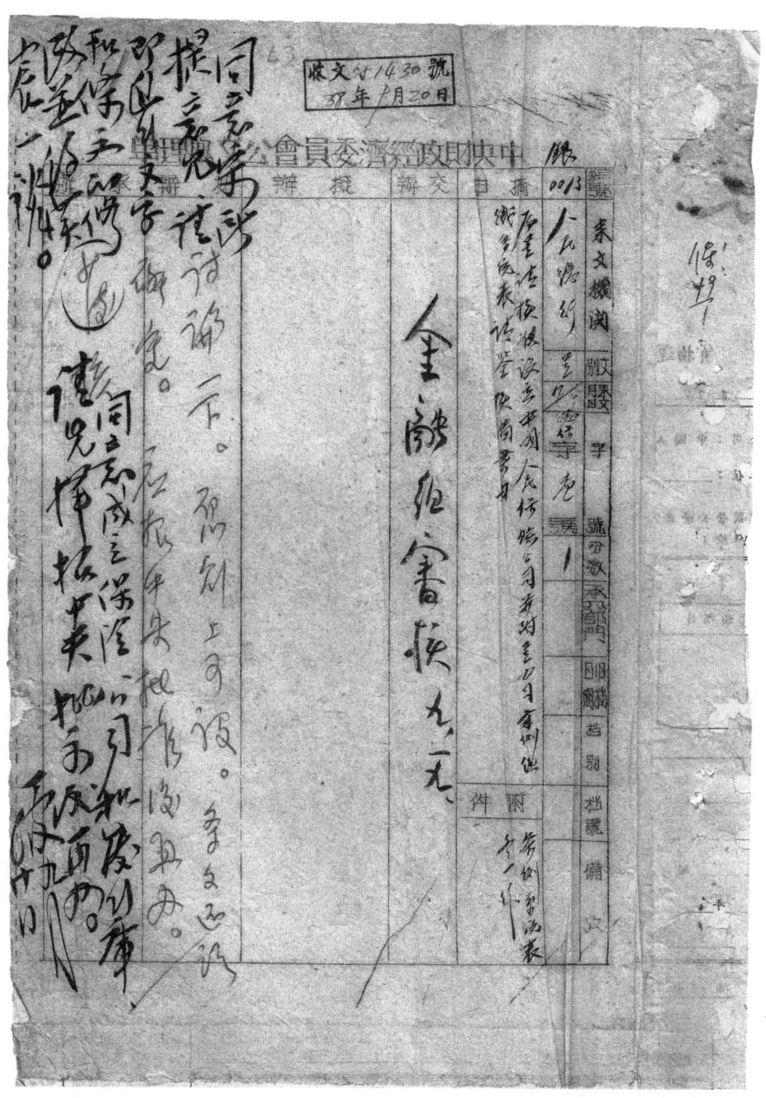

成立保险公司的文件

关的外汇进行保险，以原中国产物保险公司为基础，专设中国保险公司。

在南汉宸、胡景沄的直接领导下，孙继武具体落实筹建工作。他将在人民银行信托局工作的赵济年、阎达寅、程仁杰带到保险公司筹建组。

随着工作加重，孙继武提出将上海保险业的地下党及专家请到北京，参与保险公司的筹建。这样，使得保险专业和保险公司原有机构的沿袭就有了保证。

上海市军管会保险组即兵分两路，一路继续在上海负责接收，另一路由郭雨东、姚洁忱、陶增耀、戈志高4位党员带领从接管单位挑选出的30多位思想进步、熟谙业务的中青年积极分子去北京，参与中国人民银行总行筹建中国人民保险公司工作。此时，上海保险界许多地下党员及保险专家纷纷北上，到北京中国人民保险公司总部任职。他们不仅走上了开创新中国保险的征程，也走上了新的人生旅程。

如此，延安根据地的金融干部及华北造币印制局的一批干部与上海保险业地下党的金融家组成的南北两条红色的血脉，终于在北京汇合，使保险公司的队伍得以壮大，人员组成纯粹、专业，这种情况在新中国成立初期的国家部委组建中是少有的。以上就是新中国成立初期，工商、税务、海关等重要机构还没成立而保险公司紧随银行成立的重要原因，也是保险这一商品概念看似和当时的社会主义革命的理论也不相符而保险公司却畅通无阻得以成立的充分条件。

中国人保与共和国同生共长，与共产党血脉相连，这两句话

孙继武

是有实际内容的。中国人保有根红苗正的传承，有天然的红色基因，这绝对是中国独有的保险历史特色。

5. “中央同意搞保险公司”

1949年9月17日，由南汉宸、胡景澐、关学文署名，向中央人民政府政务院财政经济委员会呈请核准设立保险公司的报告。公司名称也随着中国人民银行叫中国人民保险公司，从此，这一以“中国人民”命名的保险品牌正式诞生。

1949年9月21日，财经委的陈云、薄一波联名向中共中央报告：

> 八月在上海由陈云同志主持之财经会议，由人民银行各区负责同志组成之金融小组会上，提出了建设全国保险事业之建议，并进行了具体的讨论。顷接银行呈请关于建立中国人民保险公司之计划，内容大致如下：我之保险事业，开始建设于平津解放之后。以接收之保险机构为基础进行试办；但限于地区狭小，资金有限，对较大之建筑及大宗物资均无力负担保险之责任。因之，生产缺乏安全保障，也相当影响了出口贸易之经营。过去中国公司，由于实力薄弱，多依赖帝国主义之外商公司分保，造成资金外溢。上海解放前，全

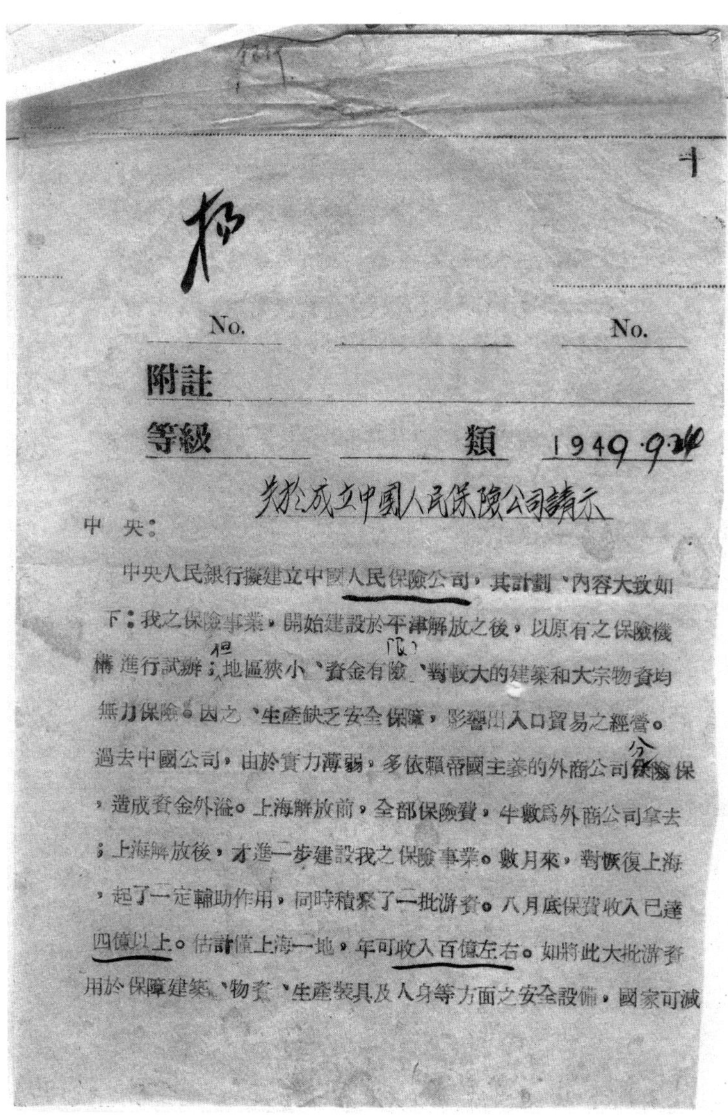

No.　　　　No.

附註

等級　　　　類　1949.9.24

关於成立中國人民保險公司請示

中　央：

中央人民銀行擬建立中國人民保險公司，其計劃、內容大致如下：我之保險事業，開始建設於平津解放之後，以原有之保險機構進行試辦；但地區狹小、資金有限、對較大的建築和大宗物資均無力保險。因之、生產缺乏安全保障，影響出入口貿易之經營。過去中國公司，由於實力薄弱，多依賴帝國主義的外商公司分保，造成資金外溢。上海解放前，全部保險費，半數爲外商公司拿去；上海解放後，才進一步建設我之保險事業。數月來，對恢復上海，起了一定輔助作用，同時積聚了一批游資。八月底保費收入已達四億以上。估計僅上海一地，年可收入百億左右。如將此大批游資用於保障建築、物資、生產裝具及人身等方面之安全設備，國家可減

成立中国人民保险公司的请示文件

> 部保险费半数为外商公司拿去；上海解放后，才进一步建设我之保险事业。数月来，对恢复上海市场，起了一定的辅助作用，同时积聚了一批游资。八月底保费收入已达四亿以上。估计仅上海一地，年可收入百亿左右。如将此大批游资用于保障建筑、物资、生产工具及人身等方面之安全设备，国家可减少大量之建设财政开支；又在今后计划经济原则下，实行经济核算制；又须实行保险以防意外损失之发生；亦为平衡预算收支之重要保证；又现在东北实行之劳动保险，已有显著收获，可以推广。因此，我们认为保险事业对于保护国家财产，保障生产安全，促进物资交流，安定人民生活，组织社会游资，壮大国家资金是有重大作用的。[4]

1949年9月25日，在北京召开第一次全国保险工作会议，参加会议的有筹备中国人民保险公司的负责干部，有中国人民银行总行各处的代表，还有华东、华中、东北、西北、西南、京、津等地人民银行与保险公司的代表。

大会主席团由9人组成，轮流主持会议、组织讨论。南汉宸、胡景澐报告了中央财经会议精神，各地代表汇报了当地保险工作情况，并进行相关问题的讨论和研究，最后胡景澐作了以下总结：

中国人民保险公司是新民主主义经济建设下的国家金融机构的一部分，属于国营企业的一种形式，其工作的基本方针是为生产服务。主要任务有下列三项：一、保障生产安全，扶助贸易发展，促进城乡物资交流；二、提高劳动人民的福利；三、保障国家财产。[4]

苏联保险专家库图佐夫介绍了苏联保险的情况和实施原则。

1949 年 10 月 1 日，参加保险工作会议的全体代表一同登上观礼台，参加了天安门广场的开国大典，共同见证了轰鸣的礼炮。

1949 年 10 月 1 日，中华人民共和国成立的当天，中央批准了人民银行关于成立保险公司的请示，毛泽东、朱德、周恩来、刘少奇、陈云、薄一波等都在报告上圈阅。在开国大典的同一天，这么多重要领袖，这么及时的签署，可见中国人保成立的政治待遇非同一般。刘少奇在报告上特别批示“该公司组织请多与苏联专家商讨”，可见，在社会主义建设初期，中国方方面面都在向苏联老大哥看齐。

1949 年 10 月 2 日，薄一波亲笔函告南汉宸：“中央同意搞保险公司。”会议立刻进行了传达，与会代表感到极大鼓舞和振奋。

1949 年 10 月 1 日，会议结束的当天，与会人员在西交民巷 37 号胡景澐家的院里合影留念。从照片上看共有 42 人与会，如今可以辨识的有胡景澐、关学文、孙继武、阎达寅、林震峰、郭雨东、

1949 年 10 月，参加中国人民保险公司第一次全国会议的人员合影，其中有谢寿天（一排左四）、胡景澐（女儿胡豫明）（一排左五）、关学文（一排左六）、孙继武（一排左七）、阎达寅（一排左八）、林震峰（一排左九）、郭雨东（一排左十）、于智（一排左十一）、薛志章（二排左四）、蔡致通（二排左八）、陶声汉（二排左十一）、周志诚

（二排左十二）、赵济年（二排左十三）、陆权谋（二排左十四）、库图佐夫（苏联专家）（三排左二）、陶笑舫（四排左四）、陶增耀（四排左五）、俞彪文（四排左七）、程仁杰（四排左十）、姚洁忱（四排左十一）、刘公远（四排左十一）等。

中央人民政府政務院財政經濟委員會

已發 陈薄　　　　　等級 AAA

批發

西 No. 65　　檔案 No.　　　檔案 No. 127

附注 圈阅

内容 同意中央人民银行建立中国人民保险公司　　類

中财委并告陈薄：

同意中央人民银行建立中国人民保险公司计划。该公司组织请与苏联专家商讨。

中央西敬。

毛泽东、朱德、周恩来、刘少奇、陈云、薄一波等圈阅

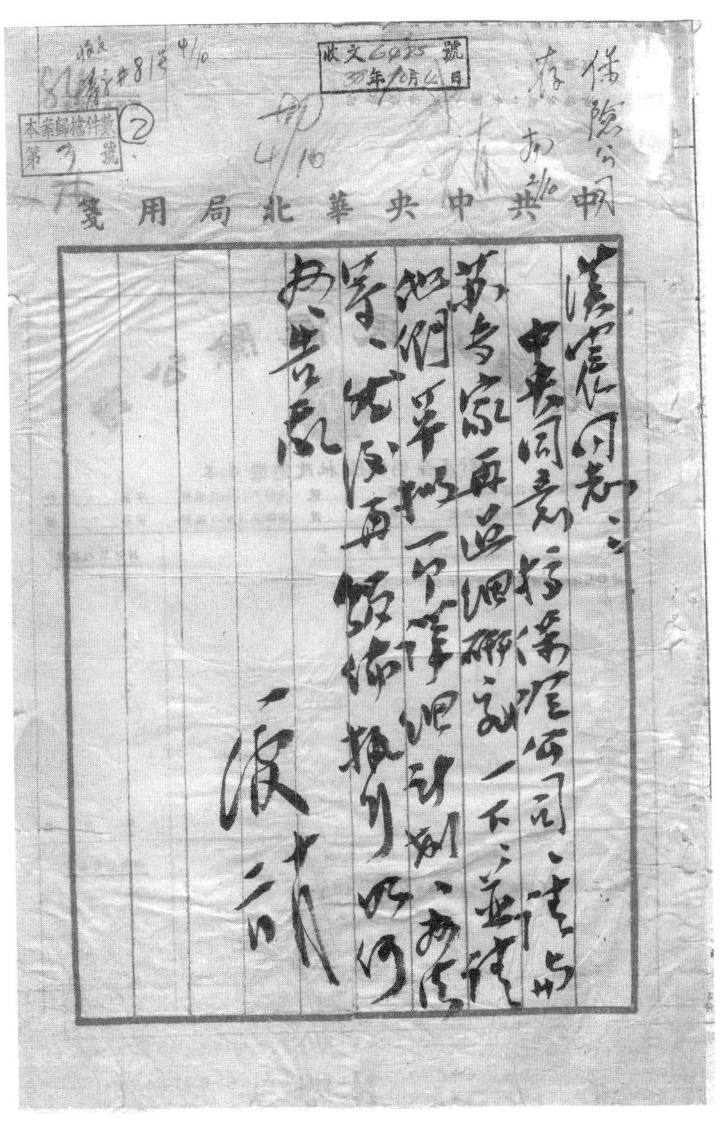

中共中央華北局用箋

汉宸同志：

中央同意将保险公司，请与苏联专家再逐细研究一下，并请他们草拟一个详细计划，如何筹[illegible]，然后再[illegible]组织规则如何报告为盼

一波
十二日

薄一波给南汉宸的信

薛志章、蔡致通、陶声汉、周志诚、赵济年、陆权谋、俞彪文、刘公远、姚洁忱、程仁杰、陶笑舫、陶增耀等，他们作为新中国保险业的缔造者，共同走进了这一历史的瞬间。

为筹建中国人保，南汉宸当年曾向周恩来总理要人，要求选派一名政务院参事的专业人员担任保险公司总经理。周恩来说：你让人民银行的副行长胡景沄兼任不就行了。其实，南汉宸还有点舍不得自己的得力助手胡景沄，但最终还是由人民银行总行副行长胡景沄兼任人保公司的首任总经理。这样，中国人保从一开始，便形成了副部级的格局。

1949 年 10 月 20 日上午 9 时 30 分，中国人民保险公司的成立庆典在西交民巷的银行行长宿舍院内的二层小楼会议室里举行。南汉宸到会祝贺并宣布，胡景沄任中国人民保险公司总经理，孙继武任副总经理。公司在北京西交民巷 108 号办公。《人民日报》在 21 日进行了报道。

1950 年，身为中国金融学会理事长的南汉宸，在创办《中国金融》杂志的同时，也积极筹划了《人民保险》杂志的创刊，南汉宸在其创刊号上发表了隶书体的题词："为保护人民财产，促进物资交流，恢复与发展生产而努力。"

作为中国人民保险公司筹建组组长的孙继武，不仅以大刀阔斧的气势开展建章立业的工作，同时也运筹帷幄、精雕细琢地研发保险规章守则，团结南北不同地区的同志，加班加点开展筹建工作。为了方便工作，他安排来自上海保险业的专家、人保设计室主任郭雨东，来自瑞华银行的专家、人保监察室主任程仁杰，来自人民银行第二印制局的秘书、人保人事处处长曲荷这三家人

林震峰（左二）参加开国大典后在西交民巷与同志合影

南汉宸（后排左一）等在西交民巷合影

南汉宸（后排右一）、胡景澐（后排右二）等在西交民巷合影

把新的人民保險事業的理論
用适合廣大人民利益的观点及
為人民服务的精神从实际工
作体驗中逐漸提高丰
富起来
胡景澐

胡景澐给中国人民保险公司的题词。

人民日報

毛主席歡宴蘇大使羅申

人民革命軍事委員會首次會議

討論進軍建軍問題

毛澤東朱德劉少奇等十八人出席

決定設國防研究小組張治中任組長

華南殘匪一師投降

廣州西南續克新興高要

廣州解放使帝國主義震驚

美帝加緊圖謀侵略台灣

祝賀廣州解放

青年代表團返抵北京

社論

把中國人民的友情帶到蘇聯去

——歡送王稼祥大使離京赴蘇

出版會議的收穫

上海各界熱烈歡送

電毛澤東主席致敬

上海各界代表

二千人集會紀念魯迅

全國出版工作會議閉幕

陸定一致閉幕詞

強調指出新華書店必須統一

迎接新中國文化建設的高潮

《人民日报》报道中国人民保险公司成立

人民日報　一九四九年十月二十一日　星期五　第二版

建立財務管理新制度
全國鐵路財務會議揭幕
滕代遠部長號召吸收蘇聯經驗

統一會計制度

加强預算統一財政

鐵路財政問題

鐵道部工務會議第四日
專家、代表熱烈發言

華北建築公司
舉行開業典禮

保障生產安全和勞動人民福利
中國人民保險公司成立

提高產品質量，節約原料！

人民銀行北京分行
貸款扶植工業
舉辦埠際押匯業務

華北各地克服嚴重災荒
今年獲六成半年景

成品質量提高

我所見到的中蘇友誼館

華北農村調查團返京

与自己一家共同住进离西交民巷办公地点不远的小四眼胡同10号的四合院。孙继武的大儿子孙冰川还记得：

> 我家住北房和后院，其余三家住东房、西房和前院，父亲养了许多花，摆在前院的石台上，胡同里只有三盏路灯，显得很幽静，那路灯可以照亮我的童年记忆。[5]

在中国人民保险公司成立的同时，以原北京中国产物保险公司为基础，建立了中国人民保险公司总公司直属营业部。与总公司同时成立的还有中国保险公司、人保华东区公司和天津分公司。

中国人民保险公司的成立，宣告了新中国国家保险机构的诞生，新中国保险史从此揭开了新的一页。

1949，西交民巷*108*号

——中国人民保险公司的诞生

第七章

西交民巷 108 号

1. 民国金融街

1995 年夏日的一天，我在西交民巷 22 号院中简易办公楼的楼道里，突然发现对面金城银行那栋老洋楼的门窗已被全部拆除，只剩下了空荡荡的主体结构。夕阳斜射，从楼里穿越，逆光中的尘埃，在静静地上下翻滚。楼里被遗弃的办公家具七零八落。

还记得我当时的震惊：中国人民保险公司的诞生地就这样丧失了。有人看见我的沮丧，开玩笑地对我说，你不会惦记收藏这个老物件吧？在楼下正在拆除金库的施工工人仰着头问我，有个陶制的下水管道是清代的，你要不要？金城银行原来的地下金库虽然不大，但非常坚固，在泛着绿色的水泥中带有细小的石头子，极不好拆除。我在土沟里还真捡了一些清代的青花碎瓷片，有的还是官窑的。据说在盖老洋楼前，这个地方可能是紫禁城的垃圾场。

旧楼拆除不久，西交民巷其他的老银行建筑纷纷挂起文物保护的牌子。而在旧楼原址上复建了一栋近似原样的新楼，作为人民银行老干部活动中心。这种做法，让人十分不解。

西交民巷与东交民巷平行地夹在长安街与前门大街的中间，

在元朝时统称为江米巷，清朝末年，因谐音改为东交民巷、西交民巷。

江米即糯米。当时这个地方是京城征米的储运地和集散地。现在所说的江米是腊八粥的原料，而在当时，它的作用却是类似今天的水泥，大到万里长城，小到街巷民宅，它都是不可缺少的材料之一。正因为有此重要的作用，所以江米巷也就修得又长又直，东头从崇文门内大街开始，向西一直到北新华街为止，全长6.5华里，成为京城里最长的街巷。“文革”时期，西交民巷被红卫兵改为“反帝西路”。

当时在靠近前门的东西胡同口，各立有一座遥遥相对的牌坊，分别题为“敷文”和“振武”。

胡同北面不远处便是紫禁城，由于位置适中，明朝就在这里建立起不少的中央衙署，有通政使司、锦衣卫等中央机构。民国时期，西交民巷北邻北平地方法院、司法部（后迁南京）、高等审判厅。1927年4月28日，李大钊被军阀张作霖秘密杀害于街内的京师看守所。

西交民巷北边原来的棋盘街、西皮市是现人民大会堂所在地。

说起西交民巷，它和诗人也有点渊源，当年，徐志摩在这里创作了那首名诗《再别康桥》，他的“新月社”社址正是在西交民巷旁的松树胡同7号。

如果说东交民巷的街巷遗存记录的是近代中国的外交史，那西交民巷记录的就是近代中国金融机构的变迁史。有人把金融比作经济发展的心脏，那么随着近代金融业发展而出现的银行，则可以看作心脏内奔流不息的血液。西交民巷成为旧时华商银行发展的缩影，它与东交民巷的外资银行遗址、前门西河沿金融建筑群落共同组成了北京民国金融建筑的典范。

1999 年，天安门广场重修，市政工人们在毛主席纪念堂西侧出土一块石匾，上刻“四行储蓄会”五字，长约 1.5 米，宽约 1 米，厚约 0.3 米。这块石匾源于西交民巷，当时有以下文字记述其事：

> 专家称这块牌匾刻于二十年代，对北京早期商业银行的研究有重要意义。“四行储蓄会”中的“四行”是指盐业银行、金城银行、大陆银行和中国银行；“四行储蓄会”则是这四家银行协同办理银行业务的机构。[1]

清朝末年，北京银行业兴起，到辛亥革命时期，西交民巷一带的银行已形成相当规模。“北四行”成为民国时期北方金融集团之一，与南方金融集团之一的“南四行”（即上海商业储蓄银行、浙江兴业银行、浙江实业银行、新华信托储蓄银行）相对。

西交民巷当时还有中央银行、交通银行、中国银行、中国农工银行、福顺德钱庄、平安保险公司等。而日本的正金银行，俄国的道胜银行，美国的花旗银行，英国的汇丰银行，法国的东方汇理银行，英国的麦加利（渣打）银行、怡和洋行等外资银行建在了东交民巷。

1928 年 6 月，南京政府“二次北伐”，赶走了盘踞在北京的奉系军阀张作霖，并取消了北京作为首都的地位，将北京降格为“北平特别市”。此后，北洋政府各部纷纷迁往南京与南京政府合并，史称“政府南迁”。

中国的金融中心也随之转移到了上海，西交民巷的金融地位渐趋下降。中美合办的中华懋业银行北京分行经理陈宗蕃在其所著的《燕都丛考》里记述：“民国十年（1921年）以前，各银行竞于是谋建筑，颇有做成银行街之想，嗣以市面衰落，遂一蹶而不复振。”但即便如此，至1949年，西交民巷仍存在银行15家、钱庄2个，如今依然留存建筑的只有5家。

大清银行原名户部银行，位于西交民巷甲25号，始创于1905年，是中国最早的国家银行，也是继中国通商银行之后出现的第二家新式银行。

西交民巷路牌

西交民巷牌楼

中华门在东交民巷、西交民巷中间

从前门楼上眺望西交民巷

西交民巷东口

1906 年，清政府宣布改革官制，由慈禧太后直接发布懿旨，户部著改为度支部，以财政处并入。1908 年，度支部尚书载泽奏准改户部银行为大清银行。

1912 年，民国政府将大清银行改组为中国银行，英文为"Bank of China"。后来，这里是中国银行北平分行的营业地。

1949 年后，中国人民银行总行进驻西交民巷，在此办公。1951 年 7 月，中国农业合作银行成立后的首个办公地点也是大清户部银行旧址。1969 年，中国人民银行总行迁往西城区三里河财政部大楼。1979 年 2 月，中国农业银行再度回到成立初期的办公地点。1981 年 3 月，中国农业银行迁址到白广路。

1982 年 1 月，大清户部银行拆除，改建为中国农业银行家属宿舍。如今，只有农业银行宿舍楼门口的两座门柱下部，还残存着清代遗留的雕花石墩。而保留的一座西式小门脸，后来是工商银行的储蓄所。我在西交民巷上班时，经常在这家储蓄所旁的一家叫"户部大酒楼"的地方吃饭，现在此处是中国酒博物馆筹建处。

大清银行这座楼经过清代、中华民国和中华人民共和国三个时代，达 76 年之久，可谓历史悠久：

在西交民巷的银行建筑中，大清银行的建成年代较早，这时大概还没有形成后来常用的那种办公室包围营业大厅的平面布局，它的营业厅是一个长方形的大厅，金库即在同层的后面，中间要经过有天窗的夹道，远没有后来银行布局那

大清银行

户部大酒楼

么严密。20 世纪二三十年代建造起来的大陆银行、保商银行、中国农工银行等建筑，由外表上看较以前的富丽一些，形式也更像西方的建筑，这是因为银行经济实力比较强了一些，同时中国也有了在外国学过建筑的正规建筑师，并有了能够按西方的方法施工的营造厂。[2]

大陆银行位于西交民巷 17 号，最早创办于 1919 年，是民国北平政府财政次长谈荔孙创办的一所商业性银行，总行设于天津。

大陆银行由中国建筑师贝寿同设计，1924 年由天津基泰工程司承建，是中国建筑师设计的西洋古典建筑中质量最高的一座，1995 年被列为北京市文物保护单位，它一直是天安门广场的地标性建筑之一。

贝寿同（1875—1945），字季眉，又字季美，吴县人，毕业于上海南洋大学，1910 年由江苏省派往德国赴夏洛顿工业大学建筑系学习。

大陆银行建筑平面基本呈方形，右后方略凸出。建筑主要部分包括半地下室部分，共五层，顶部另建二层小钟楼一座。建筑采用钢筋混凝土框架梁板结构，基础为带形钢筋混凝土。建筑南立面为主立面，采用西洋古典装饰风格，双方壁柱将立面划分为三间，柱头装饰罗马混合柱式柱头。一层中央为大拱券门入口，采用“帕拉第奥母题”装饰风格，内侧依柱为罗马塔司干圆柱，外侧为方壁柱，四根柱子上承托梯形山花，梯形的两腰为巴洛克涡卷装饰纹样，山花中央原有“大陆银行”字样，现已无存。建筑顶部另建二层小钟楼一座，位于顶部偏南，一层平面呈方形，各立面辟拱券窗三扇，顶部有西洋栏杆环绕。此外，大陆银行内部装饰效果富丽堂皇，整座营业大厅顶上用假梁分割成井字，其间镶嵌花玻璃装饰。正面中央为巨大的金属保险库门，门外作大理石雕刻门罩装饰。[3]

1949年后，中国人民银行、中国银行先后在这里办公。据说在20世纪70年代，这座楼的楼上是人民银行的信息中心，每天用巨大的计算器打印纸质打孔单据，这是最早的电子化办公系统，机器的声音很大。后来这里是中国银行办公地，在20世纪90年代初期，这座楼成为中国银行前门营业厅。我当年经常出入此楼，在这里存钱取钱。

中国农工银行位于西交民巷50号，建于1922年，前身为北洋政府财政部在大兴、宛平县设立的大宛农工银行，是一座官商合办的地方性银行。1931年3月，中国农工银行总行迁往上海。

中国农工银行建筑坐南朝北，平面呈“凹”字形，地上二层，北立面为主立面，采用花岗石装饰，一层中央内凹处为大门入口，前作八级台阶，入口为古典柱廊装饰，四根罗马混合柱式承托二

大陆银行内景

层阳台，爱奥尼柱头；中央间作平券门，券门上部为花岗石围砌而成的圆窗，两侧间为拱券窗；两端凸出立面也开拱券窗。二层中央内凹处开平券窗三扇，前作西洋式阳台，围以西洋古典栏杆；两端凸出立面开平券窗，西洋牛腿承托花岗石窗套。建筑顶部为女儿墙，中央墙体上镶嵌 1922 字样。

1949 年后，这里成了中国记协办公地。20 世纪 90 年代初，曾在这里拍过著名的电视剧《编辑部的故事》。1995 年，此处被列为

中国人民银行 1949 年在西交民巷挂牌

北京文物保护单位。

北洋保商银行位于西交民巷 17 号。北洋保商银行设立于 1910 年，是一家中外合资性的银行，总行设于天津，最初是为清理津商积欠洋商款项、维持天津华洋商务而设的，故名为“保商银行”。1920 年 7 月，保商银行改组为华资商业银行，并设北京分行，原址位于前门外打磨厂，后迁至西交民巷另建新楼。

北洋保商银行建筑地上三层，钢混结构，主楼东北另有一座地下一层的金库。建筑南立面作为主立面，一二层做整体处理，采用六根贯通二层的仿罗马塔司干廊柱装饰，一层中央主入口上部为素面山花装饰，两侧及二层二间均为木质框架大玻璃窗。

位于西交民巷的保商银行旧址现在改为中国钱币博物馆。

中央银行位于西交民巷 17 号，是一家由南京国民政府设立的国家性银行。中央银行成立于 1928 年 11 月，总行设在上海，由时任南京国民政府财政部长的宋子文兼任总裁。

中央银行建筑平面呈长方形，西南角为弧形，地上二层，地下一层，砖木结构。建筑主入口位于西南角，采用半圆形外廊形式。一层设四根罗马塔司干柱式承托二层出挑阳台，入口门楣上则以巴洛克中断式三角门楣装饰，门楣中央辅以精美盾形浮雕纹样；两侧方窗下部也以浮雕纹样装饰。二层出挑阳台则是以四根西洋古典柱式承托顶部，柱头为爱奥尼涡卷形式，廊柱间用石雕栏杆连接。大厅内采用大理石圆柱装饰，正对主入口的墙面上设置有银行保险库大门，门

北洋保商银行

北洋保商银行

北洋保商银行

中央银行

中央银行雕花装饰

套采用大理石包砌，门楣则是牛腿承托涡卷式山花装饰。此外，银行内的木质楼梯、壁灯、铁艺吊灯等均为旧物，地面也是采用原民国花砖铺墁。[4]

中央银行旧址后来改为中国金融出版社办公楼。

2008年，在北京奥运会前夕，中国银行和中国人民保险公司的办公机构彻底从这里撤离。在原中国人民保险公司办公地上新盖起一栋人大常委会办公楼，施工时，采用现代技术手段，将原农工银行老楼整体向西平移了300米。

在西交民巷的最东口的一红色钟楼，原是河北银行的办公楼，后为银行工会大楼，1976年建毛主席纪念堂时，与东交民巷西口的邮政管理局旧楼一同拆掉了。

2012年，在西交民巷西口，立起了全国重点文物保护单位的石碑，这条街作为民国金融建筑，成为北京近代金融业发展的历史见证。

当时间背后的浮华散去，西交民巷原来金融繁荣的市井变成过往的一段历史，被人们遗忘。

2. 金城银行办公楼换了主人

西交民巷南侧的108号，是金城银行旧址。金城银行创办于

1917 年，总行设立在天津。1918 年，金城银行总行从天津移到这里。1927 年，金城银行总经理处迁到上海，这里成了金城银行和太平保险公司的北京分部。

这座楼和天津总部的那座楼是按同一张图纸建的，是一座花园式的建筑，别具一格。该楼仿西方近代宅邸城堡样式，不是临街而建的，而是退到庭院中，主体两层，局部三层，二层原有过街楼同东西面邻楼相通，主立面（北立面）及平面左右对称，北立面左右两端向前凸出，有装饰铁艺雕花栏杆的阳台，顶层高起三角山花，加之主楼入口处有长而稍有曲折的铁艺栏杆，阳台下配置粗壮挺拔的古典罗马门柱，从而使北面立面显得丰富而有变化。

整体建筑顶部为四坡顶组合，但结构尚未采用屋架，而是在梁柱结构上搭建斜撑。这种结构形式，在清末民初由中国工匠参与施工的西洋式的建筑中时有所见，之所以出现这种情况，据说是因当时没有详细的施工图纸，或是因为参与施工的中国工匠不知屋架结构，仅凭旧有经验搭建而成。

这座建筑由著名的建筑师朱兆雪设计。民国时期，中国结构工程界有“南杨北朱”之说，朱是指朱兆雪，杨是指杨宽麟。他们与梁思成、刘敦桢等一起，成为中国建筑史上的一代宗师。1949 年后，他们在新北京建设思路上出现分歧，梁思成与陈占祥主张保留古城，以五棵松为中心建设一个新北京，史称之为“梁陈方案”，而朱兆雪、赵冬日的意见是以天安门为中心，向四周逐步扩建。最后，斯大林派来的市政专家阿布拉莫夫采纳了后者的意见。

金城银行创办人周作民，是一位长袖善舞的银行业奇才。1949 年，共产党执政后，他积极靠拢共产党，率先要求五家银行联营

西交民巷近代银行建筑群碑

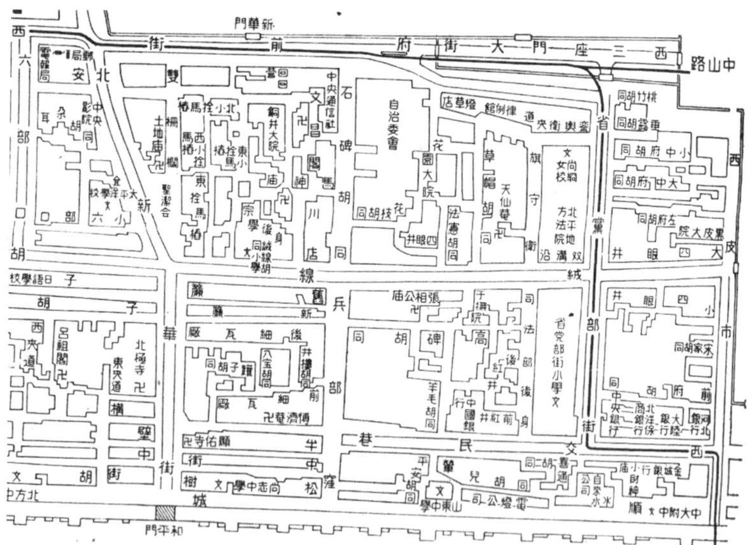

西交民巷地图

和全行业公私合营，被选任公私合营银行副董事长。1951年，周作民与刚刚成立的中国人民保险公司共同组建了公私合营的太平保险公司，并亲任公司董事长。这使太平保险与中国人民保险结下了不解之缘。

也许正是因为这个原因，中国人民保险公司在创办初期便把总部办公场所选在了金城银行旧址。当年的金城银行西交民巷108号的地契，至今还保留在集团公司档案室中，几年前，拆迁此地时，这成了经济补偿的重要依据。

魏润泉是最早那批来到中国人民保险公司在西交民巷的办公楼上班的人之一，他在自己的传记中对那栋老洋楼记忆犹新：

> 说是“大楼”，其实这不过是个两层砖木结构的小楼。进大门，是一木板门，上半部镶嵌一块玻璃，二道门与大门一个样子，推开门是个过道，楼上是经理室、秘书处、设计室、监察科等管理部门。我进门向左拐进了业务大厅，这里容纳了业务处、防理处、人身险处、国外科的办公室，它们分布在大厅东、西、南三个方向，角落的三个小房间是处长室。各个科安排在大厅各部位，来汝福、叶奕德坐在西边角落；李锵、范琪保在东角落；薛志章、周志诚、马学信坐在业务室中间的处长室；王关生坐在防理处处长室；李振芬坐在人身险处处长室。与北京古老的建筑相比，人保总公司的办公楼显得局促、狭窄、寒酸，有些可怜。可见创业维艰，凡事开头难。[5]

梁思成拍的金城银行老楼

金城银行

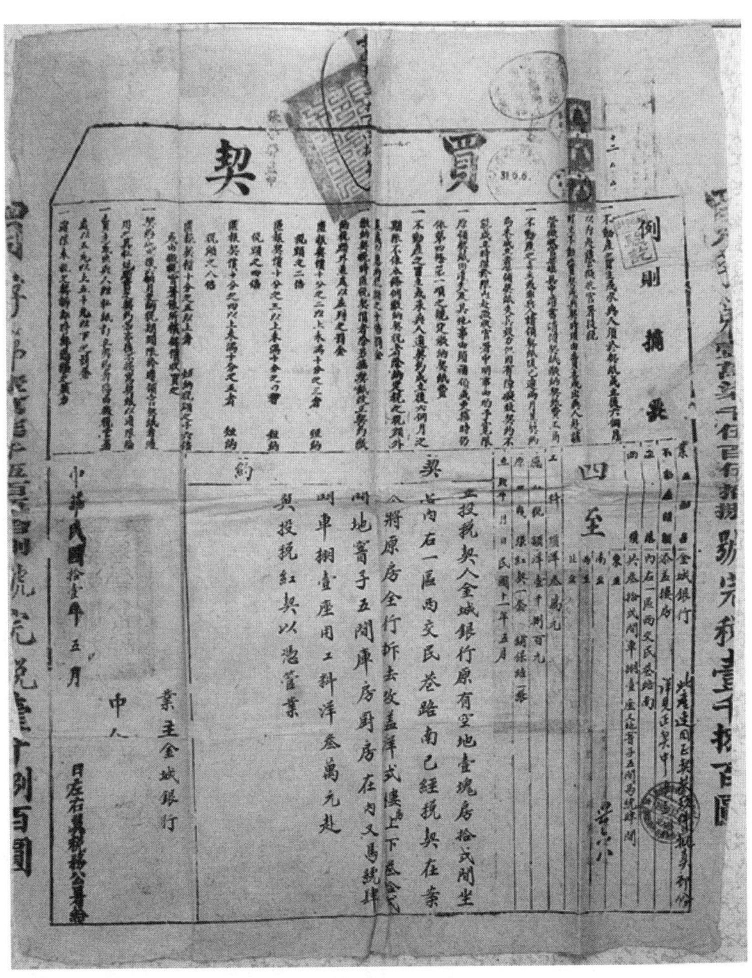

買契

立投稅契人金城銀行原有空地壹塊房拾弍間坐落内右一區西交民巷路南已經稅契在案今將原房全行拆去改蓋洋式樓房上下叁拾弍間地窨子五間庫房厨房在内又馬號肆間車棚壹座用工料洋叁萬元赴契投稅紅契以憑管業

業主金城銀行

中人

中華民國拾壹年五月

西交民巷 108 号地契

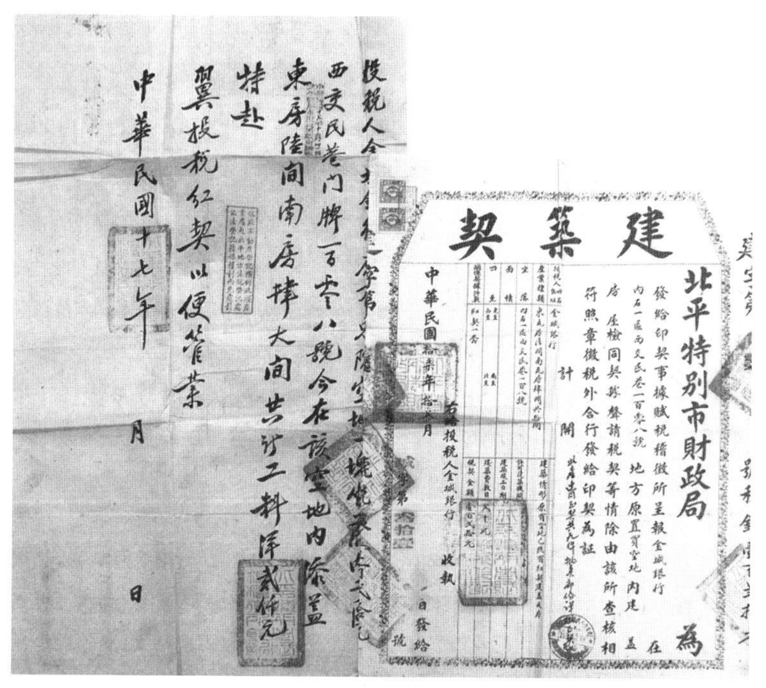

建築契

北平特別市財政局 為

發給印契事據賦稅稽徵所呈報金城銀行 在

內右一區西交民巷一百零八號 地方原置買空地內建 蓋

房 屋檢同契紙聲請稅契等情除由該所查核相

符照章徵稅外合行發給印契為證

計開

投稅人金城銀行 收執

中華民國

西交民巷門牌一百零八號今在該空地內添蓋

東房陸間南房肆大間

特赴

貴投稅紅契以便管業

中華民國十七年 月 日

西交民巷 108 号地契

魏润泉推开过的那道门，民国时期，周作民也推开过，1949年，胡景澐也推开过，孙继武也推开过，1979 年，宋国华也推开过，秦道夫也推开过……

从保留下来的照片中可以看出，中国人民保险公司当时的办公场所内，老式的座钟、台灯、摇把电话、办公桌椅、绿色铁皮柜等，具有时代特色，反映了历史信息。叶奕德曾介绍说，楼上总经理的一对真皮沙发，还是 1949 年从美国友邦公司接收的，从上海托运过来的，公司当时只有一辆老式卧车，也是从上海运来的。

为使人保公司迅速走上正轨，开展保险业务，人保创业者们夜以继日地开展工作。他们当时住在前门的西河沿、打磨厂、鲜鱼口及东交民巷一带的人民银行宿舍，每天都要步行穿越天安门广场，往返于宿舍和西交民巷之间。

在老办公楼前的庭院内，原来还有一座小花园及亭阁，在“文革”中，也被改成了临时办公建筑。因此，此楼的全貌照片非常难寻。新近出版的一本北京近代建筑画册内，有一张20世纪50年代考察北京古建筑时拍摄的此楼的远景照片，那还是梁思成拍的。

人保这个小院，几经风雨，后来门牌改成了西交民巷22号。“文革”时期，人保公司坚守的9人小组最早也在这个院落办公。

1979年，人保恢复国内业务，人保还是从这里出发，沐浴着改革开放的春风，复苏成长。那时，人保楼上的标牌十分显著，成为离天安门广场最近的牌子。

80年代后期，中行、人保再度联手，合建阜成门内大街410号办公楼。人保总经理室、多数部门和大部分员工都迁往新职场，“新大楼”和西交民巷之间每天上下午各有一班通勤车，用于运送人员、交换文件。新大楼固然豪华大气，但旧院落也并非一无是处。西交民巷无可比拟的是地理位置，只要愿意，22号院的同事们每天都可以到世界上最大的广场上遛遛弯儿，看到听到很多热闹。[6]

20 世纪 90 年代初，作者在金城银行老楼前

3. 5 年盖了一栋办公楼

随着中国人民保险公司的迅猛发展，办公楼显然已不够使用，建设新办公楼变得日益紧迫。公司主持日常工作的副总经理孙继武亲自抓建设新办公楼的基建任务，老红军、办公室总务科科长胡良英负责具体落实。

当时，北京社会主义建设日益蓬勃发展，到处是建筑工地，到处都在大兴土木，包括十大建筑也在开始施工。

人保公司办公楼地址最终选在了三里河、月坛一带的月坛北小街 4 号，旧时月坛北小街叫天宁寺路。这里当时还算郊区，出了阜成门，便是一片稻田，沿白石桥向北走五六百米，是一片荒野，蛙噪虫鸣。但当时财政部、民委、纪委等国家部委新办公场所和军队大院，相继都选在了老城区的西边。

中国 20 世纪 50 年代的建筑风格，还是因循东欧及德国哥特式建筑风格，走中西结合的路子。人保公司不仅在保险业务方面汲取苏联、捷克的经验，在建楼方面，也是请来了苏联工程师帮助设计图纸。

在短短的 5 年时间，中国人保便依靠公司自身盈利，在月坛北小街建起了一栋崭新的办公大楼，这在当时来说是一个奇迹。

办公楼采取中西合璧风格，主体中楼为五层，大门四根大理石方柱，隔成三个门洞，每个柱子上部有石雕的花栏装饰，石柱上装有西式灯伞，柱子之间的顶端有中国传统窗花风格的透雕围裙及拐角处的牙子板装饰，每个为三组连续的万字和福寿连年的吉祥图案。开始时柱子上挂着写有黑色粗宋体的“中国人民保险公司”字样的木牌，此后不久，在另两根柱子上又先后挂起了“中国保险公司”“太平保险公司”的木牌。大楼里除了办公室，还有图书室、会议室、舞厅、乒乓球室、食堂等设施。

据说这座楼由于建筑质量和建筑工艺出众，气派非凡，在北京当时成为样板楼。

1958 年后，随着人保划归财政部，其办公室全部搬到三里河财政部那栋绿屋顶的大楼去了。此楼一时转给了检察院，现在改为月坛宾馆。近年，此楼已被改得面目全非，门口全是铝合金玻璃大门，失去了往昔的端庄气派。

当年在人保办公楼的对面，也就是月坛北小街 5 号，同时盖起了一栋中国人保的宿舍楼，这也是公司总部的第一栋宿舍楼。中国人保这栋宿舍楼同办公楼一样采用了中西合璧风格，外檐的阳台有雕饰和柱头，水泥地面是那种绿色混合小石粒的。宿舍楼有四层，楼层很高，楼梯很宽；楼体回字形环绕造型，呈现出中间宽阔的空地，显示出当年人保建筑及占地规模的气派。

秦道夫在月坛北小街人保宿舍住了 35 年，对那里的一切都怀有深深的情谊。他在回忆录中写道：

在中国人民保险公司办公大楼的马路对面，是公司职工宿舍。这是一栋中西合璧的建筑，西式的单元楼房围起一个中式的四合院。院子有大半个足球场大，院子中间是个大花坛。院子里一共 12 个单元门，里面共住着 100 多户人家。当时公司的领导都住在这个院子里，包括中国人民保险公司

20 世纪 50 年代，月坛北小街的人保办公楼

总经理贝仲选，副总经理张蓬、孙继武，以及中国保险公司总经理吴震修、副总经理施哲明、孙广志等。公司职工也都住在这个院子里。大家相处得十分融洽。

院子里有托儿所，职工不用出院门，就送孩子上日托了。张蓬副总经理的夫人金老师当托儿所所长，当时经济虽然困难，可是托儿所收拾得十分干净。金老师把托儿所管理得井井有条，被单被褥干干净净。托儿所的南小院里有儿童玩具、转椅、攀登架等。[7]

20世纪50年代，人保办公楼门口

今日的月坛宾馆

如今的月坛宾馆

月坛北小街人保宿舍

王永明也在回忆录中谈到，当年他刚从上海回到北京不久，做国外业务，急需外语水平的提高，他在周末休息时，便在宿舍楼门前的花园里一边带孩子，一边自学外语。

1957年，德国慕尼黑再保险公司的格林访问中国人民保险公司，还特意到人保宿舍楼参观，给幼儿园孩子们送了一大包水果糖。

2018年春天，我曾又一次走进这个小院，余晖像透过古旧书页的烛光一样，洒在红色的楼体砖墙上，院中的杨树、槐树依然挺立，丁香、迎春花懒散开放，葡萄藤已发新芽，有许多小汽车停在院中。一切的新都格外刺眼，只有旧物有着诉说的欲望。60多年前，人保的创始人在这里居住，一切的生老病死，及爱恨情仇、酸甜苦辣的人生故事似乎都已尘埃落定。

纵观人保办公地址变迁历程，70年来，人保办公地点变迁，共有9次之多。在北京的版图上，画下了个“中”字轨迹，镌刻出公司发展壮大的历程，呈现出光辉的轨迹。

2016年，人保入驻西单88号时代广场，再一次回归长安街，完美诠释了中国人民保险发展壮大的心路历程。鲜艳的五星红旗和中国人民保险司旗在西长安街畔冉冉升起，这不仅是中国人民保险红色血脉的延续和继承，也是中国人民保险再创辉煌的新起点。

魏润泉曾在书里写道：“西交民巷那栋老办公楼，跟今天人保在西单的雄伟大厦相比，不可同日而语。今昔对比，这是一代代人保人辛勤经营、努力奋斗、呕心沥血的成果。真是来之不易，要倍加珍惜啊！”

第八章

走到一起来了

1. “咖啡”和“大蒜”

“汉宸！”“汉宸！”，胡景澐大声地呼唤着，他额头上渗出的汗珠滴落在倒在地上的南汉宸的脸上。“快叫司机把车开过来，送汉宸上近处的医院！”胡景澐吩咐手下的人。

1952年8月8日，中国人民银行行长南汉宸积劳成疾，晕倒在工作岗位上。他的亲密战友、副行长、人民保险公司总经理胡景澐立即向国务院领导报告了这一情况：

> 南汉宸同志八日上午感觉不适，头晕恶心，会后十二点至宿舍猝然晕倒，即送北大医院急诊。经检查系疲劳过度、睡眠不足所致，血压尚不为过高，需住院静养一星期，始能恢复工作。此次犯病原因，主要是连日会议较多，近因是昨天参加“和大”招待会较晚所致。
>
> 谨此报告，请予批准暂为修养是荷。[1]

即應停止工作，完全休息。

人民銀行總行用牋

南漢宸同志八日上午感覺不適，頭暈噁心會後十二點至宿舍猝然暈倒，即送北大醫院急診，經檢查係疲勞過度，睡眠不足所致，血壓尚不為過高，需住院靜養一星期，始能恢復工作，此次犯病原因，主要連日會議較多，近因是昨天參加和大招待會較晚所致，謹此報告，請予批准可否休養是荷。此呈

薄主任并報副總理

周總理

鄧副總理

胡景沄

月 日

邓小平批示

邓小平副总理当日批复："即应停作工作，完全休息。"从这件事中可以看出，那个时期，领导与下属之间、同事之间，有着真诚无私的关系、情真意切的感情。

"我们都是来自五湖四海，为了一个共同的革命目标，走到一起来了"。这是毛泽东在《为人民服务》一文中的名言。同时，毛泽东还指出："我们的干部要关心每一个战士，一切革命队伍的人都要互相关心，互相爱护，互相帮助。"

1949 年 9 月 25 日，为筹建中国人民保险公司，中国人民银行在北京主持召开了第一次全国保险工作会议。从会议合影照片中可以看出，一个个历史人物性格鲜明，气宇轩昂。他们似乎走出了时间的尘埃，凸显在色彩斑斓的历史画卷中。这些前辈或来自硝烟弥漫的战场，或来自云谲波诡的敌区。他们中，有人出身于僻壤市井的寒门，有人出身于名门望族，有人是传承耕读文化的学子，有人则是负笈海外的博学之士……

那些身穿土布军装的人，就是来自北方红色根据地的银行家及上海保险业地下党的军事接管大员，此时，他们有的还是可以持枪的人；那些身穿西装，打着领带，一脸文质彬彬的人，便是来自上海大都市的保险专家。

纵览那个时代的银行保险创始人的人生轨迹，就可以发现，这些先驱者之间的交集和共性呈现出线性的脉络。北方这条线，从人生经历上说，大多数人是商户的后代投身革命—投身红色政权—筹建银行—接管金融体系—创建保险；从地理上说，是山西（或甘肃）—延安—太行山—邯郸—石家庄—天津—北京；从单位上说，是商家—国民军—八路军—冀南银行—瑞华银行—中国人民银行—中国人民保险公司；从职务阶梯上说，是行长—副行长—总经理—副总经理—办公室主任—秘书；从一线人物传递上说，是南汉宸—胡景澐—孙继武—阎达寅等。南方这条线，从人生经历上说，大多数人是银行家的后代传承耕读文化—参加银行—参加保险—声援抗日—加入地下党—前往苏区—接管金融体系—创建保险；从地理上说，是江浙—宁波—上海—昆明—重庆—北京；从单位上说，是银行—中央信托局—产物保险公司—太平保险公司—华东区保险公司—中国人民保险公司；从职务上说，基本上是各业务处室的主任；从一线人物传递上说，是胡詠骐—程恩树—谢寿天—林震峰—施哲明—吴越—金瑞麒—郭雨东等。

凡事事在人为。清晚时期，山西出现了一种介于钱庄与银行之间的旧式金融组织——山西票号。使得晋商逐渐执中国金融界之牛耳，并逐步成为当时国内商业和金融界一支举足轻重的力量。正是由于山西的这些商业和金融业从业者拥有一定的经济实力，有机会接触各种新思潮，才出现了一大批革命志士。就像中国所有早期的革命者一样，山西早期的共产党志士一般来自于有产阶层和富裕家庭。

这些人在枪林弹雨中出生入死，在根据地为巩固政权殚精竭虑。薄一波就是当时山西地区最著名的革命者，在他的影响下，山西的南汉宸、胡景澐、阎达寅及其他地区的孙继武、吴波等一大批金融实业家走上了革命道路，先后奔赴延安等地。

来自南方白区上海地下党的保险专家，同样是来自书香门第和实业银行的进步青年。在白区恐怖的血雨腥风中，他们毅然走上革命道路，成为中共地下党员。他们出于对保险公司业务熟悉和保险公司的环境利于隐藏考虑，纷纷在民国政府的保险公司任职。

来自南北两大阵营的创业者，在出身、学识、经历、性格、生活习惯等方面，难免存在差异，甚至存在“吃大蒜”与“喝咖啡”两种截然不同的文化差异。

在保险建章立业上，他们也有区别，来自北方的保险干部大多崇尚苏联及捷克保险的理论；来自上海的保险干部，脑子里装的是伦敦和苏黎世保险的法规。

来自北方的孙继武、阎达寅，为人耿直，都是打枪的好手；而来自上海的薛志章、周志诚，很有书香门第的味道，善于古琴和书法。

来自北方的秦道夫曾回忆：那时，在西交民巷人保办公楼里，看见从上海来的保险专家跳交谊舞，对于从北方老解放区来的他，还是很不习惯，还会脸红。看见他们的学历毕业证上，印有国民党的党旗，情感上很是不舒服。

进了保险公司，最让秦道夫头疼的就是事事要写书面报告。不管什么事，经理们总是说写个报告交上来，不像在战区，首长亲口交代完事情，下属就去做了那样简单。

来自上海的蔡致通，当年军管会在向他征求去北京工作的意见时，他心里犯嘀咕：一是自己是旧政府职员，对新政权有所顾忌；二是想远离政治，发挥自己所学专长，从事外贸实业；三是去了北京，意味着失去了上海的汽车、洋房。他还写下这样两句：“明知不是伴，事急且相随。”道出他当时内心的矛盾。

蔡致通一面要和自己过去的“资产阶级腐朽生活方式”决裂，甚至要和过去的亲朋好友断绝往来。但他在北京依然保持着穿西装、打领带、戴礼帽的习惯。

魏润泉从上海学校一毕业就来到北京工作，一直做涉外业务。他有点知识分子的清高，自感怀才不遇。经过“文革”下放劳动“改造”，也没见改掉多少，为此，他得罪不少人，吃了一些苦。同样来自上海的徐天碧，年轻时爱写抒情诗，难免有些自负，有些酸文人的幼稚之气，遇事习惯冲动。对于这一点，徐天碧在回忆文章中也有反思：

> 我参加保联后，结识了一些后来才知道亦是共产党员的青年同志。特别是由于程振魁同志的耐心帮助、教育，使我这个倒是在政治上完全茫然无知、思想作风上有不少小资产阶级毛病、在人生道路上彷徨的青年，走上了革命道路。[3]

在职务安排上，来自北方红区的干部大多做了行政领导，来自南方白区的干部大多数做了专业部门负责人。秦道夫在书中回忆：

20 世纪 50 年代末，魏润泉在昌平老乡家劳动

当时中国人保公司下设办公室，阎达寅担任主任，监察室主任是程仁杰，他们都是老解放区来的干部。业务部门的干部多数来自上海，他们在新中国成立前从事保险，有的是保险专家。如人身险处处长陶声汉是精算师，还有财险处处长薛志章、副处长周志诚、设计室主任郭雨东、设计委员蔡致通和李进之、理赔处副处长王关生、国外保险处处长施哲明、副处长王永明、财会处处长李靖斋、华北保险处处长来如福等。[4]

据林增余介绍，中国保险公司总部迁到北京后，公司设秘书室（张信甫任主任）、业务室（蒋炳麟、朱瑞堂、景吉森任正副主任）、会计室（廖国英任主任）、设计室（潘华典任主任、朱元仁继任、王恩韶任正副主任、李嘉华、周泰祚任研究员）、人事室（阎文康任主任），业务室设运输险（王仲石任副科长）、火险（黄承宏任科长）、人寿险、意外险（沈才伯任科长）、分保（张伯勋任科长）和理赔（林增余任科长）6个科。

但不管是南方的，还是北方的，这些中国人保开创者在“文革”中，都受到了不同程度的冲击和迫害。

有北边的领导后代曾向我透露：其实北边的领导也不是大老粗，也有多年从事经济工作的经历，也是银行、保险专家。

但历史终将尘埃落定，对于中国人民保险的先驱者来说，所有的功绩都成永恒，被记载在光荣的族谱上。

2. 英雄不问出处

在镇江丹徒县演军巷有一组明清民居建筑群，为五柳堂。五柳堂宅主陶氏系五柳先生陶潜之后人，故题“五柳堂”堂名。庭院原有前后七进平房，还有一座藏书楼，名游经楼，其名取自其先祖陶渊明《饮酒》中的“少年罕人事，游好在六经”之句。近代史学家陈庆年在其所编纂的《丹徒陶氏族谱序》中称：“陶氏始迁祖，自顺治间居江都宜陵，一传而来丹徒，创设线店，四世又创绸庄于镇江。”“我邑江绸，遂北被幽燕营并，西南被于雍梁黔滇之域。”

陶氏祖居江西浔阳，雍正初年，高祖从扬州迁居镇江丹徒。家族凭“络丝”手工劳动，逐步发展成江绸业巨擘。陶氏家族名人众多，其中陶绍莱是清末诗人、著名藏书家、收藏家。陶绍莱为陶季成之子，“游经楼”遂为陶绍莱藏书、读书和写作之所。民国时期，陶绍莱自编自刻了《润州唐人集》《游经楼初学稿》《续稿》《游经楼间关叠韵唱和集》《历代陶氏诗集》等著作。

人保设计室第一任科长陶笑舫为镇江陶氏家族的第八代。陶笑舫的曾祖父开办的绸肆生意兴隆，在扬州设立有分号。陶笑舫的父亲在英国洋行担任高级买办。陶笑舫幼年随祖父开萌，曾在家族自办的学堂读书，少年时代随父亲迁居上海。

1929 年，陶笑舫进入刚刚成立的太平保险公司上海分公司工作，从此开始了保险生涯。到了 1949 年 10 月，陶笑舫随着儿子陶增耀一同来到北京，参与组建中国人民保险公司，成为人保创业史上“上阵父子兵”的传奇。

青溪旧屋

在距离镇江五柳堂不远的地方，扬州东圈门街14号，有一座叫青溪旧屋的私家园林，青砖黛瓦，古朴典雅。这家刘氏宅第一进屏门上有汪士铎撰、赵之谦书写的楹联：“红豆三传，儒林趾美；青藜四照，宝树联芳”。“三传”“四照”说的是，刘家从清代乾隆年间始，经嘉庆年间以后，出现了三代著名的经学专家和国学大师，他们筚路蓝缕，爝火传薪，在道光、咸丰、同治、光绪四朝，声名显耀。他们研究诠释《春秋左氏传》，著有《左传旧疏考证》等多部传世著作。他们几代人的名字登上了《清史稿·儒林传》，这在清朝的历史中是绝无仅有的。“三世一经”即指刘文淇→刘毓崧→刘寿曾祖孙三代，穷毕生心力，经传注疏。

刘寿曾 44 岁逝世时，疏证仅完成至襄公五年，儿子刘师苍尚年幼（旧时家学很少传女），自然经学难以承继。其侄子刘师培继承衣钵，成为近代经学大师。

刘师培自幼天资聪颖，过目成诵。1902 年，刘师培入职陈独秀、章士钊创办的《苏报》。刘师培在少年时，就与年近不惑的经学家章太炎齐名。二人在上海结识后，相互推崇，又有共同的排满倒清信念，成为至交。因章太炎字枚叔，刘师培字申叔，二人被人合称为“二叔”。二人创办《国粹学报》，使“国学”之名，得以广泛传播。

1907 年 2 月，刘师培应章太炎之邀，偕同母亲、妻子何震及何的表弟汪公权东渡日本，加入同盟会，结识了孙中山、黄兴等革命党人。刘师培组织编译的《共产党宣言》，被专家公认为最高的译本。回国后，刘师培几经蹉跎。1917 年，刘师培应北京大学校长蔡元培之聘，任文科教授，开设“六朝文学”等课程，回归到他的学者身份。当时，刘师培与辜鸿铭、马寅初、胡适被称为北大的四大才子。他所著的《中国中古文学史讲义》，为近现代中国文学史首屈一指的巨著。1919 年 11 月 20 日，刘师培因肺结核病逝于北京，年仅 36 岁。陈独秀主持了刘师培的丧礼，并引用康有为诗悼念亡友：“曲径危桥都历遍，出来依旧一吟身。”

刘葆儒的外孙朱延平曾给我提供了一份刘师培叔父刘富曾所撰的“亡侄刘师培墓志铭”，从中可窥知刘师培一生动荡的缘由：

……侄才蕴瑰奇，少年气盛，思欲有以己见，然名之所在，谤亦随之。……夫物忌过盛，侄得名太早，厥性无恒，好异矜奇帽，急（功）近利……[5]

刘师培是中国人民保险国外业务的开创者刘凤珠的叔公。刘凤珠的父亲刘葆儒著书众多，有《近世会计学》《汉译财政学导言》《汉译经济学撮要》等。其中，1930年出版的《广告心理学》一书，是中国广告学的奠基之作。刘葆儒协助南桂馨、钱玄同等人出版了《刘申叔先生遗书》，还著有《国语注补辑》《元代帝王世系表》数种专著。

在传统与现代文化背景的交织中，刘凤珠的人生帷幕悄然拉开。她的第一份工作是在泰山保险公司做财务会计工作，这是女承父业的节奏，当然也受时任天津中国银行工作的堂叔公刘师颖的影响。刘葆儒后来潜心研读鲁迅著作，对刘凤珠后来热心进步事业、加入保险业地下党无不影响深刻。

浙江省嘉兴市乌镇的西栅老街，有一处老院落，是创办于1550年的沈亦昌冶坊。院中供奉着一口大铁锅，号称“天下第一锅”。在明清时期，依靠京杭大运河的通达，沈亦昌冶坊名扬京城，被朝廷定为专门冶炼进贡朝廷“膳具”的“官家冶坊”，此为沈氏家族冶炼业的鼎盛时期。沈氏家族致富之后，重视课读，不惜耗资培养子女成才，故沈氏家族有多人出仕为官，光耀门第。

沈氏家族第100世沈和甫，少小好学不倦，年轻时为“桐邑附

沈亦昌冶坊

贡生”，虽入科举，却拥护维新变法，以诗书会友，广交社会贤达和革命志士，曾与孙中山、章太炎、蔡元培等交往。

沈和甫匡危济贫，热心地方公益，尤其重视培育人才。他创办了乌青镇中西学堂，首创西学，茅盾、孔另境、木心、丁士源等先辈，曾在该校就读。沈和甫的儿子沈日昌从小在父亲的熏陶下，一方面接受传统的耕读文化，另一方面追逐现代的海派文化，特别是沈氏家族的开明、进步、宽容、慈善的遗风，都可以在沈日昌的身上找到踪迹。他从这里走向上海，走向香港，成为中国人民保险旗下香港民安公司的创始人。

在福州林浦，至今可见明代“尚书里”的石牌坊，其上记载

沈日昌结婚照

了明朝林元美及其子孙“三代五尚书，七科八进士”的荣耀。最著名的一副对联是“进士难进士不难难是七科八进士；尚书贵尚书非贵贵在三代五尚书”。在林氏望族中，不少人属于典型的文人或士大夫阶层，长期浸润在儒家传统之中。

中国人民保险旗下的中国保险公司理赔科第一任科长林增余的祖上有人曾做过太保。林增余的祖父是当地著名的教书先生，父亲林灿训学业有成，在上海的邮政局担任职员。当林增余幼小的身影在上海的里弄里奔跑时，远处十里洋场的霓虹灯不知道将给他的未来涂抹上怎样的色彩。母亲过世早，父亲又忙于公务，使林增余自小就养成了自强好胜的性格。

沈和甫与女儿沈承玫、女婿许季明合影

宁波余桃泗门镇谢氏始祖祠堂内，至今还保存着一通镌刻于光绪八年（1882年）的《祠堂重建碑记》。该碑文由工整苍古的颜体书成，洋洋600余字，记载了泗门谢氏宗祠在遭遇太平天国兵灾后的重建纪事。令人料想不到的是，这通碑文竟出自当时的一位年仅10岁的少年之手，这名神童，即是后来成为上海书法名家的谢家山。谢氏家族是祖居泗门镇后塘河村的一户耕读人家，书香门第。光绪二十三年（1897年）秋天，24岁的谢家山一举夺得浙江乡试第29名举人。上海银行界均知道，中国通商银行内有一位老辣的“梯青先生”（谢家山），他不但博学，而且通晓时务，一身正气。谢家山膝下有四子三女。其三子谢寿天自小生活在清贫的家境中，勤于读书。1935年，他进入上海天一保险公司担任会计科科长，最终成为上海保险业的红色掌门人。

1553年，苏州太仓遭倭寇洗劫，“连舰数百，蔽海而至”。俞大猷率俞家军奋勇杀敌，征战七年，沪海和江浙的倭患终于渐渐平息。俞大猷的住家院落，在太仓城西北角的镇海卫南侧武陵街，俞家后人世代居住。2003年按原样修旧复旧地搬迁到太仓弇山园内，成为园林大院里的一景。

俞大猷的后裔人才辈出，俞棣云为清末秀才，曾任上海电报局总办，后为电报学堂总办，是我国电报事业的先驱之一；俞棣云次子俞颂华曾留学日本，后长期从事新闻工作，曾与瞿秋白等赴苏联采访，是我国少数见过列宁、托洛茨基、莫洛托夫等苏联领袖的新闻工作者。俞颂华被黄炎培誉为“新闻界的释迦牟尼”。

1926年，俞颂华的儿子俞彪文出生。俞彪文大学毕业后，由钱币司司长戴明理推荐，到国民政府资源委员会的中央信托局产物保险处任职，谁曾想俞彪文日后成为中国人民保险公司的三大“右派”之一，在月坛北小街宿舍以跳楼的惨烈方式，结束了自己的生命。

北岛在怀念其父亲的散文《给父亲》中记述：

康熙年间，赵家第27代赵承恒由原籍安徽徽州休宁县迁至浙江归安县（现湖州一部分）。赵家祖宅清澜堂坐落在湖州竹安巷，最早的主人赵炳言官至湖南巡抚、刑部右侍郎。三子赵景贤早年师从俞樾的父亲俞鸿渐，乡试与俞樾同榜考中举人。按俞樾的说法，“自幼倜傥，虽翩翩公子，而有侠丈夫风，呼卢纵饮，意气浩然”。后捐巨款买官封为知府，但并未上任。太平军兴起，赵景贤在湖州组织民团操练，并用青铜包住西城门（湖州至今沿称青铜门和青铜桥）。1860年2月，李秀成大军逼近湖州。赵景贤固守湖州两年多。这是清史上著名的湖州保卫战。清政府为保存将才，另有委任，令他“轻装就任”，但他决心死守，与城同在，最终弹尽粮绝，1862年5月城破被俘。[6]

此事在《清史稿》里有记载。李鸿章曾在奏折中引用赵景贤的名句：“乱刃交挥处，危冠独坐时。”可见，北岛的诗才也属于家传。赵景贤次子赵滨彦，也就是北岛的曾祖父，因父殉职而被封官，深得湖广总督张之洞信任，主管广东制造局。武昌起义爆发，在推翻大清帝国的革命功臣中，居然有北岛的外公孙海霞。可见一家人的渊源如此之深。

到北岛的祖父赵之骝那辈，家境败落，靠典卖字画古董度日。轮到北岛父亲赵济年，恐怕连辉煌的影儿都没见过。赵济年四五岁时母亲病故，12 岁那年父亲辞世，成为孤儿。赵济年被卷在逃难的人流中，走遍中国大半个南方。在桂林时，有一天日本飞机俯冲扫射，他慌忙中撑起雨伞挡子弹。那年头命不值钱，周围的人一个个倒下，他却奇迹般活下来。他边打工边自学，终于考进重庆中央信托局。1949 年 10 月，赵济年走进了西交民巷 108 号院。

人保香港人寿保险公司总经理欧阳天娜的父亲是著名作家欧阳山。1908 年 12 月，欧阳山出生在湖北荆州，因家境贫寒，几个月时被卖给姓杨的人家，从小便随养父在北京、西安、上海等地四处奔波流浪，接触过很多下层社会的穷苦人。16 岁那年他的第一篇短篇小说《那一夜》在上海《学生杂志》上发表，从此他开始了文学创作。

欧阳山早年已结婚，后双方分离。他与作家草明一同乘船从广州到上海，参加中国左翼作家联盟和中国左翼文化总同盟的活动。他们没有举行婚礼，只是来到黄浦江边，让滔滔江水为他们的爱做证。

1936 年 10 月 22 日，欧阳山与周文、曹白、肖军、聂绀弩、陈白尘、萧乾、张天翼、吴朗西、孟十还、靳以、黄源、鹿地亘、黎烈文、胡风、巴金 16 个人，为鲁迅出殡扶灵抬棺。行列前面是欧阳山，他和蒋牧良两人分左右执撑着写有“鲁迅先生殡仪”字

欧阳山及家人合影

吴氏宗祠

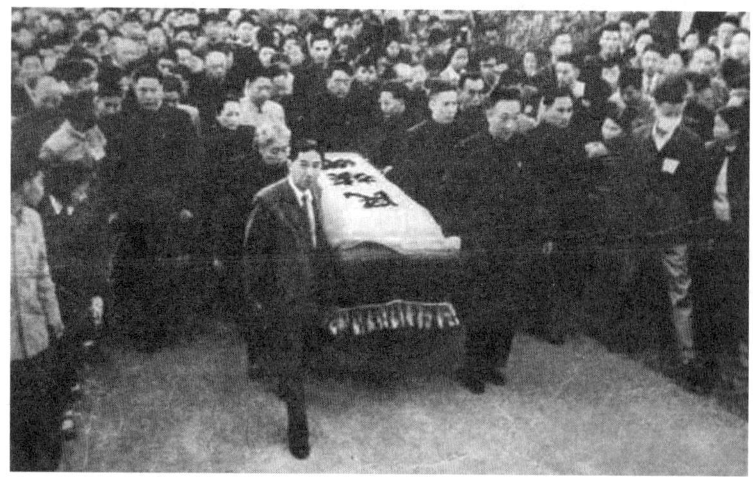

欧阳山抬棺

样的白布横额。鲁迅生前称欧阳山为“山兄”。

1937年，淞沪会战爆发后，欧阳山和草明撤抵广州，与郭沫若、茅盾、夏衍等人成立“中华全国文艺界抗敌协会”。1941年，欧阳山与草明辗转到延安。他创作出版了长篇小说《高干大》。周恩来是欧阳山的入党介绍人，毛泽东为撰写《在延安文艺座谈会上的讲话》，曾与欧阳山交流。在延安时欧阳山与草明离婚。从1957年开始，欧阳山开始创作长篇巨著《一代风流》，全书分为五卷，包括《三家巷》《苦斗》《柳暗花明》《圣地》《万年春》。欧阳山曾任中国作协副主席等职。

1911年，两条喜讯从上海嘉定西门外的西下塘街不胫而走。一是晖吉酱园生产的飞鹰牌酱油和白鹤牌天花粉分获意大利都灵博览会金奖、银奖，晖吉酱园从此闻名遐迩，香花弄变成了“酱园弄”。二是金伯琴的大儿子金瑞麒在这里出生，使金家的香火得以传承。日后金瑞麒成为名噪一时的金融保险家。

茂林是安徽泾县一个古老的村落，是吴氏族人聚居的地方。泾县吴与旌德江、绩溪胡、宣城梅并称“皖南四大姓”。著名的吴氏宗祠始建于南宋，吴氏家族名人辈出，清代吏部尚书吴芳培，近代书法家吴玉如、画家吴作人、文学家吴组缃（号称“三吴”），等等。

1906年，吴波降生在这个历史悠久的深宅大院里，照在天井的月光无法预知这个新生命的命运。1952年，吴波成为中国人民保险公司第二任总经理。

3. 保险名门

王恩韶是新中国保险事业开疆拓土的名士，其父亲王伯衡是民国时期多家著名保险公司的总经理，这在人保历史上绝无仅有。

王伯衡的祖上是苏州的大户人家。他清华大学毕业后，远渡重洋，先后获美国普林斯顿大学学士、哥伦比亚大学硕士学位。回国后，他曾任大陆银行上海分行副理、国华银行南京分行经理。

太平保险公司保单

1929 年，太平保险公司成立，黄奕柱为董事长，周作民任总经理，丁雪农、王伯衡任协理。王伯衡曾回忆：

> 我参加太平公司工作是 1933 年 9 月，也就是 6 家银行增资改组的时候。这是第一次新董事会议决，除了总经理由金城银行董事长周作民充任，协理由前任经理丁雪农升任外，另添置协理一人，但这一协理的人选，经各董事数次提名，均不能得到全体同意，最后由钱新之把我提出竟获通过（我从 1919 年至 1927 年任北京银行公会秘书，因此与各银行巨头，包括太平新公司的各董事在内，俱系熟识，所以较易通过）。我在无意中得到这个待遇优厚的职务，凡属友好皆向我道贺，其实我内心不胜惶恐，因为我对保险业务一窍不通，必须从头学起。[7]

《金城银行简史》中也有记述：“从金城独资创办太平保险公司至与同业联营，都由周作民担任董事长，实际负责营业的经理丁雪农和协理王伯衡都是保险业中的佼佼者，培养了不少人才。”

1943 年 12 月，王伯衡入交通银行，成立太平洋保险公司。关于公司名称，有说源自太平洋战争的，有说是开拓海外业务之意的，我认为可能有想超越老东家太平公司之意。王伯衡与世界上最大的分保公司瑞士再保险公司的总经理阿尔提亚和伦敦商务分保公司的总经理考尔朋两人电报联系，取得了他们的支持。太平洋保险公司的大多数业务骨干是王伯衡从太平保险公司挖来的。

1946 年 7 月，中国保险业联合会举行成立大会。理事长为罗北辰，常务监事有王伯衡、刘聪强和郑鹤春 3 人。

1947 年 4 月，王伯衡在上海创办了交通产物保险公司。王伯衡任总经理。1948 年，王伯衡出任裕国产物保险公司董事长。

1949 年 10 月 20 日，中国人民保险公司成立。王伯衡出任中国人民保险公司华东区公司的专门委员。

王恩韶大学毕业之后，子随父业，开始了保险生涯。在保险职场上，王恩韶以过人的学识，特别是外语的优势，在再保险市场上得到了发挥。很快，王恩韶就担任了太平洋保险公司的科长、襄理。在那个时代，他可以说是最年轻的保险领导层人士。1948 年 10 月，王恩韶被太平洋保险公司选派到瑞士再保险公司考察，他在这里获取了中国保险业早期的国外经验。紧接着王恩韶又到英国伦敦通用再保险公司工作。这种优越的职业生涯条件，在民国时期是罕见的，王恩韶日后成为新中国再保险的领军人物也是必然的。

中国人民保险公司著名精算师乌通元的岳父是国民党元老、交通银行的董事、太平洋保险公司的董事长王正廷。

1882 年，王正廷生于浙江奉化金溪乡税务场村的一个基督教家庭，1905 年，赴日本留学，并加入同盟会；1908 年，留学美国，在密歇根大学攻读法律，又获耶鲁大学博士学位；中华民国成立后，即为内阁成员，先后担任南京临时政府参议院副议长、代理议长、南京国民政府外交部长、驻美国大使等职。

由于王正廷与蒋介石的同乡关系，因此备受南京政府重用。

1927 年，蒋介石和宋美龄结婚时，王正廷做证婚人，王正廷的女儿是女傧相。

1919 年王正廷任广东护法军政府全权代表，出席“巴黎和会”，响应国内五四运动，拒绝在《巴黎和约》上签字；1922 年 3 月，黎元洪派王正廷筹办中俄交涉事宜，谈判中苏建交；1928 年 6 月，王正廷主持南京政府的“改订新约运动”，收回了上海两租界的司法管辖权，建立了租界内的中国法院体制。王正廷还热心于中国的体育事业，获“中国奥运之父”的荣誉，1922 年，他被选为国际奥委会委员，成为中国历史上的第一位国际奥委会委员。

王正廷曾任交通银行董事。王正廷在自传《顾往观来》一书中谈到了保险：

> 另一种方式就是保险，投保人在一定时期内交纳一定数量的保险费。当保险总额被交满之后，如果投保人还健在，就会得到一大笔钱或者是按月分期支付的保险金，这些钱可以满足老人们的日常开销。[8]

1920 年，王正廷加入唐绍仪发起组建的金星人寿保险公司，并担任公司总董。1942 年 4 月，王正廷做媒，促成名媛王映霞与其学生、时任重庆华中航运局的经理、航运保险专家钟贤道结成连理，成为保险界一段佳话。

1943 年 12 月 8 日，王正廷担任太平洋保险公司董事长。抗日战争胜利后，太平洋保险公司迁址上海。其与中国保险公司、中央信托局保险部、中国农业保险公司为四大官僚保险机构。

1949年10月，乌通元与夫人王毓贤一同加入人保华东区公司，夫人在统计股工作。1953年5月，王毓贤病故。

不久，乌通元和上海七一中学的总务主任李绍聪相识相爱。身为党员的李绍聪，本以为可以让乌通元过上政治可靠的安稳生活。但李绍聪所在学校通过对乌通元进行政治审查，认定乌通元是控制使用人员。学校荒诞地提出：反对李绍聪的婚姻选择，如果她坚持和乌通元这样的人结合，建议李绍聪退党。

李绍聪坚持和乌通元结婚，于是她办理了退党手续。在那个时代，这简直是不可思议的行为。

1984年4月，乌通元终于被批准加入共产党。改革开放的春风吹向远方，随着拨乱反正，乌通元的夫人李绍聪也恢复了她本应该拥有的30多年的党龄，而且已经退休的李绍聪由退休待遇改成离休待遇，这一切都已付出了他们青春的代价。

缪建民董事长曾说，中国人保英语第一人周泰祚，至今无人超越。周泰祚的舅舅项馨吾是民国上海保险界的大咖，使周泰祚早年顺利进入了保险业。

项馨吾的家在上海嘉定，紧邻周泰祚的老家昆山。项馨吾毕业于上海澄衷学堂，1915年进入中国银行实习并拜总经理张嘉璈为师；1929年被派至伦敦中国银行办事处任秘书；1931年，中国银行开设保险部，总行指命项馨吾在伦敦改学保险，研究保险学说，同时进入伦敦经济学院就读；1932年，他加入伦敦太陧保险公司实习；1933年返国，出任中国保险公司副经理。

1935 年，中央信托局成立保险处，项馨吾出任经理。保险处后分为产物保险处及人寿保险处，项馨吾又改任产物保险处经理至 1948 年。他是上海滩保险业举足轻重的人物。

1937 年，周泰祚经过考试，进入成立不久的中央信托局保险处工作，从此开始了毕生的保险生涯。

1937 年，抗日战争升级后，中央信托局迁移至重庆。1939 年，中央信托局特地安排保险部经理项磬吾由昆明秘密潜伏于上海，选聘富有保险理论和实践经验的保险人才。项磬吾会见了上海办事处主任姚达人，并通过上海保险同业公会秘书关可贵，在《保联》刊物上发布了一条招聘保险人才的广告。项磬吾通过面试，择优录取了 13 人，组成一支办理陆地兵险的骨干队伍，后来保险界称之为“十三太保”。

1945 年，抗日战争胜利后，项馨吾应国营招商局邀请在上海筹办中国航联意外责任保险及中国航联产物保险两大保险公司。因急需专业人才，周泰祚再次应征，紧急从重庆飞往上海。周泰祚离开中央信托局保险处，同时在民生保险公司、中国航联产物保险等单位任襄理，负责行政管理及保险技术工作。因此，他收入丰厚，家境富裕，家里雇了 3 个佣人，还包了黄包车。

1948 年初，项馨吾奉中央信托局委派前往美国纽约设立中央信托局纽约分局，经营财产保险业务，此为中国于保险发达国家开设的第一家保险公司。项馨吾动员周泰祚与他一同前往美国创业，但周泰祚满足于当时的生活，婉言谢绝了他的邀请，就此别过。

时间风雨兼程，穿过大洋彼岸。

1978年，项馨吾从美国回国，这是他们30年后的重逢。项馨吾对周泰祚说：如果当年听我的话，凭你的能力和英语水平，在美国一定会很发达，日子过得要比现在强。周泰祚不以为然，只是默默地低下头，他或许沉浸在自己与世无争的境界中。

太平保险公司总经理丁雪农的叔父丁敬臣，早年来到青岛创业。他一度为德国“禅臣洋行”的买办，后创办悦来公司，成功跻身老青岛“四大家族”（刘子山、丁敬臣、傅炳昭、李涟溪）行列。丁家原在青岛八大关拥有一座德式建筑风格的别墅，十分显赫。如今，该别墅早已被圈入青岛国宾馆院内，有“青岛钓鱼台”之称。丁雪农青年时期，留学美国宾夕法尼亚大学。他归国后，在青岛交通银行分行工作。

扬州丁氏盐商家族与镇江陶氏江绸世家一水之隔，历代联姻，血脉相融。陶笑舫的夫人夏秀岚为青岛海关官员夏氏的次女，而夏氏的三女嫁给了青岛的丁家。丁雪农后来的岳父吴蔚如，是东莱银行总经理、安平保险公司的发起人。这种翁婿关系，使丁雪农数年后成为太平保险公司的掌门人。

1929年，陶笑舫进入刚刚成立的太平保险公司上海分公司工作。此时，丁雪农为太平保险公司总公司襄理，同时兼任太平保险公司上海分公司经理。

丁雪农以欧美国家保险业的蓬勃兴旺激发大家的创业热情，使大家凝心聚力于保险。陶笑舫就是这些镇扬帮的代表人物之一，他与太平保险公司同仁一起艰苦创业，励精图治。

李锵的父亲李荪石在太平保险公司上海分公司担任办公室主任。而李锵当年在太平保险公司时，和地下党开展了罢工运动。

民国著名保险大家过福云的儿子过杰庆、过元庆，从小耳濡目染，均子承父业，1949 年后，在人保上海分公司从事保险工作。

人保航运保险专家钟贤道与妻子王映霞的故事，是另一种燕梳传奇。

王映霞是民国时期著名的美女，当时有“天下女子数苏杭，苏杭女子数映霞”之说。著名作家施蛰存还专门为王映霞赋诗一首：“朱唇憔悴玉容曜，说到平生泪迹濡。早岁延明真快婿，于今方朔是狂夫。谤书欲玷荆和璧，归妹难为和浦珠。蹀躞御沟歌决绝，山中无意采蘼芜。”

王映霞早年曾邂逅郁达夫，从而使近代文坛演绎出一阕“风雨茅庐”的传奇情话。

王映霞晚年在《郁达夫与我的婚变经过》一文中说：

> 我想要的是一个安安定定的家，而郁达夫是只能跟他做朋友，不能做夫妻。所以同郁达夫最大的分别就是我同他性格不同……对于婚姻，对于女子的嫁人，那中间的辛酸，我尝够了，我看得比大炮炮弹还来得害怕。我可以用全生命、全人格来担保，我的一生，是绝不发生那第二次痛苦了。[9]

对于自己婚姻中的两个男人，王映霞晚年作了一个比较中肯的评价：“如果没有前一个他（郁达夫），也许没有人知道我的名字，没有人会对我的生活感兴趣；如果没有后一个他（钟贤道），我的后半生也许仍漂泊不定。历史长河的流逝，淌平了我心头的爱和恨，留下的只是深深的怀念。”

一个人是一粒沙，一粒沙是一个世界；一个企业能够聚沙成塔，构成一个丰富多彩的世界。伟大的企业肯定有伟大的故事，那些故事是由每一个人写就的。

1949，西交民巷108号

——中国人民保险公司的诞生

第九章

更旗易帜

1. “限制、利用、改造”

中国人民保险公司成立后，在第一次填写工作履历表时，赵济年为了和旧社会划清界限，在填写参加革命工作时间的栏目上，写下了 1949 年 10 月 1 日，以示革命。

这一念之差，导致赵济年退休后，一直没有享受“离休”的待遇。其实赵济年早就参加了革命，甚至在桂林时，有一天日本飞机俯冲扫射，他慌乱中撑起雨伞挡子弹，差点掉了脑袋。在重庆中央信托局时，他多次掩护地下党。前几年，北岛在办理接收父亲住房遗产手续时，由于住房面积超标，要交一大笔过户费。我帮助北岛找到人保财险人力部，找到了公司后来追加给赵济年的局级待遇的证明，最终证明其符合当时住房面积的标准。

赵济年当年的想法是与过去的历史作一终结，从时间上彻底割断，从而面对一个崭新的世界。英国历史学家威尔逊在介绍英国与现代世界诞生的黄金时代时指出：

在19世纪50年代，成千上万的和奥丽芬特一样经过圣保罗的人，都会被城市扩张的兴奋、激动之情感染：这是完全属于19世纪的城市；没有历史负担；在这里，未来就在你眼前书写。就像墨尔本或旧金山，圣保罗、明尼阿波利斯和圣安东尼能够体现（甚至更能体现）这个时代的激动不安和勃勃生气。世界各地的人来到这里，定居在这里，不是为了像金子那样摸得着的东西，而是因为他们深信自己站在充满活力的进步前沿。圣保罗既有高视阔步与目中无人的自信，又结合了边疆的粗野与都市的优雅，是黄金时代的一个缩影。[1]

尽管政权更迭，诞生了新中国，但对于保险业来说，还是要接受一个原有的局面，哪怕是一个“烂摊子”。

“利用、限制、改造”是中国共产党对资本主义私人工商业进行社会主义改造而制定的基本政策。这个政策，是共产党根据马列主义关于赎买和国家资本主义政策的思想，根据中国民族资本主义经济的两重作用和中国民族资产阶级的两面性而制定的。

利用，是指利用民族资本主义经济有利于国计民生的积极作用，以利于国民经济的恢复和发展。限制，是指限制它的不利于国计民生的消极作用。改造，分为两个步骤：第一步是把民族资本主义经济转变为国家资本主义经济；第二步是把国家资本主义经济转变为社会主义国营经济。对资本主义工商业的利用、限制和改造的政策是互相联系的、统一的、不可分割的，核心是改造。改造的最终目的是变资本主义所有制为社会主义全民所有制，解放生产力。

对于保险业的现实来说，共产党不但要接收，还要对银行、保险巨擘名流想尽办法安抚挽留，以便更好地利用。

金融史学家刘诗平介绍，早在1949年2月底，金城银行就已花了四五十万港元，租用“华中”号轮船北上，运送民主人士。这批民主人士安全抵达北平，顺利参加了筹备新政协会议工作。新中国成立前夕，章士钊等人受周恩来委托来到香港，游说由沪赴港的工商界名人北回。处在观望中的周作民，派徐国懋回到上海探路。1949年11月，徐国懋北返，成为第一个经动员回到新中国的银行家。

徐国懋到北京后，首先找到卢作孚，经卢作孚通过黄炎培联系，约定与人民银行行长南汉宸见面。谈到金城银行的困境，南汉宸当即电告香港中国银行，拨给金城港行500万港元，作为定期一年的存款。周作民闻此消息，“深感共产党办事气魄之大”，打消了最后一丝顾虑，下定决心北归。1950年6月，周作民接受周恩来总理和中国人民银行行长南汉宸邀请，在潘汉年的策划下，由香港回到北京，列席中国人民政治协商会议。

在北京，周作民受到周恩来的热情接待。互相握手时，周恩来说：“你我同姓同乡，也许是同宗嘛。你比我年长，是老前辈呢！”周作民激动地回答：“不敢当。”

周作民是金融界头面人物中新中国成立后回归的第一人。作为太平保险公司董事长的周作民，成为留在大陆的最高级别的保险家。

周作民与爱国人士合影

太平保险公司副总经理王伯衡、中国产物保险公司总经理过福云、中国银行沪行经理吴震修等，也明确表示留在大陆，并积极配合接收，甚至发挥引领团结的作用。

太平保险公司总经理丁雪农留了下来，并在重新组建的公私合营太平保险公司董事会任常务董事。但据当时太平保险公司总经理林震峰后来的口述："丁雪农要求太平公司的海外机构归他管理，我们不同意，他就去了台湾。"

中国银行董事长、中国保险公司董事长宋汉章采取的是脚踩两条船的策略，既不去台湾，也没留在大陆，而是待在香港观望。

1949年解放军解放上海前，宋汉章赴港（有说是被挟持）。1950年3月，周恩来在审定被接管后的中国银行新董事会时指示，对于原来的董事只要不是战犯全部予以承认，并特别指出，原中国银行董事长宋汉章和商股董事张公权、陈光甫等都要选为常务理事。

1950 年 4 月 9 日，中国银行新一届董事会在北京举行，在香港的宋汉章书面委托他人代表出席，结果宋汉章等 3 人均被选为常务理事。

在人民银行档案室里留存着一封手书的信件，是 1949 年 10 月 25 日华东区公司的谢寿天、林震峰、孙文敏 3 人写给北京总部的胡景沄、孙继武的。在信中，他们提出建议：

> 由于旧上海银行家宋汉章的夫人患半身不遂疾病，宋在香港滞留，使目前不宜宣布中国产物保险公司的改组，为保持纺织业保险业务的稳定，先默认中国保险的总经理人选，待宋回国及海外机构接收完毕，军代表撤出后再宣布。[2]

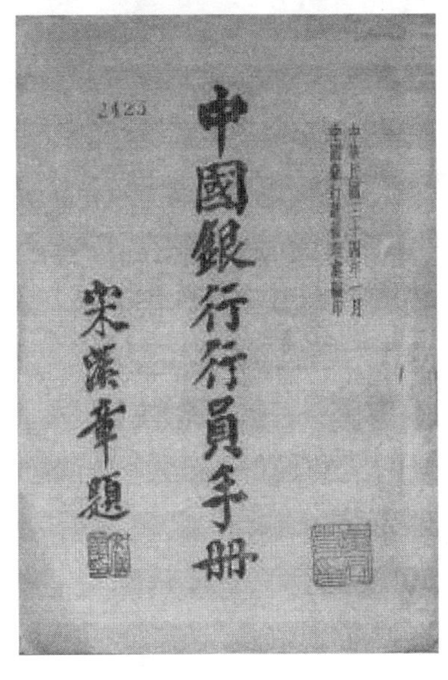

宋汉章手书

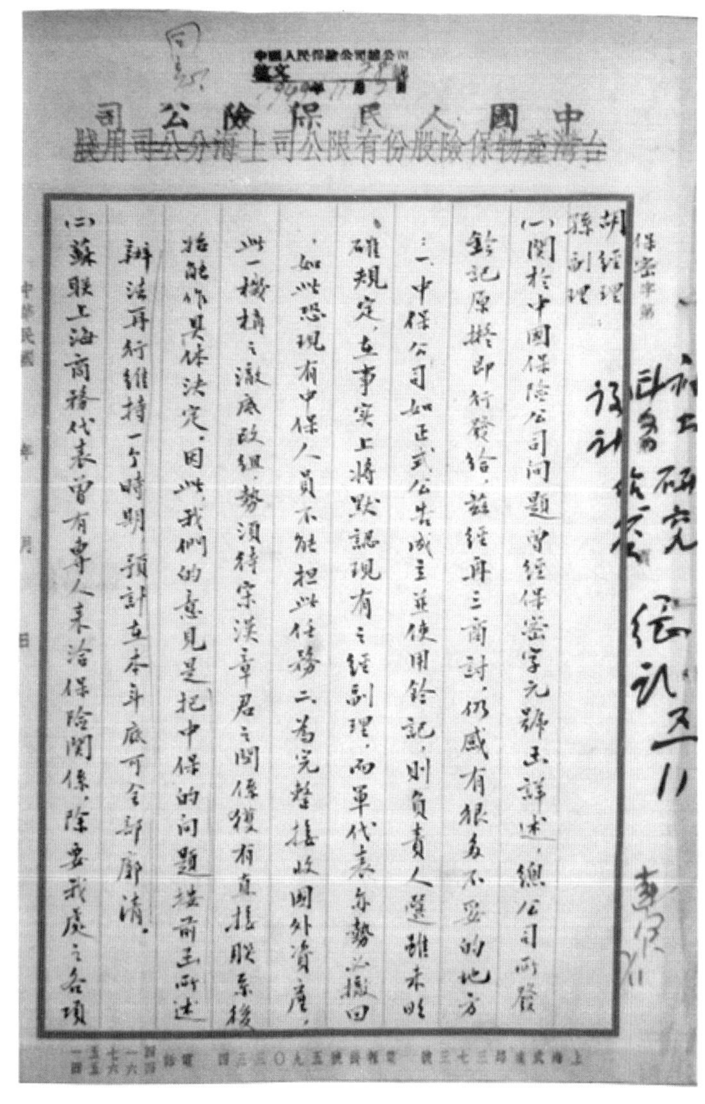

中國人民保險公司

~~台灣產物保險股份有限公司上海分公司用牋~~

胡經理

孫副理：

(一)關於中國保險公司問題曾經保密字元號函詳述。總公司所發鈐記原擬即行發給，兹經再三商討，仍感有很多不妥的地方：一、中保公司如正式公告成立並使用鈐記，則負責人選雖未明確規定，在事實上將默認現有之經副理，而軍代表勢必撤回，如此恐現有中保人員不能担此任務。二、為完整接收國外資產，與一機構之徹底改組，務須待宋漢章君之關係獲有直接聯系後始能作具体決定。因此，我們的意見是把中保的問題按前函所述辦法再行維持一个時期，預計在本年底可全部廓清。

(二)蘇联上海商務代表曾有專人來洽保險關係，除要我處之各項

上海愛多亞路三七三號

谢寿天、林震峰、孙文敏给总部的信

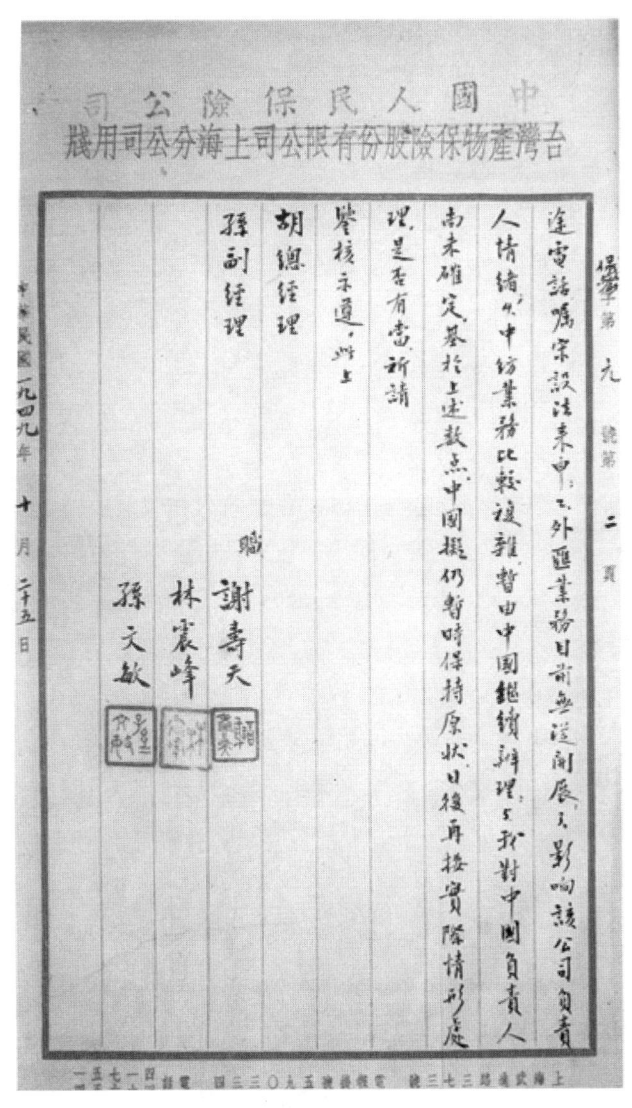

中國人民保險公司

~~台灣產物保險股份有限公司上海分公司用箋~~

保字第九號第二頁

逕電話囑宋設法來申。二、外匯業務目前無從開展，又影响該公司負責人情緒，以中紡業務比較複雜，暫由中國繼續辦理。三、我對中國負責人尚未確定，基於上述數點，中國擬仍暫時保持原狀，日後再按實際情形處理，是否有當，祈請

鑒核示遵，此上

胡總經理

孫副經理

職　謝壽天

林震峰

孫文敏

中華民國一九四九年十月二十五日

上海武進路三七三號　電報掛號五九〇二三四　電話

谢寿天、林震峰和孙文敏写给总部的信

1951 年 6 月，在中国保险公司第一次董事、监事联席会议上，宋汉章仍被选为董事。

1949 年 12 月，心灰意冷的宋汉章辞去了中国银行的任职，从美国转道去了巴西，居次子宋美扬处。1963 年，宋汉章又辗转回到香港。1968 年，近乎失聪的宋汉章在那里走完余生，享年 97 岁。说出来让人难以相信的是，这样一位大银行家身后遗产仅 10 余万美元。“他一世都没有私人物业，一辈子住的是银行提供的住宅。祖父亲口向我说过，宋汉章从南美回香港定居，租住北角两房一厅没有冷气的住宅”。程乃珊介绍。

中国保险业联合会理事长罗北辰的人生充满戏剧性。

1949 年解放军解放上海前夕，罗北辰随中央信托局退到台湾，因不满意职务安排，他又返回了大陆。

罗北辰早年热衷于“寓政于商”，辞掉教授职务，担任宁绍人寿保险公司汉口区经理；1935 年初，受中国保险公司董事长宋汉章的邀请，出任中国保险公司寿险部汉口区经理；1935 年，任中国保险学会大会书记；1939 年，进入职业互助保证协会理事会；1946 年，担任中国保险业联合会理事长，被推选为国大代表，担任国民党上海市金融特别党部常务委员，报端甚至冠以“保险业领袖”之名。

罗北辰从台湾返回大陆后，曾经说:“共产党也是要用人才的”。1949 年 6 月，为实现保险业的大团结，上海市军管会金融管理处召开解放后保险业第一次大会。上海金融管理处处长陈穆、副处长谢寿天以及保险组的郭雨东、吴越、陆自城等都出席了会议。在会议上，罗北辰还想操纵会议。谢寿天察觉后，当即宣布，希望保险界从业人员多发表意见，但不希望公会发表意见。

受到这次打击后，罗北辰被迫辞去了中国保险业联合会理事长、上海保险同业公会会长的职务，加之中央信托局被新政府没收，位居保险业巅峰的罗北辰失去了赖以生存的基础，保险生涯就此收场。

吴越在《中共上海保险地下党对国民党控制“保联”的斗争》一文中，对罗北辰的结局作了这样的记述：

> 解放后，罗北辰因在原籍负有重案，被抓捕回乡。1952 年 9 月，罗北辰被安徽和县人民法院判处死刑，缓期两年执行。1955 年 3 月 ，芜湖中级人民法院改判有期徒刑 20 年。1962 年 2 月，病死于劳改农场 。[3]

据说罗北辰在监狱中能够积极改造，其间还搞发明创造，为了节约木材，提出缩短火柴杆长度的改进方案，得到过政府的奖励。

1949 年 5 月，上海市军管会金融处保险组逐步接管了官僚资本的保险机构，为了保障广大投保人的利益，决定重新办理复业登记手续。上海市军管会金融处及时召开上海保险同业公会全体会员代表会议，倾听他们的意见。当时复业的华商保险公司业务不振，一些从业者看不到出路，情绪低落。军管会金融处派共产党及进步人士代表对私营保险公司逐个做劝解工作，鼓励其接受改造，安慰其对未来要抱有信心。

1950年，上海市保险业同业公会筹备委员会成立，金瑞麒作为接近共产党的进步人士、保险界专家，被业界同仁公推为主席，成为上海保险业的实际掌舵人。

1950年4月，在中国人民保险公司华东区公司的指引与帮助下，上海民联分保交换处进行改组，调整了成员公司，成立新民联，共有25家公司参加。大会选出林震峰、董国清、金瑞麒、刘聪强、陈鹤、金性初、李劲根、郭晓航、周仰汶、张明昕、林子11人为理事，推举金瑞麒为理事长，陈鹤、张明昕为副理事长。理事会聘任唐雄俊为经理，席乃杰为副经理，关可贵为专员。

新民联在分保业务上继续坚持将全部溢额悉数分给中国人民保险公司。新民联的共同自留限额，最初定为人民币62500万元，其中20%由中国人民保险公司认占，其余80%由全体交换公司按照平均基数及业绩比例分占。

新民联成立后，加强整肃行规业规，查处违法经营，提高承保理赔质量，贯彻实施政府意图，进行自我教育、自我改造，实现了华商私营保险业的大团结，为后来完成全行业的社会主义改造奠定了基础。

1950年8月，金瑞麒被推荐为上海市私营保险公司代表，应邀远赴北京，向中国人民保险公司总公司陈述意见。他具体提出八条意见：

（1）关于私营保险公司资本问题；（2）私营保险公司设立外埠分支机构及废除区域限制问题；（3）关于私营华商保

险公司累计资金运用问题；（4）调整公私关系问题；（5）各地管理私营保险业的干部人员问题；（6）有关管理私营保险业的法令等颁布前请予各公司以反映意见之机会；（7）参加全国金融会议及召开全国性的公私营保险专业会议；（8）人寿保险在旧契约清偿办法未规定前请示指示如何继续恢复业务及将来发展之途径。[4]

中国人民保险公司总公司总经理胡景澐、副总经理孙继武接见了代表，并当面给予了具体答复。

金瑞麒主张对保险业实行公私合营，应较于其他行业先走一步的意见，得到了总公司的认可。金瑞麒作为保险业公私合营的旗手，当选为上海市人民代表。他与荣毅仁分别作为上海金融业和纺织业的先进代表，在上海庆功会上，手举横幅，一同上台向陈毅市长报喜。

2. 中国保险公司的成立

1950 年 1 月 21 日，中央人民政府政务院财政经济委员会主任陈云、副主任薄一波和马寅初，回复了人民银行行长南汉宸和副行长兼人保总经理胡景澐一封公文：关于处理中国保险公司事，所拟将中国产物保险公司改隶到中国人民保险公司内，以利用其开展海外保险业务。经研究，中国产物保险公司为中国银行所设立，且中国银行尚有私人股份，其领导关系的变更须经董事会决定，目前新的董事会尚待组成，故仍暂维持现状。

为了恢复国民经济、保障物资运输与外贸保险的需要，为了争取中国保险海外机构为祖国服务，随着中国银行经中央批准复业，原为中国银行投资含有民族资本的中国产物保险有限公司和中国人寿保险公司改组为中国保险股份有限公司，经上海市军管会批准，于1949年6月20日正式复业。

在中国人民银行第一任行长南汉宸的统战工作决策下，中国保险公司总管理处很快恢复了对海外分支公司的领导。随着海外员工的回归，香港、新加坡、吉隆坡、槟城、雅加达、泗水等分支公司恢复了领导隶属关系，并积极筹划改组中国保险公司董事会。

1949年10月，人保华东区公司谢寿天、林震峰、孙文敏3人给北京总部胡景澐、孙继武写信，汇报中国保险公司有关筹建问题：如果中国保险公司正式公告成立并使用钤记，则负责人人选虽未明确规定，在事实上将默认现有副经理，军代表势必撤回，现中保人员不够资格担当此重任。为完整接收国外资产，机构彻底改组，势待宋汉章君有直接联系后，始做具体法定，建议再维持一段时间。胡景澐、孙继武回信，同意他们的建议。

1951年6月5日，中国保险公司在北京召开新中国成立后第一届第一次董事、监事联席会议，军代表孙文敏作《军管时期关于业务、机构、认识之变更及措施》报告，会议决定保留原有的《中国保险股份有限公司章程》。

1951 年 6 月 5 日，参加中国保险公司第一届第一次董事、监事联席会议的人员合影

会议选举龚饮冰（中国银行总管理处总经理）、孙继武（中国人民保险公司副总经理）、谢寿天（中国人民保险公司华东区公司经理）、吴震修（原“中保”常务董事）、潘久芬（原“中保”常务董事，1939 年曾任“中保”董事长）为常务董事；董事有宋汉章、郑铁如等 14 人；监察有闵一民、黄子良等 7 人；推选龚饮冰任董事长；聘请吴震修任总经理，施哲明任第一副总经理，陈柏源任第二副总经理，孙广志任第三副总经理；聘任过福云为赴外稽核，驻上海办公，孙文敏为赴外稽核，驻香港办公。

对于这次会议，《中国保险史》一书有如下评价：

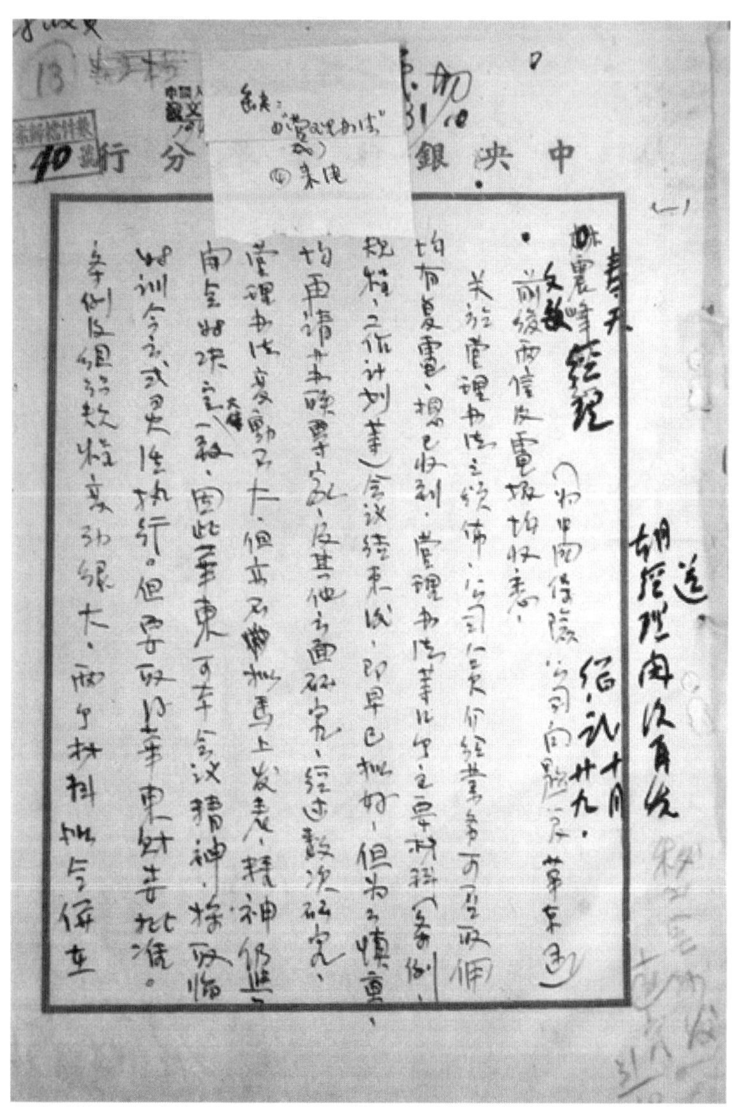

胡景澐、孙继武给上海回信

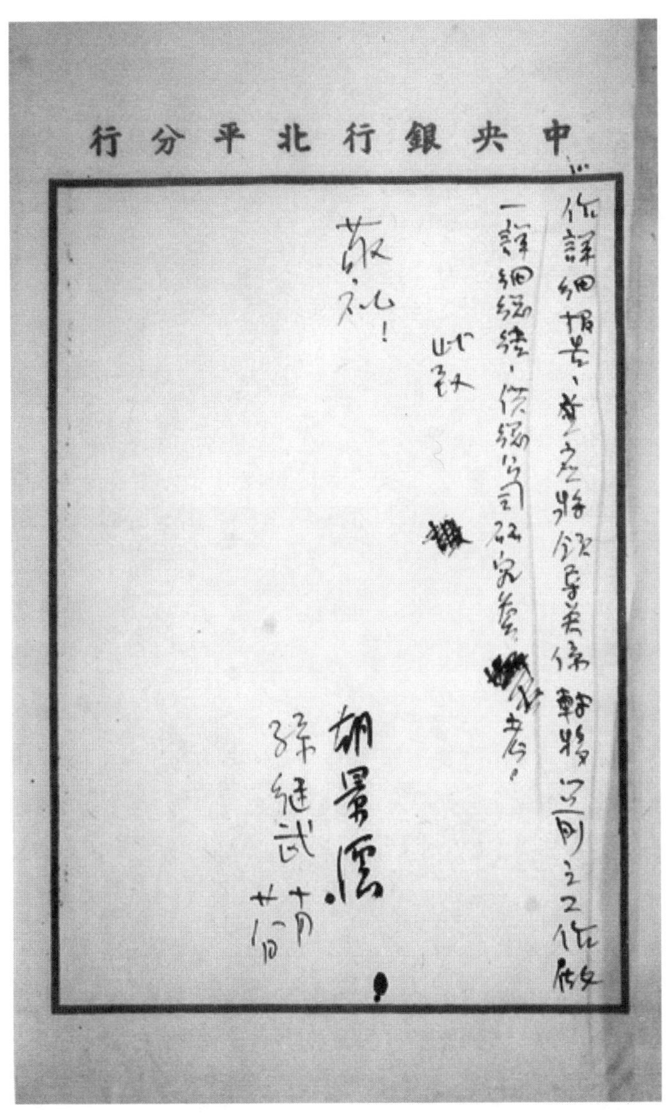

中央銀行北平分行

作詳細報告，並應將銀行系統轉移公司之工作做一詳細總結，俾總公司研究參考。

此致

敬禮！

胡景澐
孫繼武
十月廿日

胡景澐、孙继武给上海回信

> 中国保险公司第一次董事会、监事会的召开和总管理处迁京办公，加强了中国人保对海内外分支机构的领导，密切了各公司的业务联系，对于推动海外保险业务的发展起到了积极作用。从此中国保险公司以东南亚地区为工作重心，以发展私营外币业务和面向海外广大侨胞服务为主要任务，正式完成了向国家专营外币业务的专业化公司的转变。[5]

中国保险公司总管理处原来在上海，1951 年 9 月 25 日，从上海迁到北京，在天安门西侧南长安街 44 号正式办公。林增余在《我的保险生涯》中回忆：

> 当时公司在京上无片瓦、下无立足之地，全靠购买民宅作为办公和居住之处，公司在天安门西侧南长街南口 44 号购买的一套旧王府的三进四合院办公，职工宿舍全城东南西北都有，留给我最深印象的是给每个四合院内都专门安装了冲水便池，这是南汉宸行长为了照顾上海来的同志的生活习惯专门嘱咐修建的。[6]

中国保险公司总部迁到北京后，公司设秘书室（张信甫任主任）、业务室（蒋炳麟、朱瑞堂、景吉森分别任正主任、副主任）、会计室（廖国英任主任）、设计室（潘华典任主任，朱元仁继任，王恩韶任正副主任，李嘉华、周泰祚任研究员）、人事室（阎文康任主任）。业务室设运输险（王仲石任副科长）、火险（黄承宏任科长）、人寿险、意外险（沈才伯任科长）、分保（张伯勋任科长）和理赔（林增余任科长）6个科。

当时任中国保险公司办公室主任的秦道夫，对吴震修总经理曾有深刻的记忆：

> 1951年，吴震修总经理从上海迁到北京之初，就住在护国寺街9号梅兰芳的家里，梅家称他为“吴四爷”。有一天，吴震修把我叫到他的办公室，对我说，新加坡中国银行的经理想要一套梅兰芳的剧照。他要我去梅兰芳家去取一下。说着，他顺手从办公桌的台历上撕下一张日历，很随便地拿起笔写了几个字，要我持这张便条去梅家取照片。我至今还记得他“唰”的一声撕下日历纸，提笔在上面写字的情景。[7]

吴震修，名荣鬯，1883年生于江苏无锡，自幼入私塾读书，后考取上海南洋公学，毕业后留学日本，入陆军士官学校；回国后曾任北洋政府参谋本部第六局局长，后任教京师大学堂师范馆；1920年，应留日同学、中国银行总裁冯耿光的邀请，担任该行总文书（相当于秘书长）。

1926年冬天，蒋介石驻扎的北伐军大本营南昌成了金融实业界“南北合流”的汇合点。蒋介石开口要100万元现金充作军费，吴震修同意由中国银行先借50万元，并答应“如果北伐军能够打到杭州，其余半数就可以借到”。金融界“南北合流”在先，军政界“宁汉合流”在后。得资本者得天下，北伐战争胜利。但当时中国银行的大佬冯耿光等人多受掣肘，不受蒋介石的待见。而吴震修却为蒋介石所罗致，自此涉足政界，被任命为上海市政府秘书长，甚至还一度代理上海市市长。

人生之路各有沉浮，甚至别开生面。但那些绞尽脑汁，一心想守住宝贵资产的人，却都像那些货币一样，或迟或早改变了成色。

“八一三”事变后，吴震修携妻儿避往上海法租界富民路的弟弟家里，在承受压力和郁闷中开始信佛，闭门不出。其实，吴震修也是共产党的统战对象，当时“银联”的地下党胡宣同一直与他保持着密切的联系。由此看来吴震修能够在风风雨雨中得以保持不倒之势，不知是得益于他能够各种政治势力通吃，还是得益于他一直保持文人的独立身份的个性。

章诒和在《伶人往事》一书中讲：

> 在梅兰芳身边有个智囊团，个个聪明，他们能进出梅兰芳的书房“缀玉轩”。这些人被称为“梅党”。“梅党”是干啥的？用现在的话来说，就是策划、包装、筹资，讨论剧本。能给梅兰芳说长道短、出主意、挑毛病的人，是什么人？自然是在那个时代有着深厚文化素养和审美经验的人，是大银行家、大实业家、大名士。[8]

吴震修与梅党成员合影

吴震修通新旧两学，学养深厚，诗文都好，因此，他成为梅兰芳的得意干将。《霸王别姬》是梅兰芳的经典剧目，久演不衰，这个戏就倾注了吴震修的大量心血。他还曾指导梅兰芳拍摄了多部戏剧电影。

作为中国保险公司赴外稽核的过福云，他是当时中国人民保险公司旗下最老的员工，也是新中国保险业聘用的民国时期的保险专家里级别最高的人。过福云从清朝末年就加入保险业，并在民国和新中国两个时代创建中国保险公司，从事保险职业70余年，见证了中国保险业跌宕起伏的70余年。他算得上新中国保险业绝无仅有的"三朝元老"。

保险专家姚达人在20世纪30年代撰文写道：

中国之有保险不过六十年，在此六十年中，始终从事于保险殚精竭虑而求其发扬光大者，除过福云先生之外，再没有第二人——我离开学校以后，正值中国保险公司开业，我加入了该公司工作，过先生便是该公司经理。因此，我对于保险之能略窥门径，多半拜过先生耳提面命之赐。而对于过先生的处世治业的精神，也借此获得深切的体认。论过先生之为人，诚实端方，固足为吾人之楷模；若论过先生六十年来对于保险业之贡献，则更足为后进示范。即以中国保险公司将近二十年来的发展来说，它可说是在过先生的怀里长大的，过先生对于该公司，保抱携提，犹如保姆之于孩提。当该公司创办之初，过先生清晨即至，日昃始退，每日办公达十二小时，辛劳倍至。[9]

中国保险公司总管理处从上海迁到北京后，考虑到过福云年事已高，在京生活也不适应，故将过福云留在上海办公。由于一些对外贸易的保险合同大部分要在北京签订，需要稽核签章生效，过福云的私章便留在北京。但当上海需要使用时，十分不便，过福云便萌发了再刻一枚私章的念头。

说起刻章，竟还有一段小插曲。那天，过福云亲自来到南京路上的一家刻章店，拿出盖有“过福云印”的便条，要求工作人员照此刻一枚同样的印章。工作人员仔细打量了一下，过福云虽不像个骗子，但因为当时正在搞“三反五反”运动，工作人员还

过福云

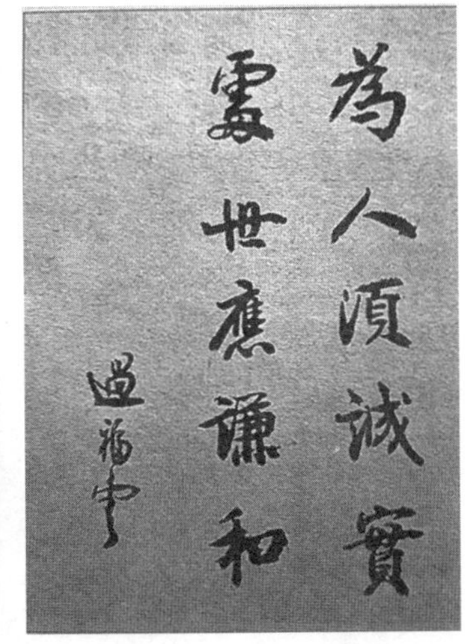

过福云的书法

是放心不下。他们一面接下印章，一面悄悄派人到店堂后面给派出所打电话报警。

一会儿，两位民警来到刻章店，见过福云安详地坐在店堂内的椅子上静静等候，便上前打招呼：老先生，自己来刻章呀！岁数这么大，还上班吗？过福云如实回答，得知是中国保险公司的工作人员，两位民警便悄然离去。随后，中国保险公司的同事气喘吁吁地跑来，见果真是过福云，说道：刻章这小事，您交给我们办就行了。过福云这时才知道，刻私章这么一件小事，居然惊动了公安部门。

过福云的办公室，位于上海外滩中国人民银行的十八楼。在那里，过福云经常凭窗远眺，看着黄浦江水滚滚东去、大浪淘沙的景象，他百感交集，回望自己的保险生涯，历经变化，气象万千，但眼前的一切，都在渐行渐远。

3. 太平保险公司的成立

1950 年，周作民回到上海金城银行总部，指导改造工作。金城、盐业、中南、大陆、联合 5 家银行实行公私合营，周作民任董事长，人民银行上海分行副行长、人保上海分公司总经理谢寿天任副董事长。

1952 年 12 月，全国 60 家合营银行和私营银行成立统一的公私合营银行，成立公私合营银行联合董事会，人民银行副行长、人保总经理胡景沄任董事长，周作民任副董事长。迁到北京西交民巷 108 号金城银行旧址办公。

与此同时，周作民又将他的资产美元证券 25 万美元，约值人民币 100 万元的金城银行股票，连同个人收藏的图书 5300 册，以及名人字画、碑帖、工艺品等珍贵文物 1045 件，全部捐献给国家。他的爱国热忱和爱国行动得到了国家文化部的褒奖。

1951 年 9 月，上海、天津 28 家私营保险公司合并组成太平、新丰两家保险公司，由中国人民保险公司投入一半以上资金，从此，太平保险公司开始走上国家资本主义道路。

公私合营太平保险公司由上海 12 家公司，即太平、安平、天一、太安丰、华商联合、福安、宝隆、建国、大丰、大信、裕民、杨子，以及天津 3 家公司，即大昌、中安、平安，共计 15 家公司组成。原太平保险公司的周作民任董事长，中国人保上海分公司

太平保险公司上海总部

的总经理谢寿天任副董事长，中国人保上海分公司副总经理林震峰任总经理，金瑞麒、李祖模为副总经理。周作民、谢寿天、林震峰、孙文敏、阎达寅、丁雪农、顾濂溪 7 人为常务董事。

公私合营新丰保险公司由上海 13 家私营保险公司合并而成。人保上海分公司总经理顾濂溪任总经理，周仰汶、李劲根任副总经理。

1955 年底，社会主义改造加快步伐，保险业的公私合营进一步推进，中国人民保险公司乘势力主将太平、新丰两家保险公司进一步合并为一个公司，成为中国人民保险公司直接领导下的专业性保险公司，停办国内业务，主营海外业务。新公司进一步发挥助手作用，加强对外业务的领导，分担促进国际贸易、吸收外汇资金的任务。人保上海分公司主持合并工作，提出合并方案。

对于合并后的公司名称，考虑太平保险公司在海外中国香港、新加坡、马来西亚、印度尼西亚等国家和地区设有分支机构，而新丰保险公司没有海外机构，因此决定保留太平保险公司名称。

新的太平保险公司总部设址于北京阜成门外天宁寺路（现在的月坛北小街 4 号）新建的中国人民保险公司办公大楼内。从现存的老照片可以看见，公司大楼的门口分别挂有三块木牌：中国人民保险公司、中国保险公司、太平保险公司。

太平、新丰两家保险公司完成合并，标志着中国保险业的社会主义改造的完成。太平保险公司与中国人民保险公司所属的中国保险公司、民安保险公司共同成为专营海外及香港地区保险业务的子公司。从此，中国人民保险公司一统天下，私营保险公司彻底退出了中国历史的舞台。

作为太平保险公司副总经理的金瑞麒也迁入北京，专司管理其海外分支机构，金瑞麒还参与举办了第一次海外保险公司经理会议。

1957 年，金瑞麒到上海出差，见到一些私营保险公司的旧部，他们纷纷向金瑞麒抱怨：是他把他们害苦了，当年政府许下的承诺，现在没有兑现。金瑞麒一时无言以对，只是答应回北京汇报。

此时，北京正在大鸣大放。人保老经理秦道夫曾对我说，金瑞麒当年是从上海赶到北京“鸣放”的。他以为是机会来了，但实际是厄运当头。

金瑞麒向领导反映了上海私营保险公司人士希望他向上级转达的意见：要落实公私合营政策、改进领导作风等问题。他的建

人保同仁在分别挂着中国人民保险公司、中国保险公司、太平保险公司三块牌子的办公楼前合影

中国人保同仁合影

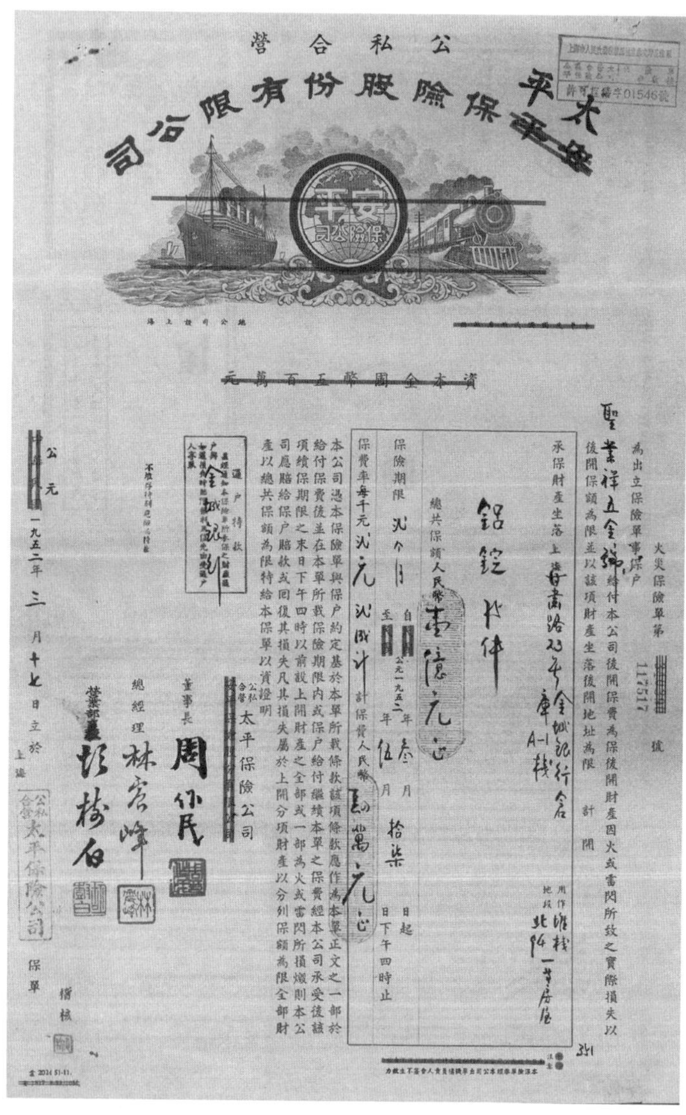

公私合營

太平保險股份有限公司

資本金圓幣五百萬元

火災保險單第 117517 號

為出立保險單事保戶 聚業祥五金號 給付本公司後開保費為保後開財產因火或雷閃所致之實際損失以後開保額為限並以該項財產坐落後開地址為限 計開

承保財產坐落上海 南京路 金城銀行倉庫 A-1棧

用作 堆棧

地段 北門 一等房屋

鋁錠 壹件

總共保額人民幣 壹億元正

保險期限 叁個月 自公元一九五二年叁月拾柒日起 至公元一九五二年伍月拾柒日下午四時止

保費率每千元 叁元 叁成計 計保費人民幣 壹萬元正

本公司憑本保險單與保戶約定基於本單所載條款該項條款應作為本單正文之一部於給付保費後並在本單所載保險期限內或保戶給付繼續本單之保費經本公司承受後該項續保期限之末日下午四時以前設上開財產之全部或一部為火或雷閃所損燬則本公司應賠給保戶賠款或回復其損失凡其損失屬於上開分項財產以分列保額為限全部財產以總共保額為限特給本保單以資證明

公私合營太平保險公司

董事長 周作民

總經理 林震峰

營業部 □ 胡樓白

公元一九五二年三月十七日立於上海

保單 稽核

讓戶特款

不准移动剧院場所特款

太平保险公司保险单

言不但没有被采纳，还换来了一顶右派的帽子。

金瑞麒的太平保险公司副总经理一职被免，本是 13 级的干部行政级别被降低，工资和住房待遇也被降低，夫人的进京调动也受到影响。作为最要面子的知识分子的金瑞麒自尊心受到极大伤害，从那以后，他走路再也没有抬起过头来。

“文化大革命”期间，已在中央财政金融学院工作的金瑞麒在劫难逃，本来谨小慎微的他，更是诚惶诚恐地生活着。备课引用的例句，他都逐条清晰地记录引自何处，以防出错被纠。由于书法好，他主动为别人抄写大字报，百般殷勤。但金瑞麒洁身自爱，恪守人格，绝对没有主动写大字报攻击过别人。

有一天，学院进驻的军代表拍着桌子对他说，有人举报他是潜伏的军统特务，说当年他三次去香港，是取活动经费去了。本就患有高血压、冠心病的他一下子胆战心惊，他多次否认，仍不断被威逼。金瑞麒回到家里，写下遗书，把家里存放的安眠药全吃了。最终，金瑞麒连骨灰都没有留存下来，他的衣冠冢里放着他生前使用过的眼镜、钢笔等物。

4. 香港民安保险公司的成立

1947 年，已近 30 岁的沈日昌，以民安产物保险公司上海分公司特派专员的身份，独自一人自上海一路南下，到香港考察第二次世界大战结束后的保险环境。

当时的香港经济萧条、百废待兴，目光独到的沈日昌敏锐地

金瑞麒

发现，香港地理位置优越，乃天赋优良海港，有发展重要航运枢纽的大好前景，保险业务潜力丰厚，于是，当年 3 月即开办了民安产物保险公司香港分公司。

创业初期，公司职工只有 2 名，经营条件异常艰苦。沈日昌虽然任副经理，但同时身兼工作人员、承保员、出单员、记账员等多职，事无巨细均亲力亲为，每天工作时间长达十几个小时。用广东话来说，沈日昌非同一般地“勤力”。

1949 年 9 月，民安产物保险公司及其香港分公司的股权结构发生变动，已筹建好的公司只好停办。

但沈日昌并不甘心，他紧急策划由内地和香港的保险、银行界人士另行筹集资金。用了不到一个月时间，原民安产物保险公司香港分公司便在香港注册改组为独立法人的香港民安保险有限公司（以下简称民安保险），注册资本为 100 万港元，实收资本为 50 万元，首任董事长为梁次鱼先生，石景彦先生任总经理，沈日昌先生任经理，并聘用原民安产物保险公司香港分公司职工接管有关的保险业务。民安保险成为中国在香港注册成立的第一家民族资本保险公司，也成为中国红色保险资本的摇篮。

当时香港仍处于英国的殖民统治之下，但为庆祝新中国的诞生和公司的同一天成立，怀着拳拳赤子心的沈日昌与同事们就在租用的华人行办公室里，挂出了鲜艳的五星红旗。他们为新中国的成立欢呼，为民安保险的开业志庆。从此，香港民安保险公司在香港的悠长历史正式展开。

1949 年 10 月 1 日成立的民安保险，比中国人民保险公司的成立还早 20 天。中国人民保险公司成立后，民安保险就成为第一家

1979 年 9 月 27 日，香港民安保险有限公司成立 30 周年全体职工合影

年全體職工合影留念
一九七九年九月廿七日
原真攝
公司

在中国人保旗帜下的子公司。

民安保险成立后，公司共5位工作人员，沈日昌任经理。由于资金和人员匮乏，为打开公司经营发展局面，沈日昌积极活跃于香港保险业，经常参加华商保险公会同业活动，团结华商同业共同培育民族保险事业。

新中国成立初期，因大量进口物资需经香港转口，公司坚持积极而谨慎的发展理念，及时把握商机，大力发展货运险、火险和相关意外险业务，为国家外贸服务。即使在20世纪50年代西方对香港实行禁运期间，公司的货运保费收入依然保持增长。同时，沈日昌领导公司充分运用香港的中西合璧优势，一方面担任中国人民保险公司的货运险香港理赔代理人，另一方面代理英国著名保险公司法通保险公司业务。在沈日昌的带领下，大家呕心沥血，辛勤付出与耕耘，公司的业务逐步走上正轨。

在中国人民保险公司的领导和支持下，中国保险公司、太平保险公司和香港民安保险公司的业务在1949年后有了很大发展。在为进出口贸易服务、为当地华侨服务的业务方针指导下，上述3个公司在香港及海外的分支机构认真办理各项保险业务，并严格遵守当地政府法令和当地保险公会的各项规章，积极增加为当地华侨服务的保险业务种类，对保障当地华侨及促进当地工商业的发展起了一定的作用。

1953年，中国人民保险公司派华东区公司副经理孙文敏担任民安保险董事长，沈日昌任总经理。后来董事长几经变动，由乔彬、苑骅、于葆忠担任，但总经理沈日昌一直没有变动。

香港和海外的保险业务，在中国人民银行总行的统一领导下，

1965 年，中国人民保险公司旗下的太平保险公司员工举行国庆庆祝活动

逐步纳入了国家统一管理的轨道。海外保险业务在政治形势十分复杂的情况下获得了稳步发展。为了支援国内建设，海外各地保险机构积极设法筹集资金汇回国内。自新中国成立至 1953 年 11 月，仅中国保险公司从海外调回的资金便有 680 多万港元，为国民经济恢复作出了贡献。

为了配合祖国贸易需要，在香港的中国保险、太平保险、民安保险为客户办理转单手续，并为国内的转口商品提供保险方面的方便。此外，香港和新马地区机构还代理国内出口商品保险的查勘理赔工作。

海外保险业务在为华侨服务、为国家对外贸易服务、为国家建设积累资金和争取长期存在的方针指导下，也得到了很大的发

1964 年 6 月 28 日，周恩来接见海外银行、保险公司经理会议代表合影

展。当时中国保险公司和太平保险公司在中国香港、新加坡、马来西亚和印度尼西亚都设有分支机构。截至1960年，这些机构汇入国内的资金合计为90854万美元，有力地支援了国内社会主义建设事业。

第十章

建章立业

1. 书写“中国人民保险公司”

2007 年 6 月 26 日，中国人保在北京饭店金色大厅隆重举行复名揭牌仪式。秦道夫等老保险首次获得人保工作 25 年以上纪念奖章。秦道夫在台上发表感言时，手里拿着一张人保 50 年代的老保单。他动情地说：看着这张老保单，仿佛又回到了创建人保的峥嵘岁月，“中国人民保险公司”这块金字招牌上的几个字，是当年的财险室主任薛志章写的。

这是我第一次听说人保标识字体的书写作者，之前许多人以为是人民银行的人写的呢。

1947 年 12 月 2 日，董必武将晋察冀边区政府财政处处长南汉宸考察山东地区有关发行统一货币需求的汇报、晋察冀银行何松亭建议拟定“中国人民银行”名称的报告，送到毛泽东在延安的窑洞里，毛泽东当即同意筹建的中央银行采用“中国人民银行”这一名称。

作为筹建处主任的南汉宸，为了做好人民币的发行印制，亲自到西柏坡请董必武书写了楷书“中国人民银行”行名。1948 年 12 月 1 日，第一套人民币正式发行，中国人民银行标准字第一次

1949 年 10 月，中国人民银行第三印刷局人员合影

中國人民銀行第三印刷局

亮相。1952年，在筹划发行第二套人民币时，南汉宸找到人民银行经济研究室的山西人马文蔚重新书写了行名。

中国人保司名标准字是中国人保总经理胡景澐，邀请公司财险部的薛志章书写的隶书体。中国人保的标准字和人民银行的标准字极其相似，丰润、典雅、和谐且刚柔并济。

作为品牌标准字，这几个字被印在中国人保所开发的第一代保单上。至今，中国人保虽经历次变革，但标准字一直沿袭隶书字体，并成为百年老店文化内涵的体现。

前几天，公司有员工在甘南夏河开展扶贫工作，还见到保留下来的人保80年代门店的装饰，铁制门楣上的字体还是薛志章当年书写的字体。我建议他们有机会送到北京，放在人保博物馆里珍藏。

董必武书中国人民银行名

郭沫若书中国银行名

第一套人民币

第二套人民币

薛志章从小深受江南耕读文化的浸染，善于书法，精于金石篆刻，造诣很深。1949 年 12 月 21 日，在斯大林 70 大寿典礼上，在毛泽东所带的贺礼中，就有一方由薛志章所刻的精美印章。

薛志章的古琴、二胡造诣也很深。他早年加入张伯驹、管平

薛志章

湖、吴景略、王世襄、溥雪斋、查阜西、汪孟舒、杨葆元、郑珉中等人倡议成立的北平琴学社。后来受周恩来邀请，薛志章曾到中南海为毛泽东、朱德、陈毅等演奏古琴。据薛志章女儿介绍，当年，她随父亲去过古琴大师查阜西老先生家，父亲离开北京时，先后把家里的九张古琴全部赠送给了查老和古琴协会，那些古琴在今天可是价值连城的宝贝。

1931 年，薛志章由宋汉章董事长亲自录取，在中国保险公司任职，很快就成为上海滩保险业的翘楚。

1949 年 5 月，薛志章婉拒了宋汉章撤离上海到香港创业的邀请，他坚持留在上海，配合共产党的接收。

1949 年 8 月，经陆自成举荐，薛志章来到北京参加筹办中国人民保险公司，成为新中国保险业的奠基人之一。

在人保成立初期，薛志章是财险室第一任主任，他还同时任国内业务处、国外业务处、防灾理赔处 3 个处的处长，可见他当时在公司的地位举足轻重，为公司发展发挥着主力军的作用。

1957 年，在“整风”运动中，薛志章被打成了右派，工资降为 16 级科员。随后，薛志章被分配到福建矿务局做财务工作。直到 1979 年，薛志章被平反昭雪，退休待遇改为离休待遇。

薛志章长眠在北京长城脚下的人民公墓。他书写的“中国人民保险公司”这几个字，得到了比其生命更长久的传承。

中国人保创建不久，标识与标准字几乎是同时诞生的。人保公司的第一代标识，很快得到广泛应用。标识的设计者是人保员工何镜涵，他后来成为中国著名的楼阁山水画家。

在那个时期的保单及人保员工佩戴徽章的老照片上可以看出，

何镜涵

中國人民保險公司

人保标识

人保标识墨稿

人保徽章

在那个时代，标识的运用还是很普遍、很规范的，这在中国早期的经济建设粗犷发展时期，是并不多见的现象。原因可能一是中国人保那时毕竟是中央一级机构，工作效率、层次较高；二是人保干部大多是从上海外国保险公司转过来的，保留了西方经营中的品牌意识与习惯，具有较高的文化素质。

第一代标识充满了强烈的时代特色和浓厚的政治色彩。新中国成立初期标识的设计，深受国徽、政协徽志及前苏联文化等影响，形象元素构成为麦穗、齿轮、五星、绸带，代表中国工农大众的主体，而徽标中的中国地图图形又深刻反映了“中国人民保险”这一品牌的具体形象。

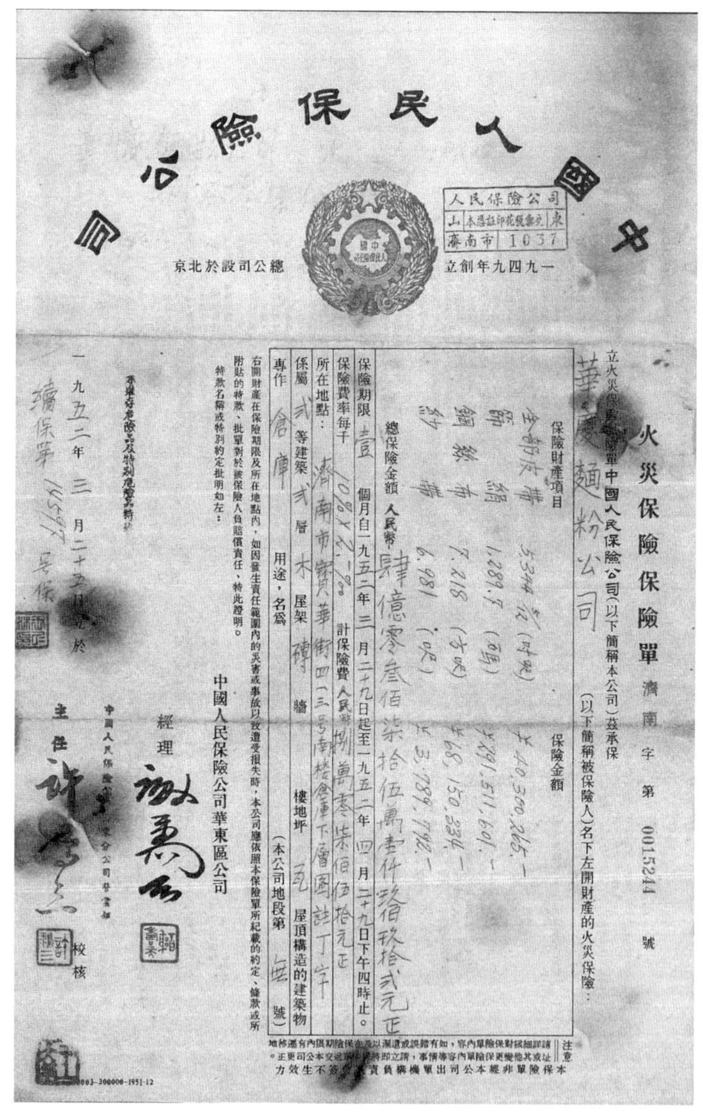
中國人民保險公司

一九四九年創立　總公司設於北京

人民保險公司　山東　本憑証印花稅已交　濟南市 1037

火災保險保險單　濟南字第 0015244 號

立火災保險保險單中國人民保險公司（以下簡稱本公司）茲承保
華慶麵粉公司（以下簡稱被保險人）名下左開財產的火災保險：

保險財產項目		保險金額
全部存麥	5,344	¥40,300,265.—
麵粉	1,289.5（碼）	¥791,511,601.—
鋼絲布	7.218	¥68,150,334.—
紗布	6.981（呎）	¥3,789,792.—

總保險金額 人民幣 肆億零叁佰柒拾伍萬壹仟玖佰玖拾貳元正

保險期限 壹 個月自一九五二年三月二十九日起至一九五二年四月二十九日下午四時止。

保險費率每千　計保險費 人民幣 捌萬叁柒佰伍拾元正

所在地點：濟南市寶華街四（三）號南樓倉庫下層

係屬 貳 等建築 貳 層 木 屋架 磚 牆 樓地坪 瓦 屋頂構造的建築物

專作 倉庫 用途，名爲 （本公司地段第 無 號）

右開財產在保險期限及所在地點內，如因發生責任範圍內的災害或事故以致遭受損失時，本公司應依照本保險單所紀載的約定、條款或所附貼的特款、批單對於被保險人負賠償責任，特此證明。

特款名稱或特別約定批明如左：

中國人民保險公司華東區公司

經理

一九五二年三月二十九日立於

續保第 14597 號

中國人民保險公司濟南分公司營業部

主任

校核

注意：本保險單非經本公司出單機構負責人簽字不發生效力……

003-300000-1951-12

人保保单

人保开业手册

人保保险业务条例办法

地图并排有中国人民保险公司的繁体字，标识颜色为红色。整个标识丰厚饱满，复杂而又不易制作，象征意义全面具体。

第一代标识在此后的很长一段时间几乎被人们遗忘，1999 年，在开展庆祝中国人保成立 50 周年的活动中，才又被重新发现。在由《中国保险》杂志策划编纂的纪念画册中，它与后期的三个标识反映了演变过程，这也是中国人保第一次整体推介、展示自己的全部标识。

1950 年，中国人保就提出了自己的文化理念："保护国家财产，保障生产安全，促进物资交流，增进人民福利。"

1949 年 10 月后，中国进入从新民主主义社会向社会主义社会过渡的历史时期。巩固新生政权，恢复国民经济，成为新中国成立头三年时间里首要的艰巨任务。中国人民保险公司就是在这种大规模经济建设需求的基础上孕育而生。

1949 年 9 月 25 日，由中国人民银行总行组织的第一次全国保险会议在北京举行。会议确定中国人民保险公司是新民主主义经济建设下的国家金融机构的一部分，属于国营企业。工作的基本方针是为生产服务。主要任务有以下三项。

（1）保障生产安全，扶助贸易发展，促进城乡物资交流；（2）提高劳动人民的福利；（3）保护国家财产。[1]

也正是在此基础上，经过加工整理，形成了中国人保最早的文化理念内容。中国人保从一开始就肩负着重大使命，充满着时代特色，展现出国有大公司的企业形象。中国人保从一诞生起，便发挥着保险保障社会经济、促进生产发展的独特功能，以有效克服当时经济和民生方面的种种时弊和困境。

虽然还不能说“保护国家财产，保障生产安全，促进物资交流，增进人民福利”是一条规范意义上的企业文化理念，但它还是忠实地体现出企业经营的职能与服务国家和人民的道义相结合的特色，兼顾了人民和国家、生产和经济各方面。

它的语句也有着时代特色，语言烦琐，追求对仗，上下句字数统一。为补偿当时人们的薄弱的保险意识，特意将“保险”一词，转换为“保障”和“保护”。

标准字、标识、文化理念，共同构成了中国人保初期的品牌文化形象。

2.《组织条例》和排兵布阵

在第一次全国保险工作会议上，通过了《中国人民保险公司条例草案》《中国人民保险公司组织规程草案》，中国人民保险公司和各区公司按此条例和规程进行了组建。后来人民银行总行将两个文件合并成《中国人民保险公司组织条例草案》。

1949年12月30日，政务院财经委核准批复：

总管字第十六号呈与保险公司组织草案均悉。目前政务院各部、委行署之组织结构，均未正式批准。因之中国人民保险公司之组织条例，亦准予暂时试行，在试行过程中，有何问题，应研究改进，施行一个时期，再呈报批准。[2]

财经委主任陈云，副主任薄一波、马寅初分别在批示上署名。1950 年 1 月 4 日，中国人保正式颁布了《中国人民保险公司组织条例草案》。这一草案勾勒出中国人保最初的体制架构。

关于工作方针，最初的提法是“为发展生产繁荣经济并执行新民主主义保险政策，特设立中国人民保险公司，依本条例之规定经营各种保险业务并领导与监督全国保险业”，后来随着情况变化，改为“为发展生产繁荣经济，保护国家及社会财产，保障劳动人民之福利，特设立中国人民保险公司，经营各种保险业务”。按照前一提法，中国人民保险公司不仅是一个经营各种保险业务的经济实体，而且是兼有领导与监督全国保险业职能的行政管理机构。所以，开业时总公司和各区公司均设有监理室和监理科。1950 年 1 月下旬起，保险监理业务改由中国人民银行金融管理部门处理，中国人民保险公司所属的监理部门相继撤销，从而实现了向完全的金融企业过渡的转变。

关于公司资本，第一次全国保险工作会议议定为 200 亿元，1949 年 11 月 3 日由人民银行总行批准为 300 亿元。为适应公私企业财产保险的需要，到 1949 年 12 月 1 日又上报政务院财经委，要求增资为600亿元，这个要求得到批准后，1950年《中国人民保险公司组织条例草案》中正式确立公司资本为600亿元，并以所有全部财产对其业务及债务负责。

根据第一次全国保险工作会议拟定的公司组织规程草案，中国人民保险公司基本的机构设置为：总公司机构分“四室一会”，“四室”即秘书室、业务室、会计室、监理室，“一会”为设计委员会；各级区公司设秘书、业务、会计、监理、研究5个科室。随着业务的发展，机构设置也相应变化，1950年《组织条例》正式确定：中国人民保险公司总公司机构为10室，即秘书室、人事室、检查室、财产保险室、人身保险室、农业保险室、国外业务室、理赔室、会计室、设计室；区公司机构则改为8科，即秘书科、人事科、检查科、财产保险科、人身保险科、农业保险科、会计科、研究科；其他分支机构也做了相应调整。

中国人保最初的机构设置及负责人为：秘书室主任阎达寅，人事室副主任曲荷，检查室主任程仁杰，财险室主任薛志章，人身险室主任陶声汉，会计室主任李晴斋，设计室主任郭雨东，设计委员蔡致通，营业部主任郑揖庄。

当时总部人员平均年龄为41岁，那时的工资以小米折实。人保总公司人事室1950年3月4日制作的“中国人民保险总公司三月份名册表”记载了当时人保全体员工的薪酬状况：

副经理孙继武为最高一级，月薪860斤小米（总经理因由人民银行副行长胡景澐兼任，其工资在人民银行发放）。

正主任一级月薪在700斤小米上下，如秘书室主任阎达寅720斤，检查室主任程仁杰640斤，财险室主任薛志章750斤，人身险室主任陶声汉750斤，设计室主任郭雨东及设计委员蔡致通同为750斤，会计室主任李晴斋640斤（原主任为林正荣，750斤），营业部主任郑揖庄620斤。副主任一级月薪为500多斤小米，如人事室副主任曲荷540斤，秘书赵济年510斤。科级干部月薪约400斤小米。普通干部一般月薪为300多斤。警卫、通讯员、锅炉工、厨师月薪200斤上下。实习生月薪140斤。[3]

从上述情况看，当时总公司的薪酬水平比地方略高。据记载，同期湖南省政府厅级干部月薪400~450斤小米，处级350~400斤小米，办事员200~250斤小米。

关于资金运用，第一次全国保险工作会议通过的公司《组织条例》对于资金运用有明确规定：中国人民保险公司资金，交由中国人民银行保本运用之。

关于税赋和纯益分配问题，第一次全国保险工作会议通过的条例没有作出规定。1950年《组织条例》中分别在第五条与第四十九条中明确规定："中国人民保险公司为迅速积累资金，加强保障力量，得免缴中央及地方一切捐税，其所给付被保险人之赔款或保险金免缴所得税或遗产税。""中国人民保险公司每届决算，除应提各种保险责任准备金外，其纯益应按左（下）列比例分配之：一、公积金百分之五十。二、特别准备金百分之二十。三、提交中国人民银行百分之三十。”

上述关于税负和纯益分配的规定，充分反映了中国人民银行总行和中央人民政府财经委员会对保险事业的支持和爱护。新中国成立初期，中国人民保险公司的实力不断壮大，信誉空前提高，与政府采取的合乎保险规律的政策是分不开的。

中国人民保险公司成立以后，依靠人民政府的有力支持，迅速在全国建立起广泛的分支机构。先后成立了华东、华中、西北、西南、华北 5 个区公司以及天津分公司，又协助原东北保险公司改组为东北区公司。

华东区公司：经理谢寿天；副经理林震峰、孙文敏；专门委员过福云、孙广志。

东北区公司：经理罗高元。

西南区公司：经理郑辰西；副经理陆自诚。

中南区公司：经理何幼琦；副经理牛牧野、钱家泰。

西北区公司：经理王慈。

华北区公司为总公司直辖区，总公司财险室设华北业务科负责管理，科长许树华；副科长孙辅基。

北京分公司：由总公司营业部改组成立。营业部主任郑揖庄任经理，原营业部副主任周庆麟任副经理。

天津分公司：经理赵步崇；副经理王佩璋、龚作霖。

绥远分公司：经理张光；副经理吴彩、李铁军。

河北分公司：经理刘秀实；副经理冯国俊。

察哈尔分公司：经理杨泽生。

平原分公司：经理薛际春；副经理杨自卫。

山西分公司：经理李进军；副经理巩文义。

各大区公司成立后，注重加强机构和队伍建设，一方面通过中国人民银行各地分支机构广泛开展保险代理业务，另一方面在有条件的省、市、县建立人民保险公司的下属分支机构。

从1949年10月总公司成立到1950年6月，中国人民保险公司建立各级机构共73个，包括5个大区公司、31个省分公司、8个支公司、25个办事处、4个营业部及派驻所。

中国人民保险公司机构分布之广、业务覆盖范围之大，前所未有，一举改变了过去保险集中在上海、天津、汉口等少数大城市的畸形现象，为在全国范围内开展保险业务、在更广泛的范围内分散风险创造了条件。

人保天津分公司开业，公司人员合影

人保河南分公司开业

人保成立初期，人手非常紧张，总部再次向上海调入保险专家。经谢寿天、郭雨东推荐，李晴斋调入北京总部。其实，郭雨东和李晴斋属于连襟的关系。1950 年 2 月，李晴斋任人保公司设计室委员。随后，李晴斋被任命为人保公司财会室主任。

从 1949 年 10 月 20 日至年底，中国人民保险公司账面盈余纯益为 16901651 万元，扣除资金 600 亿元，折实保本升值数 16695492 万元，实际纯益为 206159 万元，按《公司条例》第四十九条规定，纯益的 30% 上缴中国人民银行，计上缴 61848 万元，较好地发挥了保险提供风险补偿和增加财政积累的作用。

3.《保险法》试水

1949 年 10 月 25 日，中国人民银行总行组织成立了法规编审委员会，开展对有关金融法规的制定和研究工作。委员会内分 7 个小组，其中保险法规小组由中国人民保险公司组织开展工作，负责草拟制定新的保险法和保险业务章程，这是新中国首次对保险法进行的探索实践，薛志章任法制条款组组长。

考虑到中国设立保险学系的唯一大学是国立上海商学院，国内私营保险公司及保险专家又多集中在上海，中国人民保险公司指示华东区公司负责组织法规研究委员会，草拟保险法草案。

1949 年 11 月 26 日，华东区公司按照北京总部指示召开保险法规研究会，会上产生了保险法和保险业法两个研究小组，由与会的人任选一组参加。

1952 年，人保湖南分公司员工合影

参加保险法小组的有魏文达等共计15人。保险法小组推定陆自诚、王效文、龚汇百、刘焕文、叶志修5人负责起草，其间孙广志、魏文达分别草拟了火灾保险部分和海上保险部分的初稿，经过数次讨论修改，最后由王效文统稿定稿。

参加保险业法小组的有施哲明、王伯衡、陶听轩等16人，该小组推定关可贵、潘华典、金瑞麒、毛啸岑、王伯衡、施哲明6人负责起草，关可贵执笔。

当时拟定保险法的基本精神是：保险法是保险人与被保险人之间由于订立保险契约而发生权利和义务的法规，根据人民政府保护人民财产、减少国家财富损失的号召，新保险法应强调保险人对被保险人的防灾设施有指导与检查的权利，同时被保险人对保险人的指导与检查有遵守的义务。

拟定的保险法主要内容是：（一）总则（包括定义、标的和当事人）；（二）被保险人利益；（三）保险契约；（四）特约条款；（五）保险人之责任；（六）保险费；（七）保险金额（包括超额保险、全部保险、部分保险、复保险等问题）；（八）再保险；（九）时效；（十）损失保险；（十一）人身保险。

保险业法小组的基本精神是：一方面，要根据新民主主义保护民族工商业的原则，对私营保险业加以扶助监督和改造，以摆脱外国的垄断；另一方面，把不利于国计民生的经营方式彻底改变过来，使保险业在政府领导下走上正轨，全心全意为人民服务。

该小组将保险业管理办法改为保险业管理条例。主要内容是：（一）保险业之分类（包括保险公司、保险合作社、保险经纪人、保险代理人、保险公证人等）；（二）各种保险业设立、登记、领照

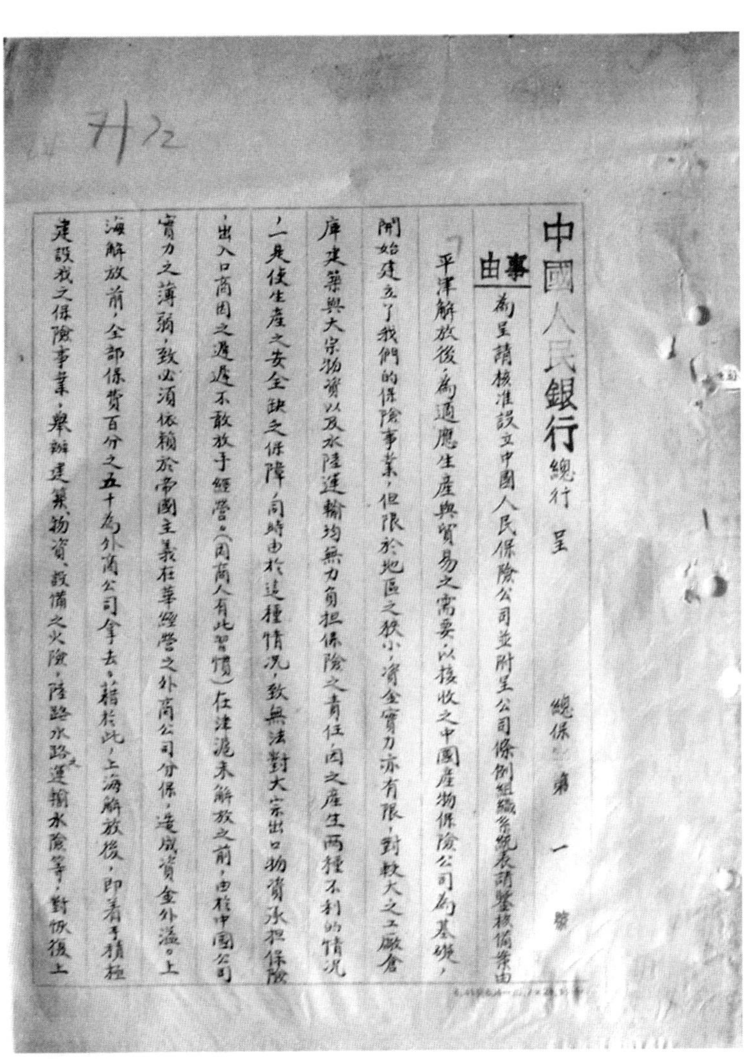

中國人民銀行總行　呈　　總保字第　一　號

事由　為呈請核准設立中國人民保險公司並附呈公司條例組織系統表請鑒核備案由

平津解放後，為適應生產與貿易之需要，以接收之中國產物保險公司為基礎，
開始建立了我們的保險事業，但限於地區之狹小，資金實力亦有限，對較大之工廠倉
庫建築與大宗物資以及水陸運輸均無力負担保險之責任，因之產生兩種不利的情況
，一是使生產之安全缺乏保障，同時由於這種情況，致無法對大宗出口物資承担保險
，出入口商因之逡巡不敢放手經營。（因商人有此習慣）在津滬未解放之前，由於中國公司
實力之薄弱，致必須依賴於帝國主義在華經營之外商公司分保，造成資金外溢。上
海解放前，全部保費百分之五十為外商公司拿去，鑑於此，上海解放後，即着手積極
建設我之保險事業，舉辦建築物資、設備之火險，陸路水路運輸水險等，對恢復上

组织条例手稿

中國人民保險公司組織條例（草案）

第一章 總則

第一條 為發展生產繁榮經濟，保護勞動人民之福利，保護國家財產，發展新民主主義的保險事業，特設立中國人民保險公司，依本條例之規定經營各項保險業務，並負責領導與監督全國保險事業。

第二條 中國人民保險公司總公司及各地區分支機構，在全國統一之保險業務，由中國人民銀行直接領導。

第三條 中國人民保險公司資本定為人民幣叁百億元

第四條 中國人民保險公司總公司設於北京

第五條 中國人民保險公司各區公司設於中國人民銀行各區行所在地，東北區公司設於東北銀行總行所在地。

第六條 中國人民保險公司得在國內各省及特別市設立分公司，各縣及省轄市設立支公司。

第七條 中國人民保險公司得因業務上之需要，在國內外酌設辦事處，或以下[illegible]或委託代理處，辦理保險業務。

第八條 中國人民保險公司為迅速累積資金，加強保險力量，並免除中央及地方之一切捐稅，其所繳付於

组织条例手稿

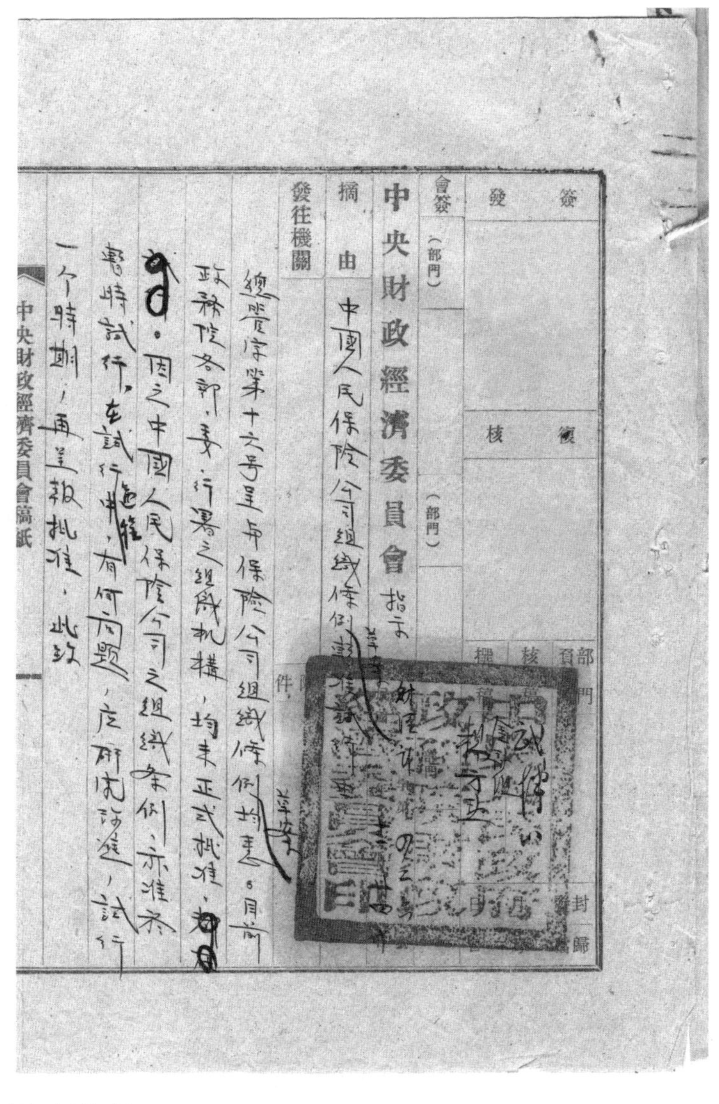

中央財政經濟委員會 指示

摘由：中國人民保險公司組織條例草案

發往機關

總管字第十六号呈與保險公司組織條例均悉。目前政務院各部、委、行、署之組織機構，均未正式批准，暫時試行。因之中國人民保險公司之組織條例，亦准於暫時試行，在試行期間，有何問題，應研究修改，試行一个時期，再呈報批准。此致

中央財政經濟委員會稿紙

组织条例汇报

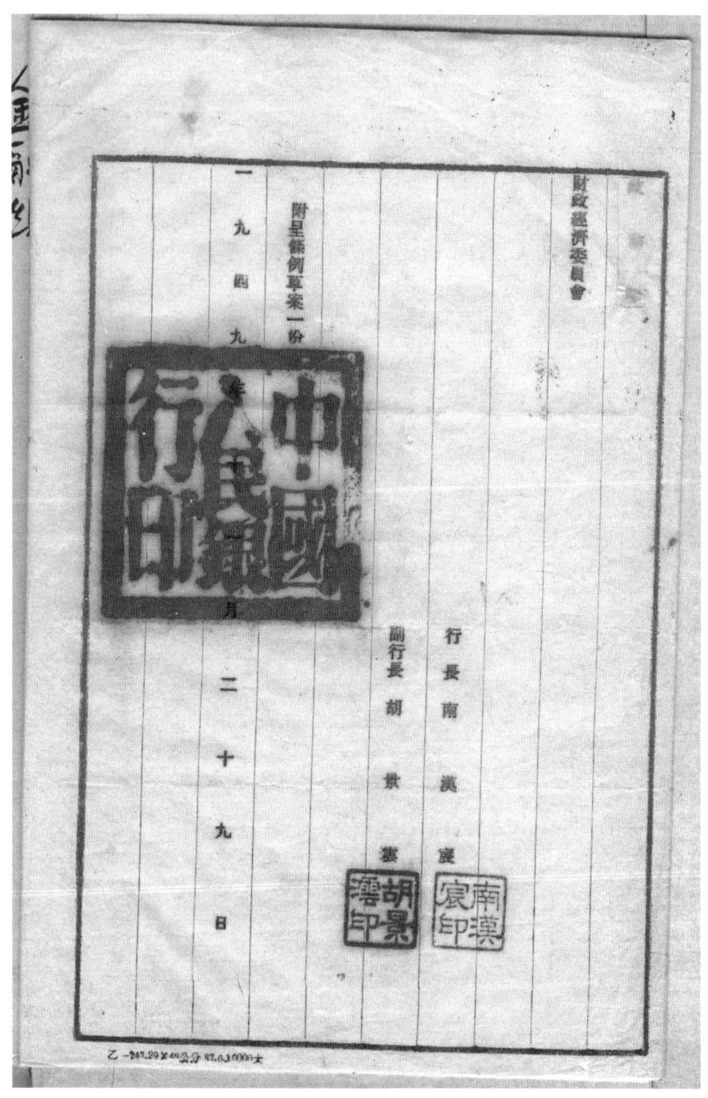
財政經濟委員會

行長 南漢宸

副行長 胡景澐

附呈條例草案一份

一九四九年十一月二十九日

南汉宸、胡景澐签发组织条例汇报

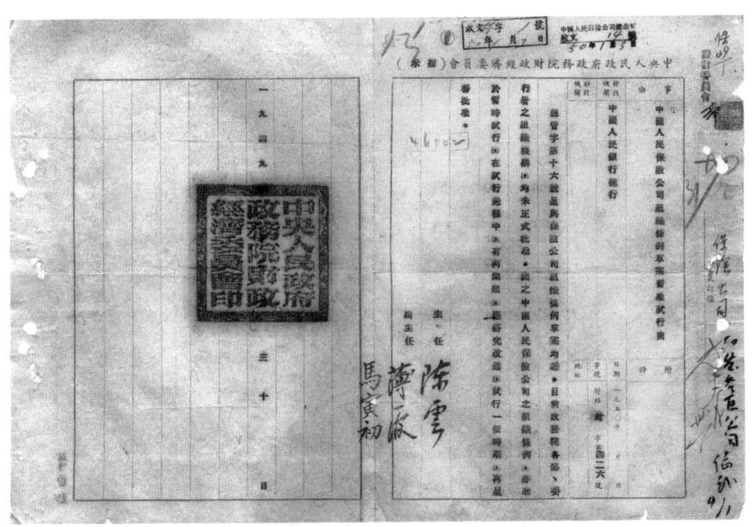
中央人民政府政務院財政經濟委員會（指示）

事由：中國人民保險公司組織條例草案暫准試行由

受文機關：中國人民銀行總行

總管字第十六號呈與保險公司組織條例草案均悉。目前政務院各部、委、行署之組織條例，均未正式批准，因之中國人民保險公司之組織條例，亦祇於暫時試行，在試行過程中，有何問題，經研究改進，試行一個時期，再呈請批准。

主任　陳雲

副主任　薄一波　馬寅初

中央人民政府政務院財政經濟委員會印

陈云、薄一波、马寅初对组织条例的批示

手续；（三）保险公司与保险合作社（限于农业保险）之最低资本或基金；（四）保险公司应缴之保证金；（五）保险业资金运用之范围；（六）保险业对主管机关之报告制度；（七）保险业应遵守之事项及罚则；（八）保险业自留额之登记及溢额之处理；（九）外商保险业之管理；（十）保险业之停办清理手续。

1950 年 3 月 3 日，保险法草案及保险业条例经研究会全体讨论通过后上报。新的保险法草拟以旧保险法为蓝本，剔除了其中不合理部分，对外国的保险法规根据我国实际情况合理吸收，但不照搬抄袭，其中参照了不少苏联的保险法。

可是，由于计划经济思想的主导，法制观念的淡薄，保险法并没有实施颁布，被长期地搁置起来。而由于私营保险业改组进

1995 年保险法写作组在美国

行得很快，保险经纪人、公证人业务逐渐减少，保险业管理条例也没有对外公布，只是成为了保险业管理政策的参考。所有这些，只是成为新中国保险法出台的最早探索。直到 1995 年，新中国第一部《保险法》才正式公布和实施。

第十一章

重打鼓　另开张

1. 苏联老大哥传授的强制保险

2018年11月16日上午，随着鸣锣开市，中国人民保险集团公司正式登陆A股市场，实现了自身A+H股上市的夙愿，成为第五家A+H股上市保险公司。

中国人保当场赠予的上市纪念品给人留下深刻印象，它不是流于俗套的工艺品，而是一张老保单的苏绣复制品，很有企业文化内涵。

该纪念品图形内容为中国人保目前发现的留存最早的保险单。中国人保成立于1949年10月20日，该保单签发时间为1949年11月15日，可见签发时间距中国人保成立时间不足1个月。由于当时中国人保还没有研发印制出自己的保险单，就在民国时期的太平洋保险公司的旧保险单上加贴上“中国人民保险公司”的纸条，时间由“民国”加盖改为“公历”，历史遗迹清晰可辨。

该保单是轮船运输保险单，被保险人荣兴号是武汉的一家木器作坊，保险货物为机花，也叫花几。花几又称花架，是古代室内陈设中专门用于陈设花卉盆景的一种家具。保险金额为2100万元（旧币），保险费为67200元（旧币）。运输船为民生公司的2号游艇，线路为汉口沿长江到上海。保险公司为中国人保华中区公司，有副总经理钱家泰的手迹签名和名章加盖。

此保险单历史意义巨大，意味着中国人民保险作为共和国保险业的“长子”，在成立之初就使用加盖保险单开始了保险业务，业务范围非常广泛。

1950 年 9 月，中国人民保险公司依据苏联办保险的经验向中央人民政府提出了实行强制保险的建议。当时大家认为苏联保险发达的原因，就是推行国家强制保险政策，使保险开展普遍而又深入。

1950 年 11 月 30 日，中国人民银行总行邀集中央财经系统各部委召开会议，讨论强制保险的问题，使强制保险工作首先得到财经系统的理解和支持。中国人民保险公司总经理胡景澐在会议上作了《实行强制保险的重要意义》的报告。

苏北区公司经理李继明曾在回忆录中说：

那时的保险工作可以说是既难做，又好做。说它难做，是因为当时新中国成立不久，大多数地方的人们在旧社会没有形成保险习惯，所以动员人们参加保险需要做很多宣传动员工作。大家风里来、雨里去，与工人、农民同吃、同住、同劳动，到田间地头、工矿车间宣传保险。大家想的就是为人民服务，绝没有用公家的钱吃吃喝喝的事。说它好做，是因为那时做保险，讲求依靠党政结合中心工作来开展业务，只要得到党政领导的支持，红头文件发下去，业务就上来了。怎样才能取得支持呢？就是多请示、多汇报，要口勤脚勤。在苏北的时候，党政领导的工作非常忙，为了能向领导请示汇报工作，他们有时候为见个面，要等好几天。[1]

1951 年 2 月 3 日，政务院发布的《关于实行国家机关、国营企业、合作社财产强制保险及旅客强制保险的决定》规定："国家机关、国营企业及合作社因保险而支出之费用，准予编入预算报销，或列入成本计算。"同时，"指定中国人民保险公司为办理强制保险的法定机关"。同年 4 月 24 日，政务院财政经济委员会发布《关于颁布财产强制保险等条例的命令》，对中国人民保险公司拟定的《财产强制保险条例》《船舶强制保险条例》《铁路车辆强制保险条例》《轮船旅客意外伤害强制保险条例》《铁路旅客意外伤害强制保险条例》《飞机旅客意外伤害强制保险条例》，核定准予公布施行。这些条例发布后，中国人民保险公司各地分支机构迅速行动起来，在中国人民银行总行的领导和部署下开始有计划有步骤地开展强制保险。

政务院命令下达以后，中国人民银行总行又多次下达指示和规定，要求各级行处代保险公司收缴强制保险保费及滞纳金；对当地保险公司推行强制保险业务，应尽量予以协助；对于国家机关、国营企业及县以上供销合作社的有关财产，如不涉及国家机密，均可由该单位提供材料，由保险公司派员前往协助办理投保。

同时，总行还要求各地行处，凡中国人民保险公司尚未设立机构的地方，均由中国人民银行成立特约代理处办理保险。

强制保险是一项新的工作，为了加强领导，总公司专门成立了强制保险小组，主动与在京中央行政机关、国营企业的主管部门及合作总社联系，促请将此令分别依照垂直系统从速转发所属机构，以便及早办理投保手续。

在推行强制保险工作中，公司确定了“重点掌握、全面推行”的原则，即分别给予支公司5000万元、分公司1亿元、区公司10亿元的强制保险赔偿核定权，如超过核定数额时，应上报核定。

此时，宣传和思想发动工作显得十分重要，保险公司通过各种渠道和方式向全社会宣传解释强制保险的意义和具体规定。作为保险公司的第一支笔杆子，阎达寅积极撰写宣传材料，联系渠道发表。1951年2月13日，《人民日报》发表《必须实行强制保险》的社论，对强制保险推广进行了舆论主导。这篇社论的初稿就是由阎达寅撰写的。这是中国人保第一次在《人民日报》上发表社论，可见当时人保公司宣传力度之大。在20世纪80年代以后，人保公司依然延续在党报宣传的传统，只是再发表社论就不容易了，即便发表一些软文也要缴费了。

总公司要求强制保险要善于抓试点、抓典型，以点带面。其中，东北区公司强制保险工作做得比较出色。东北区公司深入了解各单位对于执行强制保险的意见与困难，经过分析研究，归纳为财产估价、保密、投保范围、公产和房产的保费负担等几方面问题，并拟定出相应的具体处理方案。

1951年2月，东北银行邀请东北区级和沈阳市府各有关局、

人民日報

漢江南岸敵傷亡慘重
我軍士氣旺盛準備全線反攻

金日成將軍答新華社記者問
深信加強與中蘇兩國人民的團結
就能夠把任何侵略勢力驅逐出去

周總理明日演說

全國各大城市中蘇友好協會
籌備慶祝中蘇同盟一週年

中央人民政府政務院
關於實行國家機關、國營企業、合作社
財產強制保險及旅客強制保險的決定

南京等五大城市人民遊行示威
堅決反對美國重新武裝日本

社論
必須實行強制保險

史沫特萊骨灰運京

記燕京大學的大喜事

1951 年 2 月 13 日，《人民日报》发表了《必须实行强制保险》的社论

中國人民保險公司

財產強制保險固定財產保險憑證正本

（以填寫同一場所、同一建築等級和同一費率的固定財產為限，否則應分單填寫.）

投保單位編號……字第……號　　保險公司編號……第 9/286 號

保險公司：中國人民保險公司

投保單位：

茲遵照財產強制保險條例辦理下開固定財產的保險：

投保單位簽章

潍坊市……手工业生产合作社

年　月　日

本欄由投保單位填寫

固定財產名稱	保險金額
建築物　棟	
機器及附件	
裝修、設備、器具、工具	1850.
車輛	
其他（註明名稱）	
總保險金額（大寫）	

財產所在地點：

建築情形：……層……屋架……牆……樓地坪……屋頂.

建築物編號：

用途及名稱：

保險期限共 261 天自一九 57 年 4 月 15 日起至同年十二月三十一日止.

保險公司簽章

中国人民保险公司山东省潍坊市支公司（业务专用章）

本欄由保險公司填寫

建築等級第……等，費率號次：……保險費率：……

保險費：

保險費繳付約定（約定一項將其餘二項劃去）：

1 一次繳付

2 分季繳付：投保當季繳費……以後……個季各繳費……

3 分月繳付：投保當月繳費……以後……個月各繳費……

57 年 4 月 16 日

說明：1. 每套三張，依次為投保單、憑證正本、憑證副本。由投保單位填寫簽章後，一併送保險公司。

2. 保險公司填寫簽章後，將憑證正本送投保單位存證，憑證副本送上級公司，投保單自留。

3. 憑證須經投保單位及保險公司雙方簽章完備後方為有效。

強財1 %

人保强制保险保险单

20 世纪 50 年代，人保的宣传画

处、公司等单位举行强制保险座谈会后，各单位很快统一了意见。3 月，财政部、工业部、贸易部系统的 21 个单位以及东北邮电总局、东北银行等与保险公司发布联合通知，分别督促其下级机关认真执行强制保险的决定，限期投保，大大推动了强制保险业务的开展。

铁路、轮船和飞机的旅客意外伤害强制保险由中国人民保险公司委托交通运输部门代办。从 1951 年 7 月起，铁路和飞机的旅客强制保险在全国同时实施。轮船旅客的强制保险，由于当时尚有私营航运企业存在，航线也比较分散，到 1951 年 9 月才在全国普遍实行。

三种旅客意外伤害强制保险条例规定，保险费都由运输部门在售票时随同票价附收，然后按月缴国家保险机构，保险费按照各种客票票价的一定比例计算，火车为2%，轮船为3%，飞机为0.5%。对于持半票、折扣票的旅客都按实收票价计算保险费，对持免费票的旅客不收保险费。每一位旅客的保险金额不分席位、舱位等次，不分全票、半票或免票，一律为1500万元（旧币）。凡是旅客由于意外事故受了伤害需要治疗时，中国人民保险公司在1500万元的数额以内给付医疗费用。如果旅客由于意外伤害或者永久丧失劳动能力，除给付医疗费用外，对死亡或丧失全部劳动能力的，给付保险金1500万元（旧币），对丧失部分劳动能力的，则视丧失劳动能力的程度，按照比例给付保险金。

人保烟台分公司开办公路旅客保险，当时理赔科的严柏昌是刚从华东保险培训班毕业的新员工，他回忆道：

有位祖籍山东的东北人，从大连坐船到烟台，再乘汽车回家。他领着老伴上了车。那时候的车是烧木炭的，手摇的。老伴刚上车，车忽然开动，一下把老伴摔了下来，不幸身亡。运输公司投了保险，就给保险公司投案，公司派我去现场查勘。大概保额为1500元。那时我的工资才42.5元，结果给东北老乡赔了1000多元。老乡在悲伤的时候，领到保险赔款，手都是颤抖的，从来没有见过这么多钱。他感觉是政府行为，感动得连声说："感谢共产党，感谢毛主席！"[2]

搭乘客运汽车的旅客意外伤害保险办法由各省、市、自治区根据当地情况制定，事实上是一种地方性的旅客意外伤害强制保险，到 1952 年底，全国各地都已办理。

2. 以火灾为主的城市自愿保险

前门大街的全聚德餐厅大堂内，展示着一张人保 1951 年的火灾保险单，其见证了两家著名企业的悠久历史。

为了使私营工商业能够正常从事有利于国计民生的生产和经营，督促它们加强防灾，中国人民保险公司开展了普通火灾保险业务。这也是中国人民保险公司成立以后最早开办的一项业务。

火灾保险包括普通火灾保险和公民财产保险。普通火灾保险主要承保私营工商业的财产。在实行强制保险以前，国营企业自愿投保了普通火灾保险。公民财产保险则承保个人财产。当时，在我国的外国使馆和不少外侨的财产投保了火灾保险。

火灾保险刚开办的时候，为了适应迅速开展业务的需要，基本上沿用了旧中国火灾保险办法，只是对其中某些明显不合理的部分作了修改。自 1951 年起，中国人民保险公司制定并实行了新的全国统一的普通火灾保险办法，扩大了保险责任范围，大大降低了保险费率。在保险责任方面，增加了地震、地陷和爆炸等责任。为了鼓励投保人在发生灾害事故时积极抢救保险财产，减少损失，新办法还规定，凡是发生灾害时投保人因抢救或保护保险财产而支出的合理费用，都可以由保险公司赔偿。同时，大幅度

20 世纪 50 年代的火灾保险宣传画

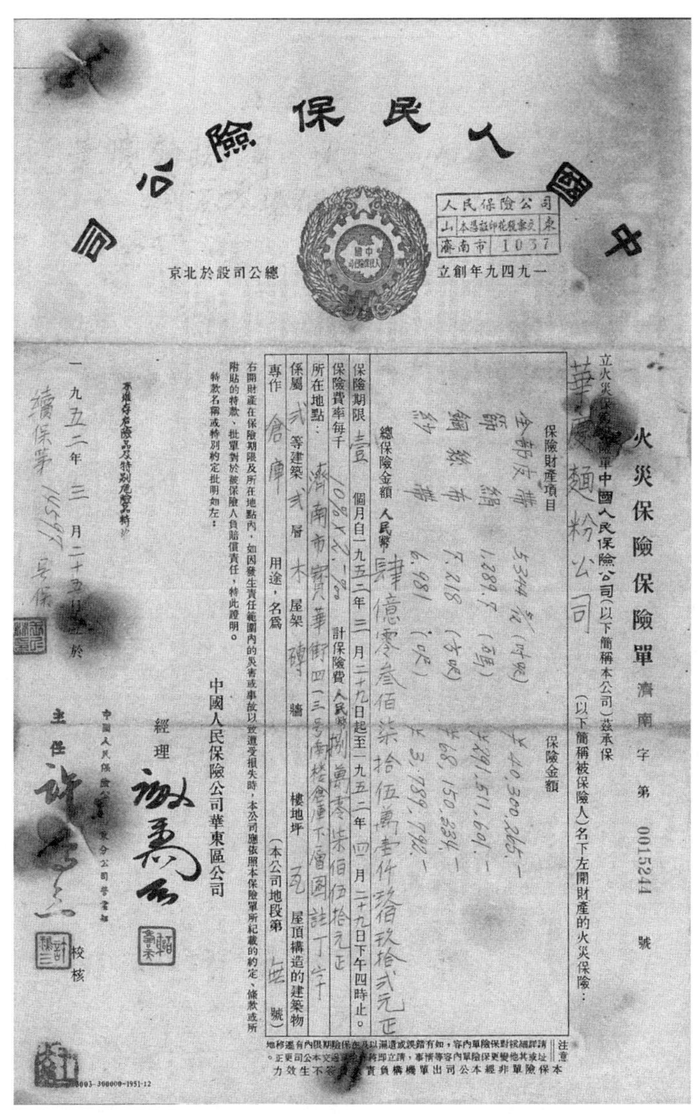
中國人民保險公司

一九四九年創立　總公司設於北京

人民保險公司
山東交審稅印花驗證本局
濟南市 1037

火災保險保險單　濟南字第 0015244 號

立火災保險單中國人民保險公司（以下簡稱本公司）茲承保

華慶麵粉公司（以下簡稱被保險人）名下左開財產的火災保險：

保險財產項目	保險金額
全部皮帶	¥40,300,265-
麻絹	¥291,511,601-
鋼絲布	¥68,150,234-
紗帶	¥3,789,792-

總保險金額 人民幣 肆億零叁佰柒拾伍萬壹仟玖佰玖拾貳元正

保險期限 壹 個月自一九五二年三月二十九日起至一九五二年四月二十九日下午四時止。

保險費率每千　計保險費人民幣捌萬零柒佰伍拾元正

所在地點：濟南市

保屬 式 等建築 式 層 木 屋架 磚 牆 瓦 屋頂構造的建築物

專作 倉庫 用途，名爲　樓地坪（本公司地段第 無 號）

右開財產在保險期限及所在地點內，如因發生責任範圍內的災害或事故以致遭受損失時，本公司應依照本保險單所紀載的約定、條款或所附貼的特款、批單對於被保險人負賠償責任，特此證明。

特款名稱或特別約定批明如左：

中國人民保險公司華東區公司

經理

一九五二年三月二十五日訂立於

續保第　號

主任

校核

注意：本保險單非經本公司出單機構負責簽章不生效力。

20 世纪 50 年代的火灾保险单

降低了保险费率，保险费率大约比1949年前降低了65%。

普通火灾保险除承保私营工商业的财产外，还承保县以下供销合作社和城市手工业合作社的财产。针对县以下供销社地区分散、货物品种多和流动性大的特点，采取了通过县社统一投保、按期凭账结算的简化保险办法，并实行了优惠保险费的规定，体现了国家扶助合作经济的政策。1952年10月，国家保险机构开办的普通火灾保险有了很大发展，据中南、华东、东北76个城市的统计，投保的工商户占全部工商户的21.36%。

公民财产保险自1951年开始办理，当时开办的业务有职工团体火灾保险和简易火灾保险两种，职工团体火灾保险以厂矿、企业、机关团体的职工为对象，采用团体方式投保；简易火灾保险以一般城市居民、手工业者、小商小贩为对象，采用个别投保方式。这两种方法都因为费率低、保障大、手续简便而受到职工和居民的欢迎。1951年下半年以后，这两种业务在全国各个城市中普遍展开，得到了各厂矿、企业、工会和街道居民组织的积极支持，业务发展迅速，仅上海一地，1952年就有40余万户职工、居民参加了保险。

1951年初，东北区公司在全区开办了小额简易火灾保险，承保对象为住户，工厂、农场或机关的职工宿舍，资本额在5000万元（东北币）以内的小商店及小制造业或加工业，保险标的为衣服、行李、家具、食品、燃料及少量的原材料、货物、工具等。费率为保额的2%~7%，期限为半年。截至1952年12月，东北全区约60%的私营工商户和20%的城市居民户以及15%的农村居民户参加了火灾保险。

从1949年10月到1952年底，中国人民保险公司火灾保险保费收入达4300余亿元，支付赔款为289亿元。

国民经济恢复时期办理的物资运输保险有轮船、木船、火车、汽车、驿运、航空6种运输保险和各种附加保险。物资运输险主要承保国营和私营工商企业在运输过程中的物资，附加保险主要是沿海匪盗险和破碎渗漏险。

物资运输保险是城市财产自愿保险业务的主要组成部分。开办之初，承保的主要是国营和私营商业的运输物资，以后逐步发展，陆续承保了很多供销合作社和国营工业部门的运输物资。1951年国营企业财产实行强制保险，大大推动了物资运输保险业务的发展。木船运输保险的发展尤其迅速，到1951年底，国内每一条江河，包括黄河、乌江等河流，以及历史上从未通航而只是在新中国成立后才开辟的航道在内，都开办了物资运输保险业务。其中，黄河、汉江的上游，以及西南大部分地区的船运输物资的90%参加了保险。内河运输险除了按轮船、木船、机帆船及100吨以下小船等分档确定保险费率外，还以水流急缓来制定保险费率，内河运输和沿海运输的保险费率也有区别。

在开办物资运输保险业务的过程中，中国人民保险公司根据投保单位主要是国营企业，其经济活动主要依靠计划调节的特点，充分发挥国家保险机构资金雄厚、信誉卓著的优势，在开展业务的方法上作了重要改进，普遍采取了预约保险合同的投保办法，即投保单位与中国人民保险公司事先商定投保范围，以合同形式确定下来，保险公司则根据这个范围承担保险责任。到1951年底，全国各商业部门所属单位基本上都与中国人民保险公司签订了预约保险合同。

为了方便保户，中国人民保险公司普遍委托运输机构代办保险手续，并在一些物资转运量大的火车站、汽车站和码头设立保险服务站，方便零星分散的物资投保。在促进城乡物资交流方面，各地分支公司积极参加当地物资交流会的服务工作，不少地区保险公司与银行、税务、运输、邮电等部门一道，在物资交流会上设立联合服务处，并对成交物资和滞销土特产给予保险费的优惠。

在当时运输条件比较差的条件下开展物资运输保险业务，对于促进物资交流、配合进出口贸易、支援沿海地区物资调拨起到了积极作用，为当时反对西方主要资本主义国家“封锁、禁运”

运输保险说明

的斗争作出了应有贡献。

国民经济恢复时期我国办理的运输工具保险主要有汽车保险、船舶保险和海洋渔船保险，这三种保险都是自愿保险。在 1951 年实施强制保险以前，曾对国营企业的船舶办理了自愿保险。汽车保险主要承保地方国营交通运输部门和国营厂矿的汽车。私营工商业投保的汽车，起初占整个汽车保险业务的 30% 左右，以后随着资本主义工商业的社会主义改造，其比重逐年下降。当时，各国外交使馆和外侨的汽车也参加了保险。

随着国家交通运输业的发展，汽车保险业务逐年增长，汽车保险的规章办法也随着客观情况的变化作过多次改革，其中保险费率经过几次调整以后，只相当于新中国成立前的 28% 左右。

在开办汽车保险业务的初期，国家保险机构曾沿用了旧中国汽车保险的办法，办理了汽车公众责任险。这是汽车保险的附加保险。加保这种保险以后，如果投保人驾驶投保汽车发生事故而伤害他人的身体或财产，依法应由投保人负责赔偿时，国家保险机构在保险金额的限度内，承担赔偿责任。但是，后来对这项业务的开办产生异议，认为这一险种的开办会减轻企业加强交通安全管理的责任心，有副作用，因此在 1954 年停办。

船舶保险和海洋渔船保险都是新中国成立后创办的保险业务。在木船运输业和渔业合作化以前，承保个体船民、渔民的木船；合作化以后，承保合作社的木船和渔船。木船保险和海洋渔船保险在 1950 年到 1951 年间先后开办，自 1952 年起，凡是有木船运输和海洋渔业生产的省、市、自治区，都普遍办理了这两项业务。

人保旅客保险宣传画

人保家庭财产保险宣传卡

人保宣传广告

此外，为了扶持新中国“年幼”的民航事业，中国人民保险公司还用一般费率承保了当时民航部门数量不多但单机价值甚高的飞机保险。

1953 年的运输保险业务（主要是国营企业投保的）较 1951 年增长 67%，运输工具自愿险较上年增长 35%。

3. 人身保险先树形象后做业务

1949 年以前，全国范围内共有 35 家人寿保险公司，其中官僚资本 3 家、私营 14 家、外商 18 家，但大部分在新中国成立前即已停业，使存款人和保户受到极大损失，受害者超过 100 万户，涉及近千万人的切身利益。1947 年底，国民政府制定了《银行业战前存款清偿条例》，对寿险清偿也制定了条例，却未实行。

人民政府本来没有清偿义务，但从广大人民的切身利益考虑，中国人民保险公司在成立不久，便开展了对 1949 年以前的人寿保险契约中未清偿部分的清理给付工作。这体现了国有公司勇于担当的气魄，同时对树立政府形象、维护人保公司信誉，有非同一般的意义。

这也是保险业社会主义改造的重要内容，是人民政府尽职尽责解决保险业遗留问题、维护被保险人利益的实际行动，也是团结港澳同胞和居住在国外的华侨，扩大爱国统一战线的一项具体工作。

中国人保发出了《关于解放前银钱业未清偿存款给付办法》，

205号

保險資料

（7）

蘇聯財政人民委員會

蘇聯國家保險總管理局

簡易兩全人壽保險條例

中國人民保險公司總公司編印

團體人身保險

辦法

中國人民保險公司

華東區公司

上海分公司

中國人民保險公司上海分公司

人身险条例

中國人民保險公司

簡易人身保險

保險單

字第04398號

公元一九五　年　月　日填發

（以人民幣計算）

041476

中國人民保險公司

簡易人身保险保险单

5年期满兩全保險

保险单号码 017210

被保險人姓名

投保时年龄

本单保险份数

保险金額：每份¥27.50

保 险 费：每份每月¥0.50

起满期日期：1958/1963年　月1日

批註事项：

（一）本保險单如系集体交费，不出个别收据；但在中途停交或外调，可向本公司索取最后交费的証明。

（二）5年满期两全保险投保年龄自61周岁至65周岁止，其余一律比照后附办法办理。

20世纪50年代，人保的人身险保单

该办法第十一条规定："解放前人寿保险得由中国人民保险公司参照本办法另订标准清理之。"为此，中国人民保险公司制定了《解放前保险业未清偿人寿保险契约给付办法》，1954年12月15日由财政部批准公布施行。

按规定，3家官僚资本公司的清偿由邮电部、中国人民保险公司和中国保险公司办理。1955年1月5日，中国人民保险公司指定全国69个大中城市的分支机构接受登记，登记期限到1957年底。

全部清偿工作按照"重点登记（大中城市）、集中审查（上海、北京）、就地给付"的原则顺利进行。中国人保派出干部积极协助并组织各公司负责人成立工作小组，规定各公司定期报送登记、查对和给付情况的报表，重点做好审查工作。除在大陆地区既无财产也无代表，无法对其寿险契约进行清偿的17家外商保险公司外，其余各单位的寿险清偿工作基本上在1957年底如期结束。各清偿单位接受申请登记的寿险保户共有1.96亿户，应清偿361.86亿元。1959年11月底，已给付19.3万户，实付清偿金297.67亿元。

中国人民保险公司掌握了各公司未清偿的寿险契约清册，并对现有资产进行检查、冻结，督促各公司筹措资金，检查工作。保户致信中国人民保险公司要求协助向外商保险公司交涉的有1281户，分别涉及英国、美国、加拿大等国家的保险公司。

新中国成立前，寿险契约的清偿工作的影响相当广泛，得到清偿的保户遍及社会各个阶层，分布在全国各省、市、自治区（即使港澳同胞和远居国外的侨胞也得到清偿）。

1949年底，中国人民保险公司在上海市试办了职工团体人身保险，1950年起陆续在全国各省、市和自治区开办。

1951年，随着财政经济状况逐渐好转，国家开始对100人以上的工矿企业职工和铁路、航运、邮电部门的职工实施劳动保险，使这些单位的生、老、病、死、伤、残等问题基本上得到解决。但这只是一部分单位，而且待遇标准也比较低，没有实施劳动保险的单位为职工办理团体人身保险。一些由职工自己负担保险费的单位，也在实施劳动保险后继续参加团体人身保险。到1953年初，全国有近100万名职工参加了这种团体人身保险。

中国人民保险公司还开办了船员团体人身保险、渔工团体人身保险和建筑工人意外伤害保险，这三种保险业务都是按照集体方式投保的。在保险责任方面，除了按保险人死亡或丧失劳动能力时给付保险金外，还包括给付意外伤害医疗津贴的责任。中国人民保险公司为了适应航运企业员工的需要，开办了船员团体人身保险，保险费由企业方面负担。船员团体人身保险在1949年底首先在上海开办。朝鲜战争发生后，海上运输安全受到威胁，不少航运企业为职工又加保了海上匪盗险。

1950年，船员团体人身保险被推广到沿海各港口和长江的一些港口。1951年国家对主要工矿、交通企业的职工包括航运职工在内实施劳动保险以后，中国人民保险公司就停办了团体人身保险。中国人民保险公司还开展了渔工团体人身保险，为渔民的生产生活提供了保障。

建筑工人意外伤害保险是在国家开始重点基本建设的情况下开办的。当时，对于建筑工人发生意外事故后如何进行补助，还

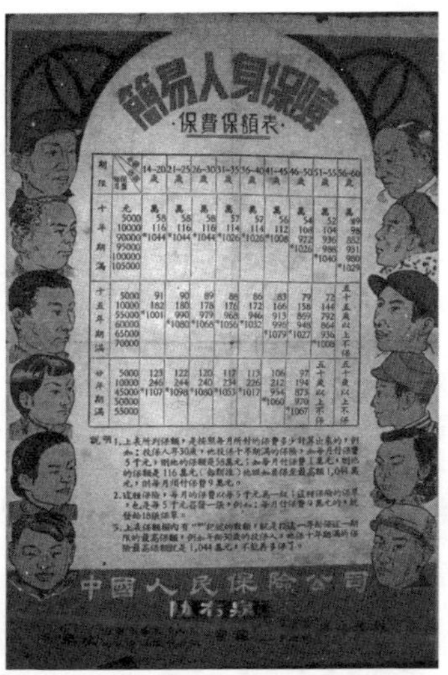

20 世纪 50 年代，人保人身险宣传画

20 世纪 50 年代，人保人身险说明

20 世纪 50 年代，人保意外险宣传画

20 世纪 50 年代，人保人身险广告

没有一套完整的制度，因此国家要求中国人民保险公司办理建筑工人意外伤害保险。这种保险由建筑企业交纳保费，为固定工人和临时工人投保，保险费按照一个工程的实际劳动日计算。

1951 年开办的简易人身保险的主要对象是城市手工业者、小商小贩、搬运工人和其他个体劳动者以及他们的家属。简易人身保险各地差别很大，有的地区业务发展缓慢，而有的地区业务增长较快。到 1952 年底，全国约有 10 万人参加了这种保险。

1953 年 2 月，政务院公布，国民经济恢复时期的人身自愿保险完全由中国人民保险公司开办。当时的人身自愿保险分为两类：一类是按集体方式投保的不带储蓄性质的人身保险，其中主要是职工团体人身保险；另一类是以个人方式投保的带有储蓄性质的人身保险，其中主要是简易人身保险。

4. 防灾防损抓得早

1949 年 12 月，中国人民保险公司华东区公司召开全区保险公司会议，部署落实总公司会议精神。中国人民银行华东区行副行长兼中国人民保险公司华东区公司经理谢寿天，在上海广播电台播讲了人民保险事业为保护国家财产安全和开展防火工作的业务方针。

1953 年，人保福建分公司赠送的消防车

当时，上海市工部局消防处队长王文涛听到广播后，深受触动，他写信给谢寿天，表示愿到中国人民保险公司参与防火工作。华东区保险公司成立了防火小组，楼茂庆和范燕生、张异卿、姚文奎等负责防火防灾的宣传和组织。中国人民保险公司的林增余、施开先等也参加了小组工作。据楼茂庆在回忆文章中介绍：

> 王文涛在上海市工部局消防处工作多年，对消防与预防火灾都有丰富的经验。他负责教导人保员工学习防火知识，使用的教材是美国的“防火手册”，教学内容是：火的原理及构成因素，火灾及发生的原因，火灾施救的方法，消防设备器具的种类及使用保养方法等。[3]

华东区公司开创性地开展工作，探索新型防灾措施。他们先后到工厂、仓库进行防火检查。在工厂方面，主要检查厂房建筑、机器设备、安全管理、消防组织、消防设施等；仓库方面，主要检查库房建筑、一般物资与危险品的储存、用火用电情况、管理制度、消防组织、消防设施等。

检查中，发现违反消防条例规定的，一般情况，当时提出改进意见；情况严重的，提出防火建议书，要求改进，并进行复查。被检查的单位都是国营企业，全部实行财产强制保险，都能按照防火建议进行改进。这不仅是确定保险费率、计算保险费的消防检查，更是重在为企业着想的防灾服务。

中国人民保险公司
哈尔滨市支公司
为保障城市居民不因意外灾害而
遭受经济上的损失，特举办：
家庭财产自愿保险

木工坊内严禁
吸煙、刨花、碎
料、应隨時清理
。
山西省公安厅
中国人民保险公司山西省分公司

運輸保險
貨物運輸中——易碎物品；
注意包裝，小心輕放！
中国人民保险公司山西省分公司

参加国家保险
即是储備防灾力量，
積極的向可能的
灾害作鬥争！
中國人民保險公司

防灾广告

1950 年，在华东区公司指导下，上海民联分保交换处创办了《防灾》杂志，以函索即寄的赠送形式向社会发行。版面不大，但内容丰富。该杂志经常刊载保险知识，介绍业务发展动态及新修订的业务规章，宣传树立防灾意识。尤其是其中刊载的保险专家撰文的研究防灾课题，深化了保险防灾的理论深度，从而从不同角度不同领域拓展了防灾实务范围。

1951 年，华东区公司率先成立防灾理赔科，张仲良任科长，杨紫竹任副科长兼防灾股长，楼茂庆任副股长。由于防灾工作涉及面广，内容复杂，技术性强，全面开展难度较大，因此，上海公司总是先从防火工作开始，培养了专业干部，掌握了技术，积累了经验，并在全国逐步推广。楼茂庆也被调到总部，负责防灾防损工作。

中国人民保险公司创立之初即明确：作为人民保险公司，要从保护国家财产出发，降低赔付率，积极将风险补偿和防灾防损有机结合，把实现风险补偿和增加财政积累统一起来。公司成立之后，一改过去旧中国保险机构单搞业务的作风，把防灾防损作为业务的重要环节之一，真正发挥保险保障的作用。

当时，各区公司对保户、非保户开展经常性的防灾检查。财产保险除了防火检查和防火宣传外，还协助地方政府做好防汛、防台风工作；农村保险结合承保和理赔工作进行保护牲畜以及农作物的宣传。在中国人民保险公司开业后的 8 个月里，总公司营业部对 166 个公私企业进行了 287 次检查，华东区公司对 161 家工厂仓库进行了检查。许多单位接受了检查后的建议，及时消除隐患，积极采取措施预防事故的发生。防灾检查既大幅减少了国家

宣传防灾会议

重庆公司救灾

和人民财产的损失，也大大改善了公司的承保质量，同时，还提高了人民群众的风险管理和保险意识。

中国人民保险公司早期制定的积极开展防灾防损业务的方针，体现了人民保险的新特点。更可贵的是，人民保险从保护国家及社会财产、降低损失率出发，发挥保险的经济补偿职能，积极开展防灾防损工作，使其成为中国人民保险公司一以贯之的传统并不断发扬光大。

第十二章

反复耕犁的农业保险

1. 在希望的田野上

人保系统有一句流传的话："农险出干部。"可见农业保险在人保的重要地位。

中国农村地区幅员辽阔，农业人口众多，而农业生产水平严重落后，农业生产情况差异巨大。解决农业的问题一直是中国的重中之重的问题，农业保险也是一直困扰中国保险业发展的一个大问题。秦道夫曾说过，中国农业保险一直是在探索中发展的，就是现在也是试验性的。

农业保险是指专为农业生产者在从事种植业和养殖业生产过程中，对遭受自然灾害和意外事故所造成的经济损失提供保障的一种保险。

尽管国家可以采用一些方法来防止意外灾害的发生，但意外灾害并不能绝对消除，而且分散的、个体的小农经济没有足够的力量来弥补因意外灾害造成的损失，因此有必要通过保险的方法，来组织农民进行集体互助。农民在缴付一定数额的保险费后，就可以得到确切的经济保障，万一发生意外灾害，不致影响生产的持续进行。

1865年，中国民族保险业就已诞生，但农业保险一直没有起步。

1932年9月，国民政府立法院拟定《合作社法原则草案》，其中规定合作社为法人，其业务之一是“为谋相互之扶助，对于社员与社员间之灾患、疾病、养生、送死，及其所经营事业之灾害，作保险之行为者（保险合作社如牲畜保险合作社、人寿保险合作社、农作保险合作社等）”。据保险史专家王珏麟介绍：

1934年5月1日，江苏省农民银行设立所谓“江苏省合作社农产运销办事处”。并制定《代理运销办法》《代理购买办法》《代理运输农产办法》。其中规定，可代为投保运输险：凡托销货物，到埠后委托人要求保险时，该处一并代理经办，保险费由委托人负担，但特种货物经该处认为必须保险者，可不经委托人同意，代为保险，其保险费亦由委托人担负；凡托办货物，未经委托人申明保险或无法保险者，或虽经申明而未办保险者，若有意外，该处不负责任；等等。5月20日，江苏省农民银行与太平保险公司经过长达两个月的磋商，正式签订代理保险合约。其签约保险种类有水险、火险、牲畜险、行动险、丝茧险、棉花险等。[1]

1940年初期，国民政府实业部（后改经济部）成立农本局后，在抗日战争后方普遍建立了以办理农村猪牛家畜保险为主的保险合作社。其做法是，凡参加保险的农户在缴纳少量的基金后即为合作社员，合作社向县保险经理处进行再保险，牲畜出险后，如收不抵支，则由保险公司垫借，当地农业银行有的还有专项抵押贷款。可见农业保险从一开始就带有强烈的政府行为和借贷色彩。

1944年3月，中国农业保险公司成立，这是中国第一家农业保险专业公司，那些合作社保险组织相继结束。李继明介绍，当时农业保险公司配合农民银行的养猪贷款，试办了养猪保险，承保时在猪耳朵上烙上印记，以明确保险标的，这成为中国最早的生猪保险。

1945年，由著名保险学专家郭晓航教授创办的泰安保险公司在四川部分地区开展了农业保险的试验，但最终以失败告终。而共产党在根据地这边，也在探索农业保险：

> 1944年1月6日，在陕甘宁边区政府委员会第四次会议上，林伯渠作了题为《边区政府一年工作总结》的报告，指出，1943年在全边区已有42%的农业劳动力参加了农民合作社（其中包括一个牲畜保险合作社）。并且号召组织起来，展开生产战线上的合作运动，其中包括“奖励和推广义和仓运动，建立救济事业的基础”“提倡牲畜保险合作社”。[2]

1949年10月20日，中国人民保险公司在北京成立，在此前召开的第一次全国保险工作会议上提出，首先从火险、运输险、兵险做起，然后试办团体意外险、旅客险、人身险，也要试办农业保险。

1950年5月，第一届农村金融工作会议提出，根据土地改革后农村经济发展的新情况，在新的历史条件下，农村的保险工作应作为农村金融工作的一个组成部分，及时开展起来。

1950年8月，中国人民保险公司第二次全国保险工作会议决定，要将保险业务从城市推向农村。

农村保险的方针是根据保险事业的总方针而确定的，其目的是“保障农业生产安全，促进农业生产发展”，使分散的、个体的互助合作小农经济，在遭受灾害事故后能获得经济补偿，从而有利于农业再生产的恢复和农民生活的安定，并增强其互助合作的意识。

农村保险是中国人民保险公司开拓的一项新业务，该业务采取自愿投保的方式，承保对象是集体所有和个人所有的生产资料和生活资料。在国民经济恢复期间，人保在农村主要开展了牲畜保险业务，还试办了农作物保险。当时的农业保险业务，都同农村工作结合在一起，由中国人民银行代办，这也是时代特色。

1950年，人保在北京郊区、山东商河、重庆北碚三地试办牲畜保险，共承保牲畜1384头，并对北京郊区6540亩棉田进行了“假保险”（双方约定不付保费和赔款）。这受到当地政府和广大农民的欢迎，也在人民群众中树立了人民保险为人民的良好形象。

从此，中国农业保险翻开了新的一页，开始走上了一条艰难曲折的探索之路。

湖南农民在部队办理保险

中國人民保險公司

舉辦力畜與棉花收穫保險

先後在京郊重點試辦深受農民歡迎

【本報訊】中國人民保險公司計劃中的力畜保險（本報四月十七日二版曾有報道），已在京市郊區和山東省濮北區重點試辦，取得經驗後，將在全國各區普遍推行。

該公司此項保險業務，係爲配合政府農業增產計劃而舉辦的各種農業保險中很重要的一種。在初創時期，暫以牛、馬、騾、驢四種力畜爲對象（限制用於耕種或馱運者）。承保的災害分爲四項：（一）因患傳染病或普通內外科疾病而死亡者；（二）因遭遇外來劇烈及明顯之意外觸傷而死亡者；（三）因胎産或閹割而死亡者；（四）因火災及觸電而死亡者。其中第一項是主要的，其餘各項則可視各人需要附加投保。保險金額以牲畜實際價格的八成爲最高額。在華北五省及西北五省一律暫以小米計算，華東區、中南區及西南區則暫按大米計算。保險期限暫定一年，期滿得請求續保。

從五月份開始，該公司營業部即在京市郊區工作委員會、區村人民政府及農會的密切合作下，選擇京郊第十三、四兩區，對力畜保險作了重點試辦。事先廣泛進行了宣傳解釋工作，使農民認識了力畜保險確是補償牲口死亡所遭致之意外損失，藉以保障農業生產不致中輟的最好辦法。六月初旬開始重點試辦，僅二十餘天工夫，該兩區卽已有牲口一百十六匹，進行了保險。爲照顧到農民的實際情況，該公司並同意保險費可於麥收後繳清，以示優待。

又該公司爲保障牲畜安全，現已委託農業大學北京工作課站辦理牲畜的檢查、防疫和醫療工作。凡屬保過險的牲畜，今後將由該站每月作定期檢查一次。無疑的，隨着力畜保險的進展，獸醫工作也更將普及。這對發展我國農業生產將是十分有利的。

《人民日报》报道人保农业保险

人保员工下乡展业

2. 保险漫画到了田间地头

开办农村保险的初期，人保公司十分注重宣传工作。当时的农村普遍存在保险意识落后、文化水平偏低的情况。因此，人保公司采用通俗易懂、简洁直白的语言，以图文并茂、喜闻乐见的形式，深入田间地头，进行保险宣传。

当时的察哈尔省分公司就绘制了大量的宣传画和宣传手册，并根据本省 3 个专区的实际赔款例子，画成了 3 种牲畜险漫画，运用赔款实例进行宣传。因为姓名、地区、村名及内容都是真实的，农民印象深刻，加之赔款案件处理迅速，采取开大会当众宣布的办法，更加深了出险农民和一般群众对牲畜保险的好感。

当时，人保公司利用各种墙报、壁报、宣传栏、乡村壁画和招贴画等形式，以及广播、游行、社火和集会等手段宣传推广农业保险，做到家喻户晓。

那时的保险招贴画还是很讲究艺术手法的，许多画面沿用了民国时期的月份牌画风，人物时尚感人，水彩年画引人喜爱，人物情景真实，特别是一些宣传牲畜保险的招贴画，非常注重农村风俗，牲畜形象可爱，洋溢着生活气息。

一些招贴画采用老百姓易接受的连环画、漫画形式，对保险条款、安全措施直接给予形象的解释，通过画面直接的对比效果，传达保险带来的好处，让人一目了然。

保险宣传也离不开政治宣传，保单往往带有浓重的政治色彩，起到搭车宣传的效果，如有的“耕牛险保险证”上印有“抗美援朝”“保家卫国”的字样，可见人保公司在那时便与时代和国家形

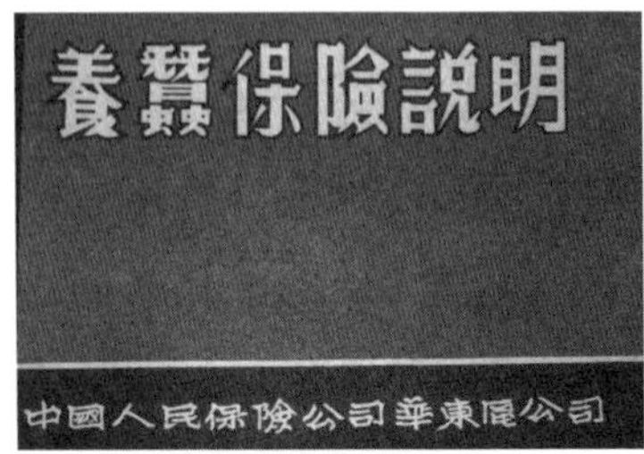

20 世纪 50 年代，人保养蚕说明书

20 世纪 50 年代，人保牲畜保险说明书

20 世纪 50 年代，人保农业保险宣传标语

20 世纪 50 年代，人保牲畜保险宣传连环漫画

20 世纪 50 年代，人保农业保险宣传连环漫画

势紧密相连。

河南辉县保险公司为了配合抗美援朝的中心工作，利用各种集会发动群众，并组织小学生成立宣传队进行宣传，开展村与村之间的挑战竞赛，提出“一头牲口不保险，半个家当太危险”的口号。

为解决交纳保费的问题，召开社员群众动员大会，组织一同讨论，最终决定每村以互助组为单位，运用调剂办法，动员没有牲口而有粮食的群众，借给有牲口而交不起保费的保户。有一位老汉高玉山自动拿出花籽油 32 斤，换成玉米 195 斤借给别人交保费。有一位妇女的牲口上保险，家里没粮，到娘家去拿粮来交了，还动员她的邻居都来投保，并发动妇女们用做鞋子和砍柴等副业得来的钱来交纳保费。在他们心目中，参加保险，爱护牲畜，同样是支援国家建设，保证农业生产，为抗美援朝做贡献。

有的人保公司在牲畜险检验证明单上印有自己创作的“保护耕牛歌”：

第一是草料，特别要留神，干草夹青草，混合喂均匀。
第二是饮水，喂时要小心，最好喂井水，莫得蚂蝗浸。
第三是牛圈，通风要得紧，屎尿和污水，随时要清除。
第四用牛人，也要有分寸，好好爱护牛，莫使累过分。
第五牛用了，汗水拭干净，牵去滚个水，牛就有精神。
第六下雨时，莫等牛去淋，寒风和烈日，也要忌干净。
第七牵牛人，硬是要谨慎，悬崖陡坎坎，莫牵牛去行。

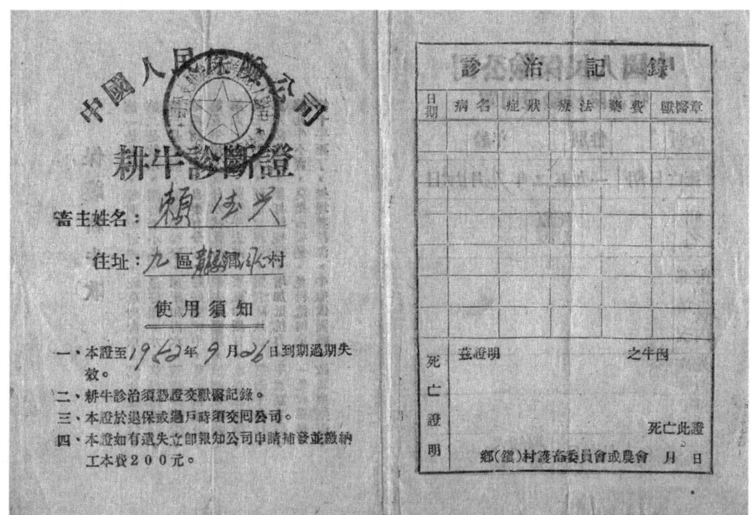

中國人民保險公司

耕牛診斷證

畜主姓名：[illegible]

住址：九區[illegible]鄉[illegible]村

使用須知

一、本證至19[illegible]年9月26日到期過期失效。
二、耕牛診治須憑證交獸醫記錄。
三、本證於退保或遷戶時須交回公司。
四、本證如有遺失立卽報知公司申請補發並繳納工本費200元。

診治記錄

日期	病名	症狀	療法	藥費	獸醫章

死亡證明

茲證明　　　　之牛因　　　　死亡此證

鄉(鎭)村護畜委員會或農會　　月　日

20 世纪 50 年代，人保耕牛保险单

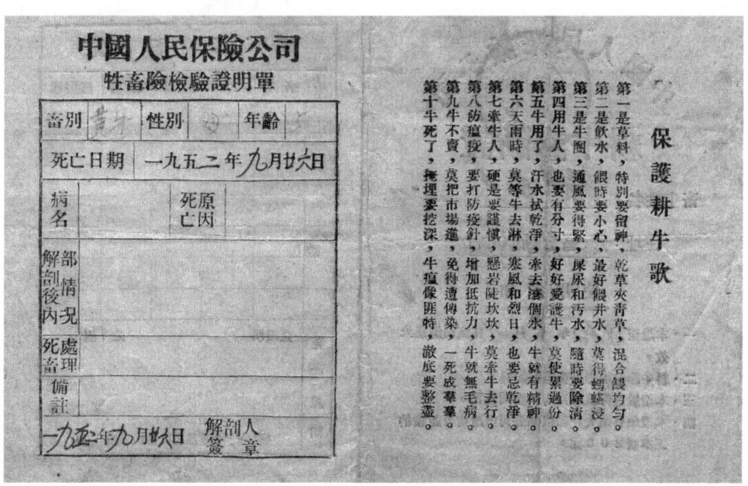

中國人民保險公司

牲畜險檢驗證明單

畜別	黄牛	性別	[illegible]	年齡	
死亡日期	一九五二年九月廿六日				
病名		死亡原因			
解剖後內部情況					
死畜處理					
備註					

一九五二年九月廿六日　解剖人簽章

保護耕牛歌

第一是草料，特別要留神，乾草夾青草，混合餵均勻。
第二是飲水，餵時要小心，最好餵井水，莫得螞蟥浸。
第三是牛圈，通風要得緊，屎尿和污水，隨時要除清。
第四用牛人，也要有分寸，好好愛護牛，莫使累過份。
第五牛用了，汗水拭乾淨，牽去淺個水，牛就有精神。
第六天雨時，莫等牛去淋，寒風和烈日，也要忌乾淨。
第七牽牛人，硬是要謹慎，懸岩陡坎坎，莫牽牛去行。
第八防瘟疫，要打防疫針，增加抵抗力，牛就無毛病。
第九牛不賣，莫把市場進，免得遭傳染，一死成羣羣。
第十牛死了，掩埋要挖深，牛瘟像匪特，澈底要整盡。

20 世纪 50 年代，人保牲畜险保单上的保护耕牛歌第八防瘟疫，要打防疫针，增加抵抗力，牛就无毛病。
第九牛不卖，莫把市场进，免得遭传染，一死成群群。
第十牛死了，掩埋要挖深，牛瘟像匪特，彻底要整尽。[3]

在有的牲畜保险单上印有宣传标语："牲畜在目前是农业生产战线上的主要工具。在总路线任务下，为促进农业社会主义改造，提高生产，发扬社会互助精神，用组织保险的方法，补偿牲畜因自然灾害和意外事故所遭受的损失，因此保险公司举办牲畜自愿保险。"

有的保单上还印有优惠与奖励办法："国家机关，国营企业，地方国营农场，集体农庄，农业生产合作社、供销合作社等合作社组织投保之牲畜，一律给予应缴保费百分之十的优惠；凡投保单位或个人，对牲畜饲养管理具有优良成绩被评为各级爱畜模范者，经当地党政同意，对其所投保之牲畜给予应缴保费的百分之二十以内的优惠。"

3. 猪啊羊啊送到哪里去

开展农村保险业务，首先是从牲畜保险开始的。这是借鉴了苏联开办牲畜保险的经验，但更重要的是从我国农村的实际情况出发作出的选择。

1950 年《华东保险》杂志上的《华东区公司一年来的工作报道》一文中写道：

> 新民主主义经济制度下的保险，是以为人民服务为前提的，我国的人口中百分之八十为农民，所以开办农业保险应为我们的最主要任务。农业保险种类繁多，目前的客观条件尚不容一一举办，但是耕牛、马、骡、驴系属农民的主要财产，农谚有云：一头耕牛，半份家私，可知农民对耕牛的重视。我们不办农业保险则已，欲办农业保险，必须自耕牛保险开始。[4]

我收藏有一张山东莱阳试办耕牛保险的单据，这张 1950 年 12 月的耕牛保险单据，是我见到的新中国最早的农业保险单据。保单中间绘有一耕牛图案，以显示险种为耕牛保险。但在此保单“耕牛”处加盖了“牲畜”二字，使此保单变成投保的不只是耕牛一个品种，保单右上角又加盖了一个“驴”字。该保单的牲畜主姓名为姚喜海；圈里村所有牲畜的保险金额为 550 斤小麦；保费为 24 斤小麦。其中“米”分别被划去，为什么保额会以小麦多少斤为论呢？原来在当时开办农业保险时，农民没有现金，可以按小麦或稻米折算保额与保费。该保单左侧还加盖了村委会长形章，下方加盖了保险代办处人民银行莱阳支行的公章，可见这也是由中国人民银行代办的。

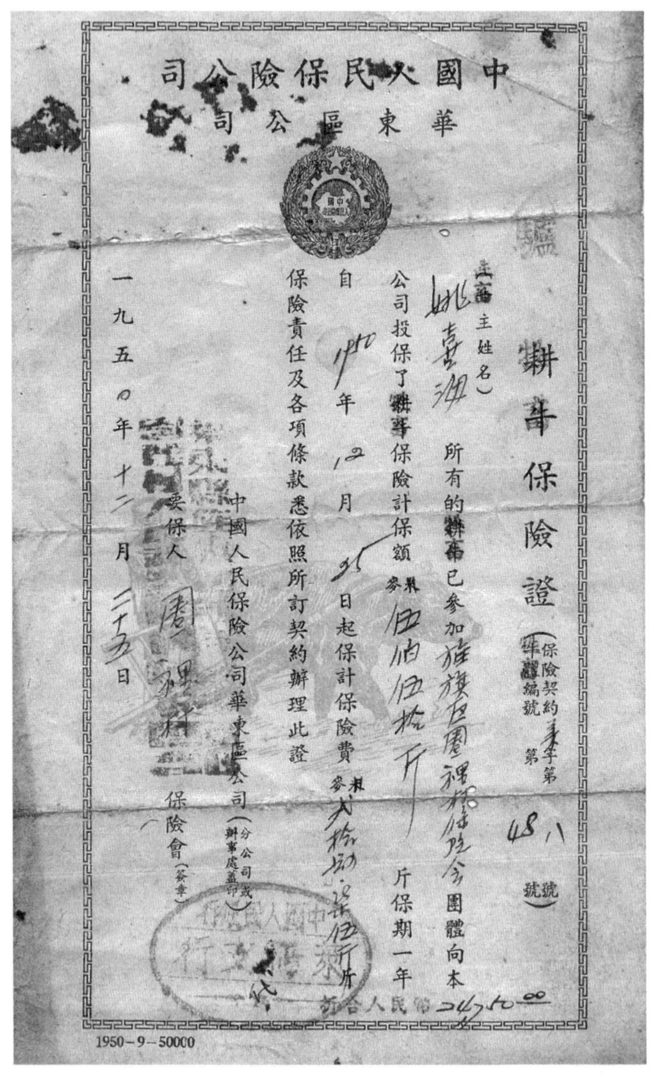

中國人民保險公司
華東區公司

耕牛保險證（保險契約編號 字第 號）

（畜主姓名）姚壹海 所有的耕畜已參加 團體向本公司投保了耕畜保險計保額 伍佰伍拾 斤

自1950年12月25日起保計保險費 斤保期一年

保險責任及各項條款悉依照所訂契約辦理此證

中國人民保險公司華東區公司（分公司或辦事處蓋印）

要保人

保險會（簽章）

一九五〇年十二月二十五日

1950-9-50000

20世纪50年代，人保耕牛保险单

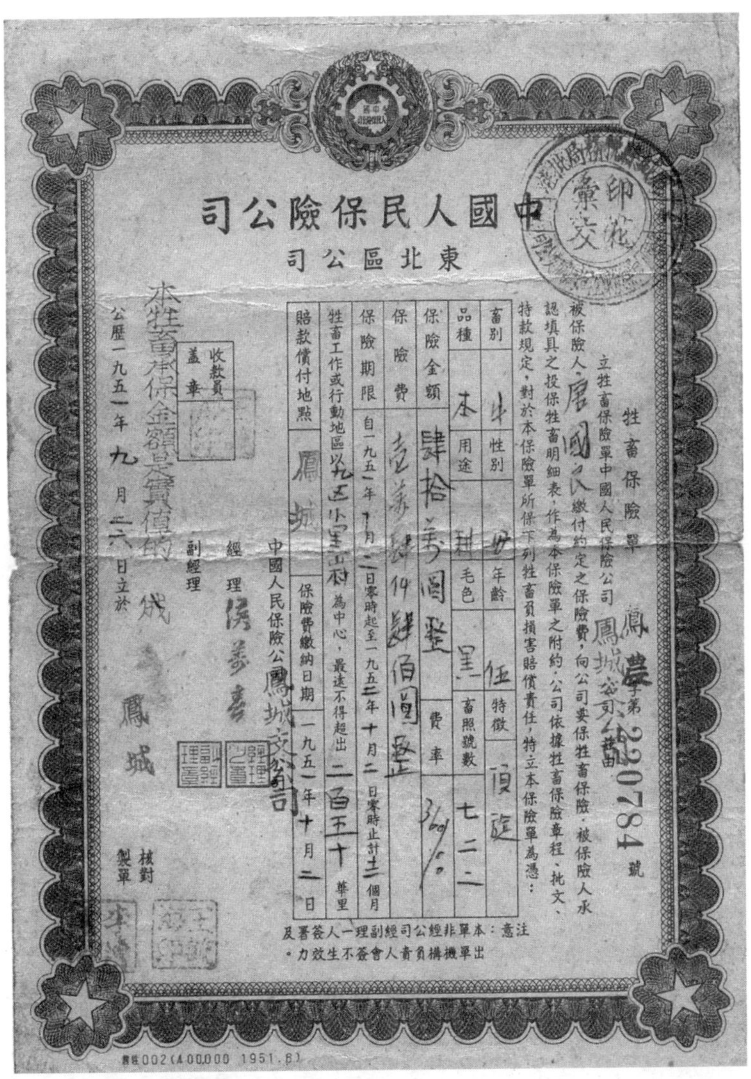

中國人民保險公司

東北區公司

牲畜保險單

字第 220784 號

立牲畜保險單中國人民保險公司鳳城公司，被保險人　　繳付約定之保險費，向公司要保牲畜保險，被保險人承認填具之投保牲畜明細表，作為本保險單之附約，公司依據牲畜保險章程、批文、特款規定，對於本保險單所保下列牲畜負損害賠償責任，特立本保險單為憑：

畜別	牛	性別		年齡		特徵	
品種	本	用途	耕	毛色	黑	畜照號數	七二二
保險金額						費率	
保險費							
保險期限	自一九五一年　月　日零時起至一九五二年十月二日零時止計　個月						
牲畜工作或行動地區	以　　為中心，最遠不得超出二百五十華里						
賠款償付地點	鳳城			保險費繳納日期	一九五一年十月二日		

中國人民保險公司鳳城支公司

經理

副經理

收款員蓋章

本牲畜保險金額是實值的　成

公曆一九五一年九月二十六日立於鳳城

核對

製單

注意：本單非經公司副經理一人簽署及出單機構負責人會簽不發生效力。

農股002(400,000 1951.6)

20 世纪 50 年代，人保耕牛保险单

在一张1951年10月上海地区的牲畜保险单据的背后，印有相关耕牛保险除外责任：（1）因战争或战时征用以致死亡或永久丧失全部劳动能力的；（2）被窃去或走失的；（3）变更耕畜的用途为驮载拉车拉磨事先未经本公司同意的；（4）因畜主故意行为以致死亡或永久丧失全部劳动能力的。

在有的牲畜保单上，还特别标注了牲畜工作或行动地区："以九区小黑山村为中心，最远不得超出250华里。"有的保单上加盖了"本牲畜承保金额是实质的八成"字样。

因为当时牲畜保险确定的保险金额只能承保牲畜市价的八成，其余两成由投保人自己负责，以促进投保人爱护牲畜。后来因为有些地区反映保八成的话，农民就得不到充分的保障，便改为十足承保，但又出现了"牲口死了，可以用赔款另买一头"的情况，在农民中产生了不爱护牲畜的副作用，因此又改为八成承保。可见农村保险在实践中不断摸索前进。人保四川分公司的农业保险干部段云峰回忆：

组织农民开会一般都是在晚饭后，大约八九点钟。每次会议内容非常多，各家讲各家的，保险常常被安排在最后讲，讲完后已是鸡叫头遍了，农民听没听进去也不知道。开完会，乡政府安排我们睡在地主的大花床上，一张床可以横着睡八九个人。到了约定办理业务的时间，我们三五个人一组，看牛口的看牛口，填单子的填单子，还有的负责收费。这样干了一两年，农民精了：老牛、病牛也来投保，保额保

> 得高高的；到了冬天，本该给牛穿蓑衣防寒，保了险就不穿了，导致出现大量死牛。[5]

在一张山东青岛地区的牲畜保险单的下方，有一可剪裁的“牲畜防疫注射免费券”。在防疫问题上有三条说明：“一、在兽医院注射防疫针时，用此券代替打针费，不再另收费；二、本券只用于已保过险的牲畜，以一次为限；三、此券由兽医院站汇总向当地保险公司收取打针费。”还加印了两条广告：“要想牲口不发瘟，快打防疫针；要想牲口死不了，赶快去投保。”

耕牛保险介绍

耕牛防疫手册

1951年5月，察哈尔省绥远分公司试办牲畜保险时，一开始只有村干部敷衍投保了12头牲口。当保险公司人员对投保的牲畜进行防疫注射时，讲解了一些饲养及爱护牲畜的方法，在群众中产生了初步的好印象。有一位农民任三娃的毛驴突然得了尿结病，兽医诊视后开了一个便方，需用薄荷一两、倭瓜籽一把煎服。当时村里没有薄荷叶，保险员工冒着风雪严寒，徒步跑到15公里以外的归绥市购得后，连夜赶回来救治。灌药后不多时，驴即得救，群众很受感动。大家踊跃投保，一夜之间承保345头牲口。后来又经群众同意成立了保险委员会和防疫小组，督导群众进行爱护牲畜工作。在牛蹄疫流行期，还订立防疫公约，约定：不准病畜到井上饮水，病畜要进行隔离等。[6]

关于牲畜保险的对象，有如下规定："地方国营农场、农业生产合作社、互助组、个体农民、机关企业和其他合作组织用于劳役（即耕畜和力畜）和配种（即种畜）的牛、马、骡、驴，在下列规范年龄以内，没有伤残疾病、饲养管理正常的都可以参加保险。"保险责任为"保险牲畜因下列任何一种原因所致的死亡：（一）因疾病、胎产、阉割；（二）因火灾、淹溺、中毒、触电、摔跌、窒息、互斗、野兽伤害、碰撞、地陷、崖崩、雹灾、建筑物和其他物体倒塌等；（三）因前两项原因无法医治，经兽医部门证明，地区以上人民政府批准宰杀或为防止疫病传染，经当地县以上人民

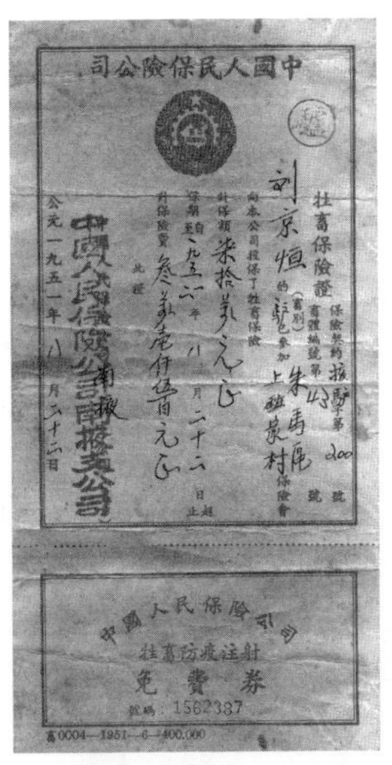

中國人民保險公司

牲畜保險證

公元一九五一年八月二十二日

中國人民保險公司

牲畜防疫注射

免費券

號碼：1562387

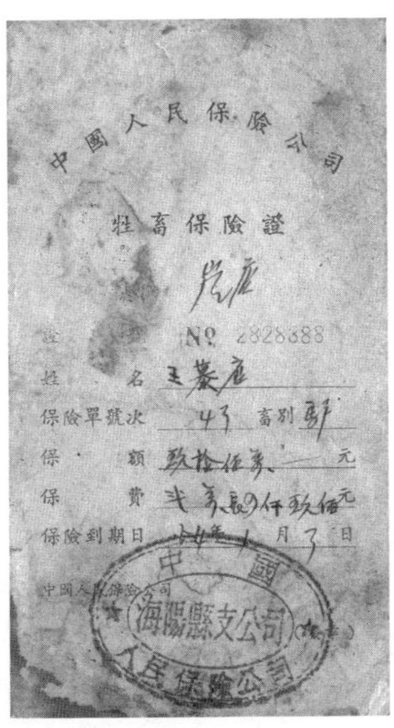

中國人民保險公司

牲畜保險證

姓名

保險單號次　　畜別

保額　　元

保費　　元

保險到期日　　年　月　日

海陽縣支公司

20 世纪 50 年代，人保牲畜保险证

中國人民保險公司

牲畜險保險單

畜主姓名

保險金額

第　　小組　第　　號

保單號次　字第 45 號

到期日　公元　年　月　日止

本保險單非經經手人簽署者不生效力

——本保險單之責任範圍——

（一）因患傳染病或內外科疾病之死亡。

（二）[illegible]

（三）[illegible]、火燒、[illegible]、洪水而死亡者。

（四）[illegible]

畜主應盡之義務

1. [illegible]

2. [illegible]

3. [illegible]

4. [illegible]

5. 牲畜生病或受傷後，[illegible]

6. [illegible]

7. 本保險單所保牲畜[illegible]

本保險單所承保之牲畜如遇發生死亡時，其處理辦法及賠款之償付，悉依據本公司規定之章則辦理。

20 世纪 50 年代，人保牲畜保险单

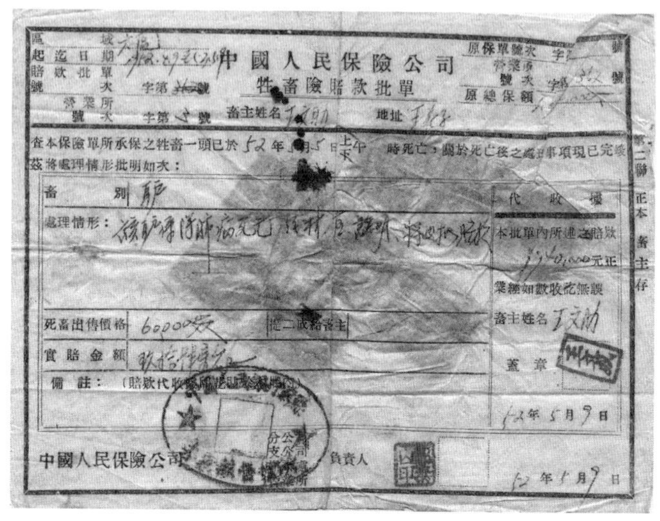

中國人民保險公司
牲畜險賠款批單

區域
起迄日期
賠款批單號次 字第 號
營業所號次 字第 號
畜主姓名
地址
原保單號次 字 號
營業所號次 字 號
原總保額

查本保險單所承保之牲畜一頭已於52年 月5日上午/下午 時死亡，關於死亡後之處理事項現已完竣茲將處理情形批明如次：

畜別 驢
處理情形：
死畜出售價格 60000元
提二成給畜主
實賠金額
備註：（賠款代收處所證明蓋章處）

代收據
本批單內所述之賠款 元正
業經如數收訖無誤
畜主姓名
蓋章
52年5月9日

中國人民保險公司 分公司 支公司 負責人
52年5月9日

第二聯 正本 畜主存

20 世纪 50 年代，人保牲畜险赔款批单

农民领保险赔款

委员会命令扑杀掩埋”。一些地区在《爱国增产护牛公约》中，还列有“我的耕牛必须每年要打防疫针”的条目。

有的牲畜保单后印有畜主应尽的义务：“1. 应尽力预防牲畜的疾病伤害或死亡。2. 对于牲畜的饲养和畜舍管理应妥善办理，不能任意虐待、伤害或减少饲料。3. 应接受预防牲畜疫病的注射或接种。4. 应接受牲畜健康和管理的检查。5. 牲畜生病或受伤后应从速聘请兽医诊治。6. 遇牲畜发生疾病时应与其他牲畜从速分开，不能同槽饲养、同地放牧。”

牲畜保险在全国各地逐步开展，受到了农民的欢迎和政府的重视。截至 1951 年底，全国已有 600 个地方办理了牲畜保险，承保牲畜 600 万头。到 1952 年，牲畜保险有了更快的发展，承保数量达到 1400 万头，其中 40 万头牲畜在死亡后得到了保险补偿。

20 世纪 50 年代后期，人保公司还在 37 个县试办了养猪保险，承保生猪 22000 头。湖南分公司推出了“平时包防疫，病时包治疗，死时包赔偿”的“三包”保险，扩充了原有的保险责任。全省共承保生猪 612 万头，死亡 16.3 万头，赔偿 112 万元，死亡率为 2.5%。湖南养猪“三包”保险是农村保险的一个飞跃，在全国迅速引起反响，各地纷纷仿效办理。

随着养猪“三包”保险经验的推广，出现了耕牛“三包”保险形式，新型的牲畜保险具体的保险手续委托农业生产合作社代办，保险公司指派专人在固定地区负责管理和指导。农业生产合作社对社内牲畜的情况比较熟悉，在办理保险手续、收取保费以及处理赔款等方面都比较及时，而且保险人员的工作点固定，能够更好地开展工作和与保户联系，提高了工作效率，节省了业务费用开支。

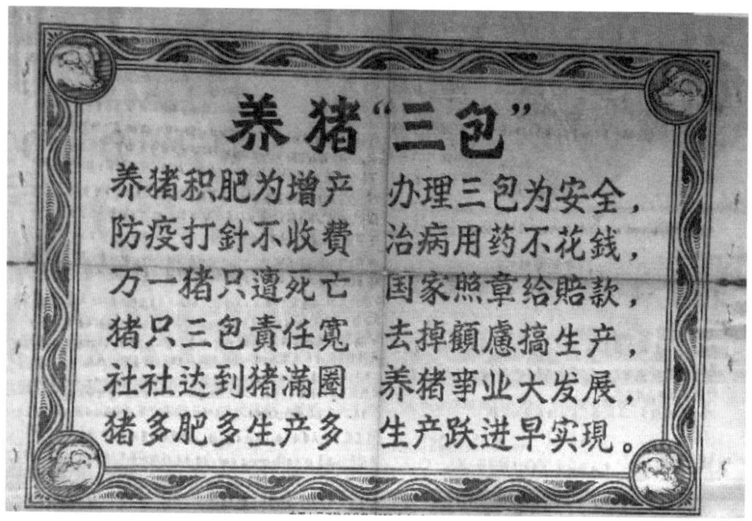

养猪“三包”

养猪积肥为增产　办理三包为安全，
防疫打針不收費　治病用药不花錢，
万一猪只遭死亡　国家照章给賠款，
猪只三包責任寬　去掉顧慮搞生产，
社社达到猪滿圈　养猪事业大发展，
猪多肥多生产多　生产跃进早实現。

20世纪50年代的养猪“三包”宣传单

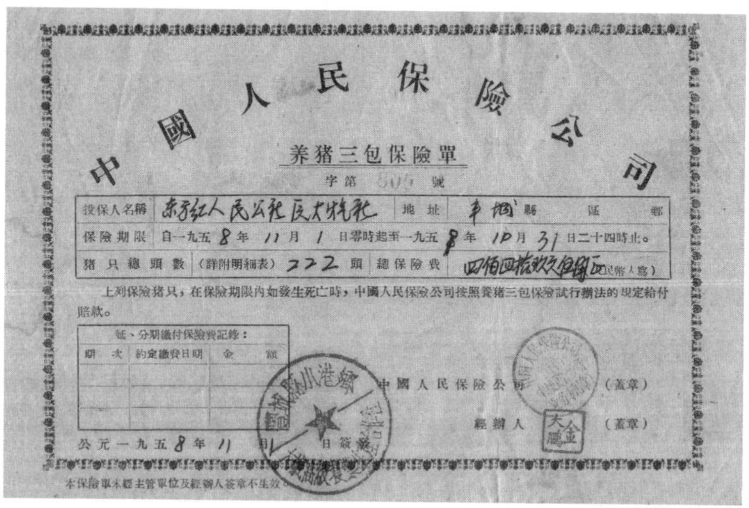

中國人民保險公司

养猪三包保險單

字第　[illegible]　號

投保人名稱	东方红人民公社[illegible]	地址	[illegible]縣　區　鄉
保險期限	自一九五8年11月1日零時起至一九五8年10月31日二十四時止。		
猪只總頭數	（詳附明細表）222頭	總保險費	[illegible]（人民幣大寫）

上列保險猪只，在保險期限內如發生死亡時，中國人民保險公司按照養猪三包保險試行辦法的規定給付賠款。

延、分期繳付保險費記錄：		
期次	約定繳費日期	金額

中國人民保險公司（蓋章）

經辦人（蓋章）

公元一九五8年11月1日簽發

本保險單未經主管單位及經辦人签章不生效。

20世纪50年代，人保养猪“三包”保险单

4. 处暑里的雨　谷仓里的米

1951 年，为配合国家扩大种植经济作物的政策，中国人民保险公司开始试办农作物保险。试办地区包括山东、苏北、陕西、山西、四川、江西、河北等省及北京、西安等市，共 36 个地区试办了棉花保险，并且还小范围试办了小麦、水稻、甘蔗、烟草、芝麻及葡萄等农作物的保险。棉花保险一般只保收获量的 50%，保量不保质，原则上不保旱灾。

1952 年，河北石家庄、邯郸地区的农户投保棉田后，因遭雹灾而获得保险赔偿，不仅获得损失补偿，而且得到了补给的种子费。当地政府因此有说服力地动员农民在 3 天内完成了 80% 以上的棉田补种和改种。有的农民说："要是早解放 30 年，遇到过去赶上的灾荒年，我也不会饿肚子了。"从那时起，农业保险就是政府的形象工程了。

在河北张家口涿鹿办事处的 1952 年 6 月的一张农作物水稻保险单上，可以看见印有两句话，"响应增产节约号召，积极参加农作物保险""参加农作物保险是爱国丰产的有力保证"。保险站位的高度，前所未有。

在保险责任一栏内印有："凡因遭受人力不可抗拒的自然灾害，如旱、冻、霜、雹、风、水、涝、雨、病、虫害……灾害及因防治和抢救自然灾害农作物之损失，使收获量不足保险额时，由本公司负赔偿责任。但因兽类踩踏、嚼食及一切人为的灾害损失（如盗窃、放火等）本公司不负赔偿责任。"

1951 年，李继明任中国人民保险公司苏北分公司副经理。苏

20 世纪 50 年代，人保小麦保险宣传画

20 世纪 50 年代，人保棉花保险说明书

北分公司起初人员很少，连半脱产的乡保险员计算在内，也不到 1000 人。

苏北沿海是一个老棉区，长期以来使用的棉花种子已退化，产量非常低，苏北政府要求保险公司配合农村推广优良种子的种植保险。

1951 年，苏北区政府在本地区大力推广“岱字棉”这一优良棉花品种，但农民对这一新品种不太相信。为了解除农民对风险的顾虑，李继明带领专家研发开办了“棉花收获保险”，该保险很受欢迎，开办的第一年，就承保了 46.5 万亩。

1956 年，由于农业合作化运动发展迅猛，上上下下要求保险工作配合农业合作化和手工业合作化的呼声很高。人保公司推行农作物法定保险，全国办理的农作物保险有小麦、棉花、杂粮、大豆、花生、烟草、稻谷、油菜籽、麻、甘蔗和甜菜等，其中四川、河南和山东等省的农作物保险品种最多，达 7 种之多。

1958 年，“大跃进”席卷全国，保险也随之狂热起来。对农作物保险是否开办，意见不一。一种意见认为，全国各地灾害极不平衡，灾情严重、涉及面大的地区欢迎农作物保险，但灾情较少的地区则不然，加上农作物风险很大，保险公司自身必须具有相当的保险储备金，才能维持经营，而且农村生产技术落后，农民保险意识不强，因此开办农作物保险条件不成熟。另一种意见认为，农民生活虽有困难，但有能力支付保险费，农作物保险目前赔付不是很高，高级合作化后，可以开办农作物自愿保险，将对巩固合作化、维持农业生产起到重要作用。

1958 年 1 月，人保公司向财政部呈报关于试办农作物保险的请示，建议在经济条件较好、合作社组织基础好的地区试办棉花、烟叶、油料等经济作物保险。当年在河北、吉林、河南 3 省开始试办，共承保各种农作物 25.7 万亩，保险责任包括水、旱、风、雹等自然灾害及因病虫造成农作物减产的损失，农作物保险逐步向水稻、玉米等全面展开。

随着农业“大跃进”的进一步深入及人民公社化运动出现，高指标使农作物上报产量的虚数很大，这样对一亩地承保多少就很难确定，承保指数小了解决不了实际问题。若按跃进指标承保，则公社须付出较大的保险费，这使保险公司和人民公社都感到为难，所以农作物保险开办时间不长，即鸣锣收兵了。

一、承保種類：

白蔴、胡蔴、葵花、小麥、蓧麥、水稻六種（間種作物可分開保、混種作物不予承保）。

二、責任範圍：

凡因遭受人力不可抗拒的自然災害，如旱、凍、霜、雹、風、水、澇、雨、病、蟲害……等災害及因防治和搶救自然災害農作物之損失，使收穫量不足保險額時，由本公司負賠償責任。但因獸類踩踏、啃食及一切人為的災害損失（如盜竊、放火……等）本公司不負賠償責任。

三、被保險人應盡之義務：

1. 農作物保險後，被保險人必須按照耕作計劃，進行追肥、鋤草、培土、排水、灌溉、防治病、蟲害等，應認真執行。
2. 被保險人應接受政府及本公司對農作物所提出各種防治自然災害的指示和建議，進行防治。
3. 投保之農作物，除積極加強防災外，倘遇災害發生（包括責任範圍以外的災害）被保險人應盡量搶救，防止損失擴大。根據災害實際情況，並立即進行補種或改種，同時報告本公司。
4. 受災後農作物的處理，均由被保險人自理，本公司不能代為處理。

上述應盡之義務，被保險人要認真履行，否則本公司有權不予賠償。

參加農作物保險是愛國豐產的有力保證

中國人民保險公司

農作物保險單

被保險人姓名　張　壹

保險單號碼　豐　字第　287　號

分户憑證號碼第＿＿＿號至第＿＿＿號

響應增產節約號召積極參加農作物保險

本保險單非經本公司經理或主任經手人會簽者不生效力。

20 世纪 50 年代，人保农作物保险单

中國人民保險公司

20 世纪 50 年代，人保小麦保险单

5. 成败之间

从1950年到1952年，农业保险共收保费4800多亿元（旧币），支付赔款1800多亿元（旧币）。

也许是由于新中国成立初期高涨的革命热情所驱使，也许是由于人保公司创业阶段奋发的工作干劲发生偏差，采取了一些简单粗暴的强迫命令式的工作方法，使农业保险出现了过急过快的问题。

有人提出："不保险就是不爱国，不相信政府。"有的地方甚至采用连续开会、民兵站岗把门、强迫学习保险条例、不保不准走，或者半夜敲门催收保费的恶劣做法。在吉林长春开办牲畜保险时，竟把保险和镇反结合进行，提出"参不参加保险，就看你对政府有没有认识"的说法。有的地区提出"限定三天完成任务，否则村干部要受处分"的恐吓要求，生硬地把保险任务交给乡、村干部包办代替，结果形成乡村干部强迫动员，层层摊派，造成了不良影响。[7]

1951年11月，人保公司在北京召开了农业保险汇报会，会议讨论了各地开展农业保险出现的强迫命令的情况，财政部副部长王绍鏊在会上强调，今后必须坚定不移地贯彻农业保险工作的自愿原则，彻底纠正强迫命令作风。

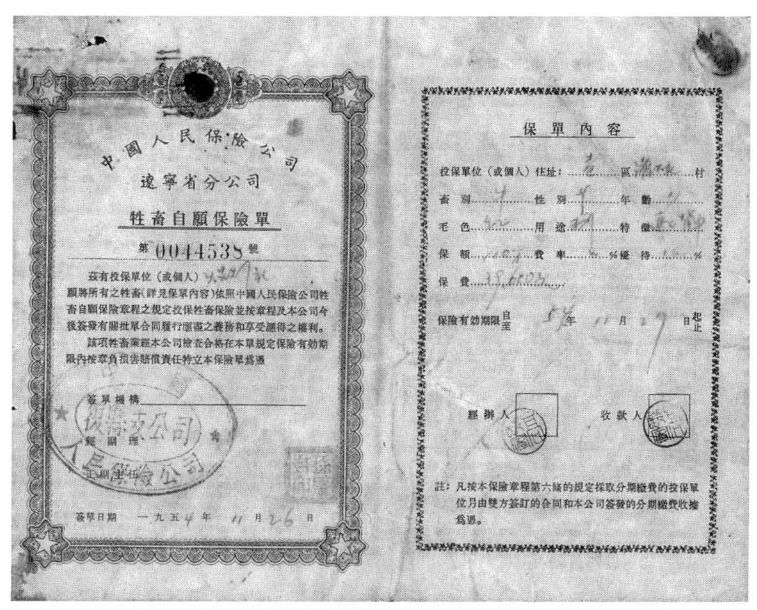

中國人民保險公司

遼寧省分公司

牲畜自願保險單

第 0044538 號

茲有投保單位（或個人）

願將所有之牲畜（詳見保單內容）依照中國人民保險公司牲畜自願保險章程之規定投保牲畜保險並按章程及本公司今後簽發有關批單合同履行應盡之義務和享受應得之權利。

該項牲畜業經本公司檢查合格在本單規定保險有効期限內按章負損害賠償責任特立本保險單爲憑

簽單機構

總經理

正副主任

簽單日期　一九五4年　11月26日

保單內容

投保單位（或個人）住址：……區……村

畜別……性別……年齡……

毛色……用途……特徵……

保額……費率……%優待……%

保費……

保險有効期限自至　54年　11月　29日起止

經辦人　　收款人

註：凡按本保險章程第六條的規定採取分期繳費的投保單位另由雙方簽訂的合同和本公司簽發的分期繳費收據爲憑。

20 世纪 50 年代，人保牲畜自愿保险单

1953 年 3 月，第三次全国保险会议在北京举行，会议在总结农村保险业务时指出，牲畜保险有盲目冒进的倾向，由于工作不深入，简单粗暴，对牲畜不注意验体，不严格掌握评价，许多承保的牲畜只是依靠村干部开一个单子，报一个数字。以致手续混乱，账目不清，欠费大、赔款多，有的错赔、乱赔，有的该赔不赔。强迫命令的结果是，保险公司没赚钱，农民还认为是负担。

会议决定停办牲畜保险业务，停办农作物保险新业务。1952 年承保的业务到期为止，1953 年新保业务全部退保，个别农民坚决不愿退保的，可以保到期满为止。

1953年底，全国各地基本上完成了农业保险的停办工作。随着农业保险的停办，保险机构和保险从业人员也随之精减，机构从1784个减少到1057个，人员从51000人减少到32000人。

从农民对停办及退保的反应看，大部分是没有意见的。他们当中有的过去是在强迫命令的情况下投保的，有的是交保费有困难的，或者认为保险没有必要的。也有一部分农民因为牲畜比较老弱，交保费感到不是很困难的，或者是对保险好处有些认识和得过赔款的，都不愿意停办，更不愿意退保。

特别是东北地区，由于农村经济和互助合作运动发展较快，加之马匹多、价值高、马尸体不如牛尸体值钱等原因，对保险有一定要求，各地农民要求继续开办农业保险的意见逐级反映到中共中央东北局，经报请中财委批准后，1953年9月，东北地区在一些重点县乡重新开办牲畜保险，这为后来全国范围内重启农村保险业务积累了经验。

东北地区重点试办牲畜保险的实践表明，农村对保险有一定需求，而且保险对象集中，便于管理。但不利条件是农村经济比较薄弱，人员居住分散，一部分农民有浓厚的小私有者意识，保不保与己无关，或者投保了，却不注意爱护牲畜。因此人保公司为了提高牲畜保险质量，按照“原则统一，因地制宜”思路，在验体、评价、理赔等具体工作方面比以前更细致，在加强宣传、解释的基础上，贯彻落实自愿投保原则。我在一张耕牛保险理赔报告单上，看见其中特别注明：“该牛劳动过度，未有吃药。”

1954年11月，第四次全国保险工作会议在北京召开。会议指出，年前过分强调农业保险的收缩和停办，不够慎重和妥当，操之过急，在积极改进和提高方面考虑得不够。会议转发了重要文件《农村保险工作四年总结》，文件的“今后意见”部分指出：

农业是社会生产中的基本生产部门之一，在整个国民经济中占有很重要的地位，为保证整个国民经济有计划按比例发展，除国家应有足够的后备力量以应对农业上的重大灾害外，还需要按照社会主义经济制度，组织专门的保险基金，用来补偿集体或个体的农业经济单位因意外灾害所遭受的损失。因此农村保险是发展农业保险的重要环节之一，也是公家保险的主要业务。[8]

1955 年 7 月，中共中央召开了省、市、自治区党委书记会议，毛泽东在会上作了《关于农业合作化问题》的报告。从此，农业合作化运动迅猛发展，出现了整乡、整区、整县实现农业合作化的现象。由于农业合作化运动快速发展，上上下下要求保险工作配合农业合作化的呼声很高，许多地区农业生产合作社要求办理保险，沿海渔业生产合作社也要求开办渔业保险。

1956 年 2 月，第五次全国保险工作会议在北京召开，会上公司副总经理张蓬提出，保险工作要适应农业合作化社会改革和农业生产发展的需求，要把工作重点转向农村，积极地有计划有步骤地开展农村保险业务，为逐步实行法定保险创造条件，争取在第一个五年计划期间，对农业生产合作社，负担起基本保险责任。

1956年4月，由人保总公司召开省分公司及重点支公司参加的农村保险调查研究会议，计划1957年先在部分地区试行农作物和牲畜的法定保险。飞速发展的形势，使广大的保险干部欢欣鼓舞。但是，万万没想到的情况出现了：

1956年第五次全国保险工作会议后，财政部领导到中南海汇报保险工作，当提到农村法定保险的事项时，毛泽东主席当即指示："愿保就保，不愿保就不保。"周恩来总理在一旁也说道："过去办得急躁了，冒进了，现在又要办，切记过去的经验教训，要谨慎，不可急躁。"[9]

1956年5月，财政部上报国务院有关法定农业保险的文件中指出，法定保险的好处是普遍投保，保险费收入多，局部地区受灾，可以在全国范围分摊灾害损失，这样可以从低拟定保险费率，减轻群众负担，而且普遍投保，可以简化保险手续，节约人力和保险费用。但我国当时和苏联不同，不具备法定保险条件，只能推行自愿保险形式，即愿保就保，不愿保就不保的原则。建议在第二个五年计划期间再考虑试办法定保险。原本要推广苏联法定农村保险业的打算，因此被放下了。

1956年6月，人保公司召开21个省市分公司经理临时会议，贝仲选总经理在会上传达了毛主席、周总理的批示，要求大家统一认识，坚决贯彻执行。

20 世纪 50 年代，人保湖南分公司养猪保险会议

20 世纪 50 年代，参加人保湖南分公司养猪保险会议的代表合影

在明确提出停办法定保险以后，关于农村保险时而要求发展，时而要求退缩，这种指导方针的反复波动在保险系统广大干部的思想上引起了极大震动，许多人陷入困惑之中，上上下下普遍感到迷失了方向。

1958年9月，人保公司计划在长沙召开养猪“三包”保险现场会议。但会议还没结束，就传来了停办国内保险的消息。当时作为会务工作人员的魏润泉记述：

> 我们满含热情，先期抵达会场进行筹备。正在搞得热火朝天的时候，忽然传来一个消息，因为人民公社化了，保险没有办理的必要了，要仓促收场，全体筹备人员收兵回去。当时我有点想不通，保险在中国办了一百多年了，包括解放前和解放后，怎么说停就突然停了呢？岂不草率！[10]

1958年10月，在西安召开的全国财贸工作会议提出：“人民公社化以后，保险工作的作用已经消失，除国外业务继续办理外，国内业务应立即停办。”

反反复复的农业保险，磕磕绊绊地一路走来，最终也同其他国内保险业务一样，迎来了历史上最低潮的时期。

第十三章

海外保险的浪花一朵朵

1. 英美保险告别“东方巴黎”

1949 年以前，英美等国家的保险公司凭借政治特权以及自身雄厚的资金实力，垄断和控制中国保险市场长达 100 多年。它们以上海为中心，不断向内地渗透，其分支机构遍布中国的各重要口岸城市。

在半殖民地半封建社会勉强挣扎的民族保险业，以其薄弱的资金实力和较低的管理技术，很难在竞争中与外国保险公司相抗衡。无论是私人资本还是官僚资本经营的保险公司，本身所能负担的保险责任十分有限，只能长期依靠外商受理大量分保业务。抗日战争胜利后，华商保险公司订立的自留责任限额仍然很低，各分保集团的部分公司业务还各自分往国外。

当时，由于中国进出口贸易额很小，也没有自己的船舶，寿险保额又很低，所以分出的业务主要是火险业务。分出的保险业务的渠道主要有伦敦市场、瑞士再保险公司，另外还有美国市场。特别是美亚保险公司，凭借国民政府依赖美国政治经济势力的有利条件和自身实力，获得政府部门大量进出口货物运输保险业务，并通过接受华商保险公司合约固定分保、预约分保和临时分保赚取大量外汇。从某种角度来看，中国的保险公司等于做了外国保险公司的代理人，业务范围与业务规模甚至章则费率等都要受外国资本的控制与支配，大部分保险收入归外商所有。在丰厚利润的驱使下，外国保险公司纷纷来华设立分支机构或代理机构，截至1948年6月底，仅上海一地就聚集外商保险公司达63家。

新中国成立后，为了彻底改变外商垄断中国保险市场的局面，维护民族独立，不仅取消了外商在华保险公司的种种特权，如外汇自由汇出、华洋两种费率等，还对其业务经营施行严格管理的政策，如禁用外币保单、禁止挪用保费经营商业或拆除私人生息等。外商保险公司只有在中国政府法律、政策允许的范围内经营业务。

中国政府终止了中资公司的对外分保业务，规定对国外分保业务由中国保险公司统一对外，从而使国营公司有了较强的再保险能力。国营保险公司不仅自身能够承揽巨额业务，而且可以接受私营华商公司的溢额分保，为切断私营华商公司与外商公司的联系奠定了基础。旧中国保险业的殖民地买办性、投机性也随之被逐步克服。[1]

随着国有保险公司业务增长迅速，外商保险公司不仅失去依靠政府特权获取的高额利润，也失去了大量的分保收入。在国营外贸系统和新的海关建立后，其直接业务来源越来越少。中国人

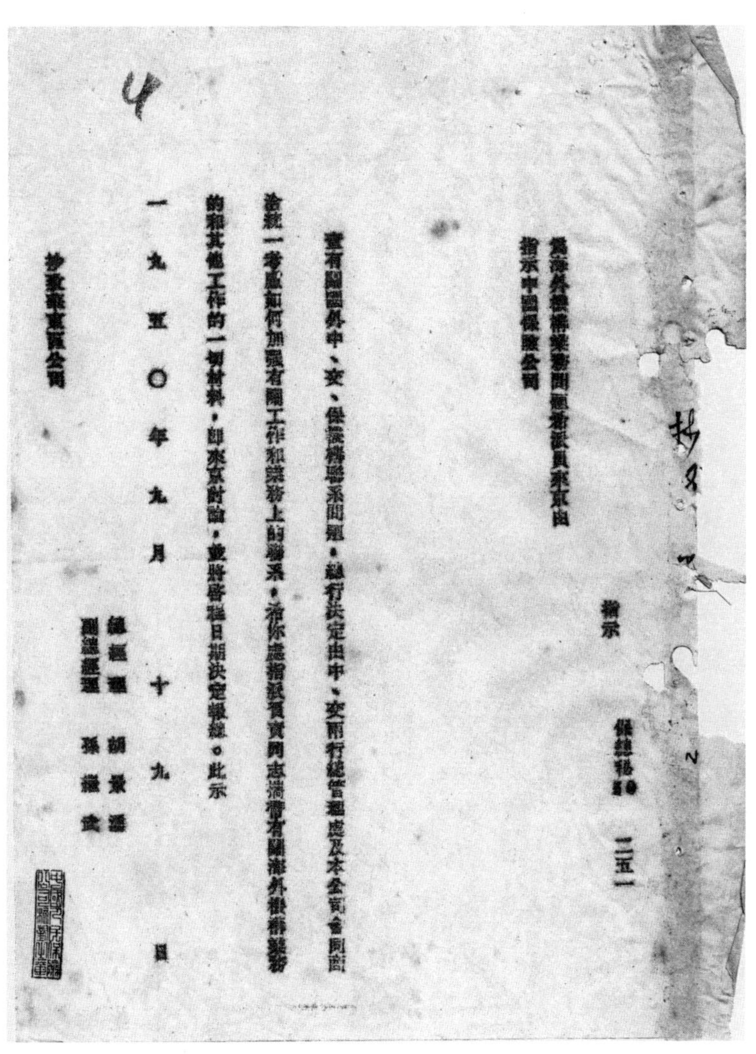

为海外保险业务问题希派员来京由

指示中国保险公司

指示　保总秘第○二五一

查有关国外中、交、保险机构联系问题，总行决定由中、交两行总管理处及本公司会同商洽统一考虑如何加强有关工作和业务上的联系，希你处指派负责同志携带有关海外保险业务的和其他工作的一切材料，即来京讨论，并将启程日期决定报总。此示

一九五〇年九月十九日

总经理　胡景沄
副总经理　孙继武

抄致华东区公司

1950 年，人保总部给中国保险公司的指示

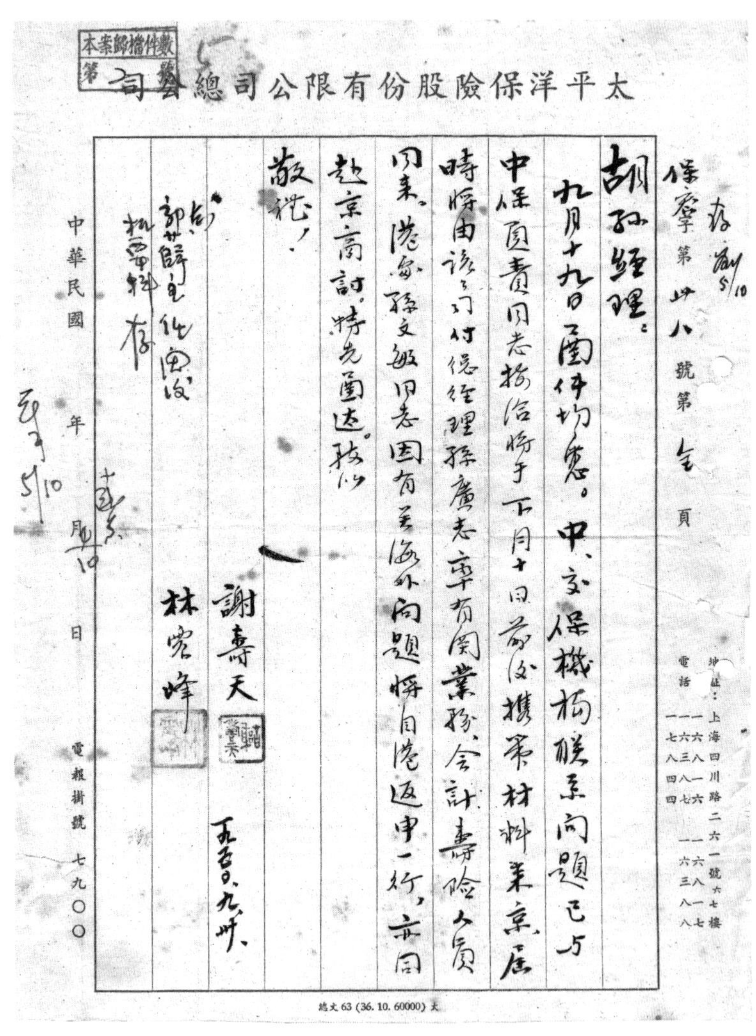

太平洋保險股份有限公司總公司

保密 第 卅八 號 第 全 頁

胡副經理：

九月十九日函件均悉。中、交保機構聯系問題已与中保負責同志接洽，將于下月十日前後攜帶材料來京。屆時將由該公司付總經理孫廣志率有關業務、会計、壽險人員同來。港分公司文敏同志因有关海外問題將自港返申一行，並同赴京商討。特先函達。致以

敬禮！

謝壽天

林震峰

中華民國 年 十月 日

地址：上海四川路二六一號六七樓

電話：一六八一六 一六三八七 一七八四四 一六八一七 一六三八八

電報掛號 七九〇〇

1950 年，林震峰、谢寿天给人保总部的信

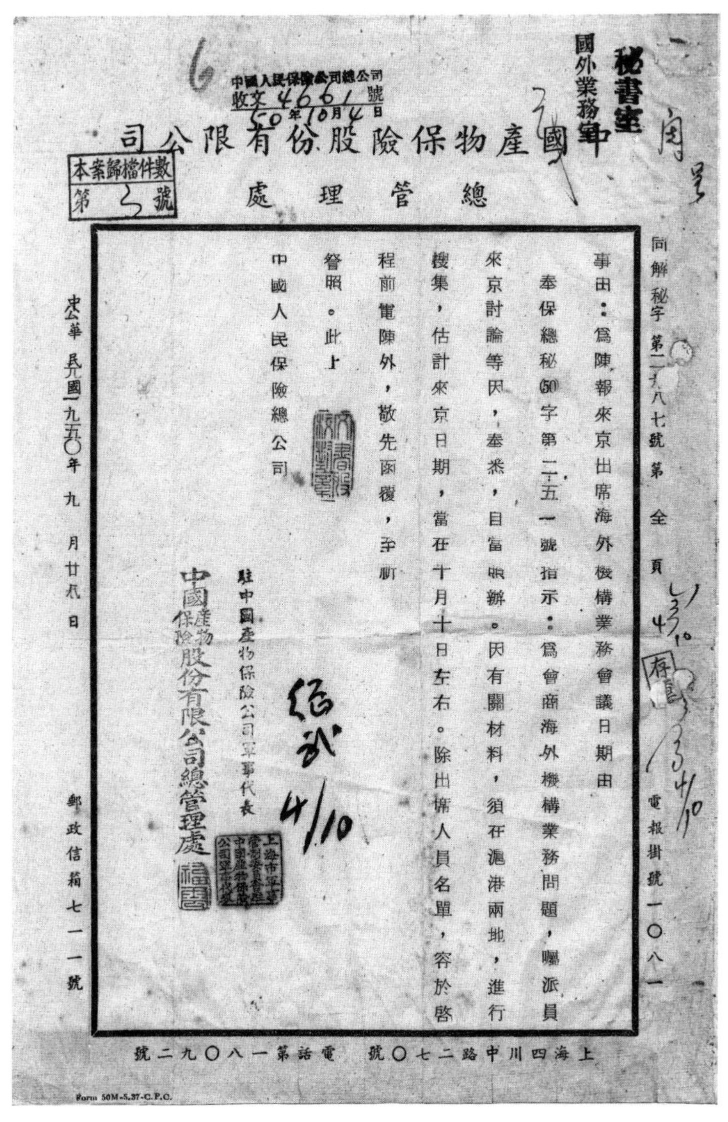
秘書室
國外業務處

中國人民保險公司總公司
收文 4661 號
50 年 10 月 4 日

中國產物保險股份有限公司
總管理處

本案歸檔件數
第　號

同解秘字第二九八七號第　全　頁

事由：爲陳報來京出席海外機構業務會議日期由

奉保總秘50字第二五一號指示：爲會商海外機構業務問題，囑派員來京討論等因，奉悉，自當照辦。因有關材料，須在滬港兩地，進行搜集，估計來京日期，當在十月十日左右。除出席人員名單，容於啓程前電陳外，敬先函覆，即祈

詧照。此上

中國人民保險總公司

駐中國產物保險公司軍事代表

中國產物保險股份有限公司總管理處

中華民國一九五〇年九月廿八日

郵政信箱七一一號

電報掛號一〇八一

上海四川中路二七〇號　電話第一八〇九二號

Form 50M-5.37-C.P.C.

1950 年，孙继武对外交往的批件

民保险公司吴波总经理在第三次全国保险工作会议上的报告中讲道："1949 年在中国的外国保险公司的保险费收入要占全国保险费收入的 62%，1950 年降低到了 9.8%，1951 年降低到 0.4%，1952 年降低到 0.1%，实际上完全被排斥了。"到 1952 年底，外国在华保险公司陆续申请停业。

2. 苏联保险告别"达里因"

大连地名是"达里因"的音转，"达里因"系俄语，是"远处"之意。"达里因"的由来是，在大连沦为俄国租借地以后，根据沙皇尼古拉之令将此地命名为达里因，同时作为自由贸易港开放。后音转为大连。

1945 年，苏联红军占领旅大后，苏联国外保险管理局于 1946 年在大连建立驻东北总代表办事处，其当时主要承办苏联企业的火灾保险业务，也兼办中国企业的保险业务，如中长铁路、大连港、大连造船厂、大连海洋渔业公司、远东电业局和秋林洋行等单位的财产保险。中国人民保险公司成立后，该办事处承办的企业财产保险大部分移交中国人民保险公司代理。1952 年，苏联红军撤退回国，苏联国外保险管理局指令其驻中国东北总代表尹米里雅诺夫，将所有在中国东北境内的财产保险业务无偿地移交中国。

1952 年 12 月 23 日，中苏双方在大连进行交接的准备工作，中国人民保险公司东北区公司派 3 人前往大连接洽。双方商定：

（一）苏联政府对外保险局决定无偿移交我方的保险业务为驻东北总代表所有在东北境内财产险之全部有效保单，由我方自一九五三年一月一日零时起，按照苏联政府对外保险局之章则条款继续负责，至到期日为止。（二）所有保险费均逐笔自一九五三年一月一日零时起按比例计算，扣除同一比例计算苏联对外保险局已支付之代理人佣金、营业税及附加税后，全部无偿交给我方。（三）全部有效保单之一切有关文件及保单副本无偿移交给我方。（四）于接交手续完成后，双方分别通知被保险人。另有哈尔滨秋林洋行在一九五二年申请自一九五三年一月一日减低保额之退费由我方接收后退还给该公司。（五）原苏联对外保险局之苏联代理人在苏方征得本人意见后由我方确定留用。（六）接交日期待苏方代表去哈尔滨回大连后确定。[2]

1952 年 12 月 31 日，在大连市苏联国外保险管理局驻东北代表办事处举行接交手续的签字仪式。参加仪式的共 10 人，中方代表为人保东北区公司经理罗高元、东北区公司副经理马学信、旅大分公司经理张信孚及旅大市政府外事处工作人员等；苏方代表尹米里雅诺夫、会计巴尔苏洛夫、苏联商务代表处大连分处沙越星雅夫及拉丁等工作人员。双方代表在互致贺词与谢词之后，分别宣读了中文、俄文的接交凭证，并在签字后互相交换凭证。

这次移交的是苏联承保的秋林公司和苏联居民的财产火灾保

险业务。接交凭证上记载，有效保险单共20张，被保险财产之保险金额计人民币128674721847元（旧币，下同）；自1953年1月1日起由中国人民保险公司负责至到期日为止，应收部分之保险费总计人民币1155285660元。接交手续完成后，双方于1953年1月3日分别通知被保险人，哈尔滨秋林公司的退费亦于同日退交，并向旅大人民日报社联系发布新闻消息。

至此，外国保险公司完全退出了中国保险市场。

苏联国外保险管理局驻东北总代表办事处设立7年来，曾经不断地介绍苏联保险业务理论和工作经验，对中国人民保险事业的创立和发展作出了有益的贡献。在移交工作中，他们以慎重细致的友好合作态度，认真贯彻无偿移交的原则。

这是中国人保发展史上的一件大事，罗高元见证了这一重要时刻。罗高元在后来的回忆录中，对当时中苏两国兄弟般的情谊，和中苏保险同业间的友谊与合作，表达了深深的怀念。可惜当年他和苏联保险专家的合影照片，在“文革”时期，为躲避“勾结苏修”的麻烦，全都遗失了。

3. 靠“海后轮”起家的涉外保险

新中国成立初期，中国当时没有自己的远洋轮船，租用苏联的又太显眼，因此，经常租用悬挂希腊、巴拿马等国旗的轮船，方便进出口货运，以免受到干扰。

1951年2月，中国租用巴拿马籍船“海后轮”，从国外进口橡胶等军用物资，价值107万英镑，在回国途中，被台湾当局拦截，劫掠到基隆港扣押。

该轮船保险均由中国保险公司上海分公司承保，出险后，中国保险公司立即将出险经过电告伦敦合约再保险人，审核了装上“海后轮”数以万计的物资的全部单证，核定确切的损失数字，要求支付现金赔款。当时在伦敦考察的王恩韶也帮着中国保险公司驻伦敦的代表，做了协助研究对策的工作。

首先要对事件定性：究竟是什么损失？货运险保的是两类损失：一是海运险，包括自然灾害和意外事故，例如触礁、搁浅、失火等；二是战争险，但对“战争”并没有定义。作为分保分出人，我方认为：船货被劫，当然不能算海运险，只能算战争险。而伦敦市场分保接受人则认为：双方并未交战，不能算战争险。我方研究了保险条款，发现一条：海盗劫持是海运保险单承保的一项责任。于是据理力争：本案虽无交战行为，但保险标的系被劫持，劫持即是海盗行为，理应赔付。这是双方争论的焦点之一。[3]

伦敦劳合社方面先以“运载物资的船舶改变航程未获通知，保险期限自卸载孟买港终止”为理由，不同意赔偿。中方以“物资未到达目的港，出有‘在孟买中转续运’的批单，同意继续航程，不能终止保险契约”，驳回对方的拒赔理由。对方又以“海后轮”

未遭双方交战，保险条款不包括劫持责任为由，企图再次拒赔。

人保的李嘉华当时刚从英国回来，他的法律专业得到了施展的机会。大家一起研究对策，在国际法律条款中寻找对策。人保据理力争，船舶与货物是在暴力劫持下遭受的损失，保险人应按条款规定的“海盗”责任给予赔偿。

最终，伦敦分保的95%，被全部摊回。支付赔款后，主宰船货、海运战争险费率、条款的伦敦市场马上大幅度提高对中国进出口海运险的战争险费率，从原先的0.2%~0.5%，一下子提高到10%，这是保险史前所未有的。人保经过数年说理斗争，逐步将费率降回到5%，又逐步降到0.1%。

周恩来总理知道此事后，非常关注。该事件在中国人保历史上也留下了浓墨重彩的一笔，被称为“百万英镑”事件。

国民经济恢复时期的海外保险业务，主要由为了保障国家进出口贸易安全开办的海洋物资运输保险及附加保险业务，以及为了分散风险减少外汇支出而进行的国际分保业务等组成，其中进出口贸易的保险业务比重最大，是整个海外业务最重要的部分。

新中国成立后，国家恢复和发展了进出口贸易，进出口物资大部分通过海洋运输，在运输过程中遭受巨额损失的可能性很大。一旦发生意外事故，容易冲击国家外汇收支平衡。因此，进出口贸易需要实行物资运输保险，以解决进出口物资遭受意外损失后的外汇补偿问题。朝鲜战争爆发后，中国进出口物资的海洋运输遭到台湾国民党当局的阻挠和破坏。在这种情况下，进出口贸易除需要运输保险以外，战争保险也尤为重要。为此，中国人民保险公司开办了海洋运输保险和战争保险业务，主要险种有兵险、

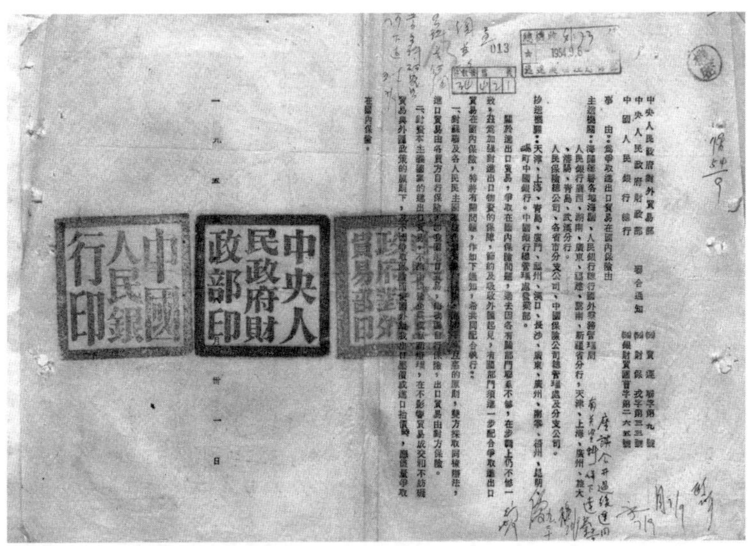

中央人民政府對外貿易部
中央人民政府財政部
中國人民銀行總行
聯合通知

事由：為爭取進出口貿易在國內保險由

主送機關：海關總署各地海關、人民銀行總行國外業務管理局、人民銀行廣西、湖南、廣東、福建、雲南、新疆省分行，天津、上海、廣州、旅大、瀋陽、青島、武漢分行。人民保險總公司、各省市分支公司、中國保險公司總管理處及分支公司。

抄送機關：天津、上海、青島、廈門、福州、漢口、長沙、廣東、廣州、南寧、梧州、昆明中國銀行。中國銀行總管理處營業部。

關於進出口貿易，爭取在國內保險問題，過去因各有關部門聯系不夠，在步調上仍不夠一致，為適應加強對進出口物資的保障，節約及吸收外匯起見，有關部門須進一步配合爭取進出口貿易在國內保險，特將有關問題，作如下通知，希共同配合執行：

一、對蘇聯及各人民民主國家……的原則，雙方採取同樣辦法，進口貿易由各買方自行保險……出口貿易由對方保險。

二、對資本主義國家的進出口貿易……在不影響貿易成交和不妨礙貿易與外匯政策的原則下，……應儘量爭取在國內保險。

中國人民銀行印　中央人民政府財政部印　中央人民政府對外貿易部印

20 世纪 50 年代的出口贸易文件

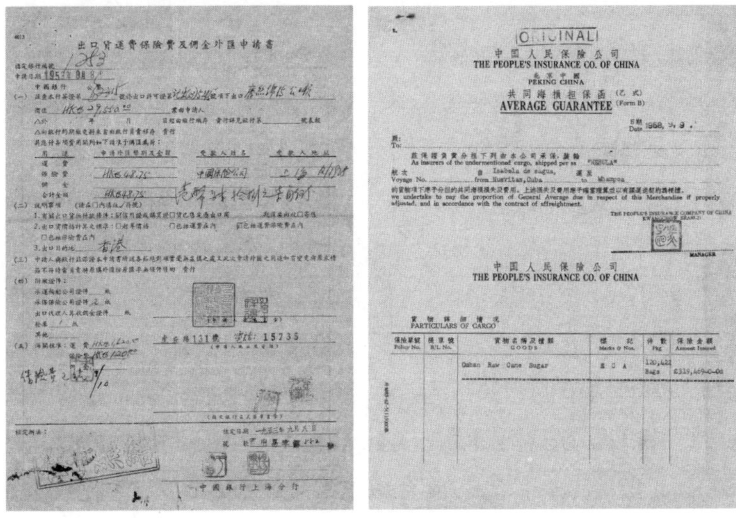

出口貨運費保險費及佣金外匯申請書

中國銀行上海分行

ORIGINAL

中国人民保险公司
THE PEOPLE'S INSURANCE CO. OF CHINA
北京中国
PEKING CHINA
共同海损担保函（乙式）
AVERAGE GUARANTEE (Form B)

日期 Date 1968, 9, 9.

To:

As insurers of the undermentioned cargo, shipped per ss. "NEBULA"
Voyage No. from Isabela de sagua, Nuevitas, Cuba to Whampoa
we undertake to pay the proportion of General Average due in respect of this Merchandise if properly adjusted, and in accordance with the contract of affreightment.

THE PEOPLE'S INSURANCE COMPANY OF CHINA
KWANGCHOW BRANCH
MANAGER

中国人民保险公司
THE PEOPLE'S INSURANCE CO. OF CHINA

PARTICULARS OF CARGO

保险單號 Policy No.	提單號 B/L No.	貨物名稱及種類 GOODS	標記 Marks & Nos.	件數 Pkg.	保險金額 Amount Insured
		Cuban Raw Cane Sugar	E C A	120,422 Bags	£319,469-0-0d

20 世纪 50 年代的出口货物外汇申请书　20 世纪 60 年代的共同海损担保函

20 世纪 60 年代，人保的国际运输保险单

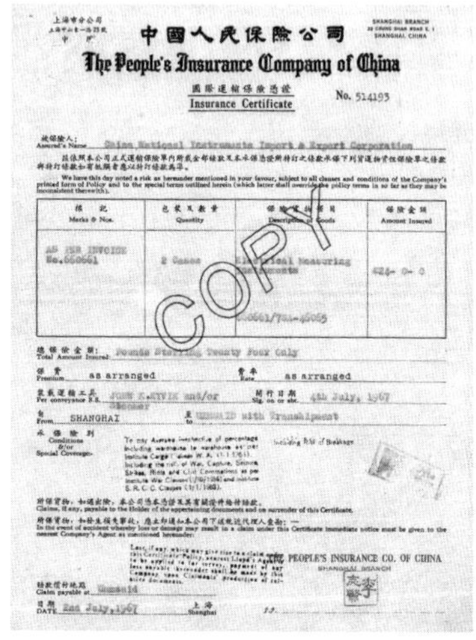

中國人民保險公司
The People's Insurance Company of China
SHANGHAI BRANCH
SHANGHAI, CHINA
國際運輸保險憑證
Insurance Certificate
No. 514193

被保險人：
Assured's Name

We have this day noted a risk as hereunder mentioned in your favour, subject to all clauses and conditions of the Company's printed form of Policy and to the special terms outlined herein (which latter shall override the policy terms in so far as they may be inconsistent therewith).

標記 Marks & Nos.	包裝及數量 Quantity	保險貨物項目 Description of Goods	保險金額 Amount Insured

COPY

總保險金額：
Total Amount Insured:

保費 Premium as arranged　費率 Rate as arranged

裝載運輸工具 Per conveyance S.S.　開行日期 Sig. on or abt.

自 From SHANGHAI　至 to

承保險別 Conditions &/or Special Coverage:

Claims, if any, payable to the Holder of the appertaining documents and on surrender of this Certificate.

In the event of accident whereby loss or damage may result in a claim under this Certificate immediate notice must be given to the nearest Company's Agent as mentioned hereunder:

THE PEOPLE'S INSURANCE CO. OF CHINA
SHANGHAI BRANCH

賠款償付地點 Claim payable at

日期 DATE　上海 Shanghai

20 世纪 60 年代，人保的国际运输保险单

共同海损、平安险、水渍险、淡水险、潮湿险、偷窃险、碰损险、短少险、破碎险等。

对于海外保险业务，一开始就明确了由国家经营的原则。作为国家保险机构，中国人民保险公司的海外业务，最初是由所属专营外币业务的专业性公司——中国保险公司开办的。同时，通过香港民安保险公司和公私合营太平保险公司的海外机构承办少部分进出口物资的保险业务。从 1950 年起，中国人民保险公司开始直接承办海外保险业务，主要是对东欧的业务。中国人民保险公司还与国家贸易部门建立了预约保险合约关系。截至 1952 年 11 月，中国人民保险公司海外保险直接业务部分的保费收入累计 8325.6 亿元，其专营机构中国保险公司直接保费收入累计 2772.8

亿元。国外保险业务自 1951 年 1 月至 1952 年 11 月的赔款金额（不含分保摊回赔款）为 461.7 亿元。

但是受极“左”路线影响，人保也曾提出“赶超英美”“建立北京国际再保险中心”等不现实的口号。

4. 分保分东西阵营

国际分保业务是海外保险业务的重要组成部分。新中国成立后，政务院明确规定，国内业务不办理分保，国际再保险实行国家垄断，由中国人民保险公司统一经营。对资本主义国家的分保，由中国保险公司出面经营。

国民经济恢复时期，国家保险机构发展国际分保业务的方针是：“加强与苏联及东欧人民民主国家保险公司的团结与合作，而同时按照两利原则不放弃利用资本主义国家关系为我服务。”

随着中苏贸易的发展，两国之间的保险合作也发展起来。1950 年 10 月，中国人保与苏联国外保险局订立了一个 100 万美元的分保合约，波兰、捷克等国家保险机构也加入了该合约。在分入分保方面，中国人保与苏联、波兰、捷克 3 个国家在 1951 年都有少量业务往来。1952 年初，中国人保与苏联等社会主义国家保险机构再次修订分保合约，扩大接受中方分出限额为 300 万美元。同时，中国人保以超过本公司自留额 20% 以上的业务与中国保险公司进行分保。这样，中国国家保险机构的国际分保总限额达到 840 万美元，基本上适应了对外贸易的需要。

20 世纪 50 年代，中国保险代表团成员阎达寅在莫斯科红场

20 世纪 50 年代，王永明（中间）在苏联

20 世纪 50 年代，王永明（左一）在苏联

20 世纪 50 年代，参加海外保险会议人员合影

中国人保也争取了苏、波、保、捷等国保险机构的转分保业务。另外，中国保险公司三次派人参加了8个社会主义国家（苏、中、捷、波、东德、匈、保、罗）保险会议。在分散风险、吸收外汇资金、配合国家对外政策等方面起到了一定的作用。

1952年，中国人保从苏联等社会主义国家分入分保业务收入达97.44亿元。这些合作使中国人民保险公司增强了在国际市场上竞争的力量。

当时，中国人保对“同志加兄弟”的社会主义阵营国家经常提供无私帮助。据王恩韶介绍：

> 1954年，朝鲜国家保险局派两名业务骨干来中国考察、学习，领导让秦道夫和我向他们介绍国外业务和再保险，并交代我们要无私地帮助他们。我们就将当时办理国外业务的一些经验和应注意的问题，毫无保留地介绍给他们。他们回去后，朝鲜也开始办理国外业务，成立了国外保险局，其中一位还当了局长。[4]

秦道夫在书中回忆：

> 我们还带领他们到各基层公司去考察了解。临走时，朝

鲜同行提出一个要求，希望我们能给他们几本中文保险书带回国，学习参考。他们说，英文书看不懂，中文书可以看懂，在朝鲜许多人是在中国工作多年回国的。非常遗憾，当时人保公司除了《苏联国家保险》外，也没有用中文写的保险著作。施哲明处长从中国保险公司管理处要来几本从伦敦买回来的英文书，加上《苏联国家保险》送给他们带回国了。[5]

其实，苏联专家康辛的这部《苏联国家保险》书，是胡景澐访问苏联时带回来的，他指示安排公司的人组织翻译，由财政经济出版社出版，总部人手一册。1954 年，人保公司总部作出学习《苏联国家保险》一书的决定，要求在人保系统掀起学习的高潮，办公室主任阎达寅曾多次做关于学习这本书的辅导报告。此书对人保产生了巨大影响，以致交通部组织撰写《海商法》，也要参考这本书及《苏联海商法》。

20 世纪 50 年代初，由于国际政治经济形势极为严峻，帝国主义在海上对中国实施封锁禁运，外贸运输随时都有可能遭受战争损失，影响中国外汇收支计划。为冲破外来的各种障碍，中国保险公司保持发展了新中国成立前同伦敦保险市场的分保业务关系，使中国进出口贸易和海外各地分支机构经营的运输保险业务和火灾业务得以继续向伦敦保险市场分保。

秦道夫与朝鲜保险访问团成员合影

中国保险代表团在捷克

王恩韶在回忆录中说，当时中国保险公司的对外分保业务主要通过伦敦保险经纪人公司 Willis 安排，只有分出，根本没有分入。人保在伦敦设立了一个机构，叫人保驻伦敦联络处，中国银行伦敦分行的一名英国人，名叫 Noble，他负责和当地客户打交道，这是中国人保最早的涉外机构。[6]

当时，伦敦再保险市场对于中国的分保合同所规定的分保条件非常苛刻，特别是在手续费、结算方法以及战争险业务条款方面。中国保险公司、中国人民保险公司据理力争，坚持不断地与伦敦保险市场进行交涉。从 1959 年起，中方开始使用自己制定的战争险费率和条款，摆脱了伦敦保险市场战争险费率的束缚。

从新中国成立初至1952年11月，中国人民保险公司分保业务收入为344亿元，其直属专业机构中国保险公司分保业务收入为722.2亿元。3年来国际分保业务的发展，充分发挥了保险在国际范围内分散风险、减轻国家外汇补偿的负担、平衡外汇收支的作用。

中国人民保险公司依靠和团结社会主义国家保险公司，增强竞争和承保能力；坚持在“两利”的原则下与西方资本主义国家的保险公司发展业务关系，组成国际力量来分散风险，随后逐步争取分入业务，达到平等互惠。在与国外保险公司的交换业务中，既发展了同世界各国友好、平等的国际经济关系，也促进了中国保险业务的快速发展。

5. 海外机构主要在东南亚

新中国成立前，中国保险公司在香港设有总驻港处，在伦敦设有办事处。此外，在香港和海外还设有9家分支机构和代理处，其分布地点为香港、西贡、曼谷、马尼拉、新加坡、雅加达、吉隆坡等地。太平保险公司在新加坡和印度尼西亚的雅加达、越南的西贡等地设有分支机构和代理处，这两家公司的总公司都设在上海。民安保险公司则单独在香港注册。

新中国成立后，由于外交的关系，除西贡、曼谷、马尼拉3地的机构仍归中国台湾国民党当局管辖外，中国保险公司和太平保险公司在其他地区的机构，已归中国人民保险公司总公司领导。

太平保险公司还在香港增设了分公司，中国保险公司在澳门增设了办事处。

1954 年 6 月，姚洁忱被派往香港，担任中国保险公司香港分公司副总经理。为了适应新的工作环境，此时他才由地下党身份的“姚乃廉”，改名为“姚洁忱”。他的夫人倪唯珍一同前往香港工作，他们的 3 个子女姚家训、姚家礼、姚家玲被放到上海，开始了长达 10 多年的留守儿童生活。

1957 年 5 月，杨子久被人保公司派驻香港，任民安保险公司的董事兼副总经理，还兼任太平保险总公司董事及董事会办公室主任。这样，香港的 3 家保险公司各配备了 1 名国内派出的党员副经理，太平保险公司的是翁秉伟，中国保险公司的是姚洁忱。1958 年，杨子久同时兼任太平保险公司的经理。

当时，国内和港澳工委指示，国内派往港澳机构工作的人员都要担负统战和宣传工作，要外圆内方，广交朋友。尤其是对中国台湾、日本、美国、英国的各种政治动向、情报消息等，都要主动了解，并及时向党组织汇报。

1956 年，中国人民保险公司决定在北京召开海外保险公司经理会议，这是人保召开的第一次此类会议。公司派秦道夫、刘凤珠亲自到深圳接会议代表。他记得会议代表有：

香港民安保险公司总经理孙文敏、经理沈日昌，中国保险公司香港分公司经理金通明、新加坡分公司副经理周家

中国海外保险经理会议参会人员合影

國人民保險公司

20 世纪 50 年代，国外业务处人员合影

清、雅加达分公司经理徐绍之、副经理赖曾耀、襄理杨延桂、会计主任林渐炬、泗水支公司经理马崇尧，太平保险公司香港分公司经理曹伯忠、新加坡分公司经理陈克勤、吉隆坡支公司经理黄纪良、雅加达分公司经理古简生等和他们的夫人。[7]

会议代表受到毛泽东、周恩来等的接见。廖承志主持会见，他的母亲何香凝坐着轮椅参加了会见，何香凝还送给了姚洁忱一幅画作。代表们还到天安门观礼台出席了国庆庆典。

根据进出口贸易和海外华侨的需要，在中国人民保险公司的领导和支持下，在为进出口贸易服务、为当地华侨服务的业务方针指导下，中国保险公司、太平保险公司和民安保险公司在香港及海外的分支机构积极办理各项保险业务，并严格遵守当地政府法令和当地保险公会的各项规章。在大力改进经营、简化投保手续的同时，还积极增加为当地华侨服务的保险业务种类。如在新加坡开办了无须检验身体的人身保险业务；在香港开办了火灾综合保险业务，保险责任包括由于火灾和盗窃而造成的损失，以及在运送钞票和证券时由于抢劫等意外事故而造成的损失。在处理保险赔款方面，都能做到及时和公平合理。这一系列的工作，对保障当地华侨人身安全及促进当地工商业的发展都起了积极的作用。

上述 3 家保险公司在香港和海外的机构还积极为国家进出口贸易提供保险服务，特别是中国保险公司和民安保险公司，在这方面作出了很大贡献。以 1951 年为例，由于抢购战略物资，进出口贸易庞大，香港对大陆的贸易额高达 16 亿港元，这成为中国保险公司香港分公司的主要业务。因此，这一年中国保险公司香港分公司的保费收入达 1263.9 万港元，赔款达 384.98 万港元，赔款率为 30.46%。民安保险公司在承担国家进出口贸易保险方面也作出了较大努力。1951 年中国人民保险公司对主要进出口物资实行统保以后，民安保险公司的业务受到一些影响，由于及时调整发展方向，大力争取当地业务，民安保险公司在 1952 年每月仍可收入保费 50 万 ~60 万港元。从 1949 年下半年至 1952 年底，中国保险公司在香港及海外的机构和民安保险公司净收益合人民币 1270

20 世纪 50 年代，海外保险机构人员回国时合影

亿元（旧人民币，折合2976万港元）。

在各种海外保险业务中，人寿保险业务的发展比较迅速。随着新中国国际地位的提高，海外侨胞的爱国热情不断高涨，因而对中国的保险事业有了充分的信心，这就为拓展海外人寿保险业务提供了有利的条件。中国保险公司新加坡分公司在新中国成立前就以海外推展人寿险为重点。新中国成立后，马来西亚的吉隆坡支公司归该公司领导，人寿保险业务有了很大发展。尤其是朝鲜战争爆发以后，新加坡、马来西亚和印度尼西亚的胶、锡涨价，出口量增大，当地外汇收入和人民购买力提高，人寿保险需求激增，中国保险公司和太平保险公司在这些国家的机构适时拓展业务，满足了当地群众特别是华侨对人寿保险的需求。

中国保险公司、太平保险公司在香港和海外的分支机构与民安保险一道，同当地华人经营的保险公司建立和发展了分保业务关系，并注意不断改进经营，得到了海外华侨的信任，业务规模不断扩大。

在中国人民银行总行的统一领导下，中国保险公司、太平保险公司、民安保险公司在香港和海外的保险业务被逐步纳入了国家统一管理的轨道，获得了稳步发展，同时在筹措资金汇回国内以支援国内建设方面发挥了重要作用。1949年10月至1953年11月，仅中国保险公司从海外调回的资金就有680多万港元。

1949，西交民巷108号

——中国人民保险公司的诞生

后记

擦去时间的浮尘
留下历史的刻痕

1. 进京“赶考”

2019 年 9 月 12 日，在庆祝新中国成立 70 周年前夕，中共中央总书记习近平专程前往中共中央北京香山革命纪念地，瞻仰双清别墅、来青轩等革命旧址，参观香山革命纪念馆，观看《为新中国奠基》主题展览。

1949 年 3 月 23 日，中共中央和毛泽东离开西柏坡前往北平，25 日进驻北京香山，这里成为党中央所在地。中共中央在香山期间领导全国各族人民，完成了民族独立和人民解放的历史使命，奠定了新中国的筹建，开启了中国历史发展新纪元的光辉历程。

习近平指出，我们缅怀这段历史，就是要继承和发扬老一辈革命家坚持立党为公、执政为民的革命情怀，始终赢得人民的衷心拥护，始终保持同人民群众的血肉联系，始终把人民对美好生活的向往作为奋斗目标，紧密团结各民主党派和各界人士共同创造更加美好的生活。就是要继承和发扬老一辈革命家谦虚谨慎、不骄不躁、艰苦奋斗的优良作风，始终保持奋发有为的进取精神，永葆党的先进性和纯洁性，以“赶考”的清醒和坚定，答好新时代的答卷。习近平强调，历史充分证明，中国共产党和中国人民不仅善于打破一个旧世界，而且善于建设一个新世界。展望未来，中国的发展前景无限美好。

回顾中国共产党领导中国人民夺取全国胜利，创建中华人民共和国的光辉历程，我们更加感受到中国人民保险与国同行，血脉相连的历程。通过缅怀中国人民保险老一辈创建者的丰功伟绩，我们更加坚定“不忘初心、牢记使命”的信念。

中国人民保险的早期创业者来自南北两条战线，他们同样怀着进京“赶考”的初心，开启新中国保险业的征程。70 年来，中国人民保险秉承创业初期的家国情怀和奋斗精神，践行“人民保险、服务人民”的使命，始终勇立国有金融企业改革创新的潮头，铸就了新中国保险业的辉煌。

1949 年，对中国人民保险来说，是一段非常珍贵的光荣历史。记住中国人民保险来时的路，赓续红色血脉，传承红色基因，已然成为书写好新时代答卷的最好动力。

2. 人活 70 古来稀

70 年，对于一个企业来说，是一段可以铸就辉煌的时光，是打造百年老店的难得时光。

在中国人民保险 70 年的历史长河中，涌动着一代代人保人充满激情的浪花，每一个人都展示着时代赋予的特色，展现出独特鲜明的故事和经历。

1949 年 2 月，中国人民银行从石家庄迁到北平，办公地点在西交民巷，赵济年在总行信托局工作。后来，被孙继武派遣，赵济年与阎达寅、程仁杰等人一起调到保险公司筹建组，成为中国人民保险公司最早的创始人之一。

1949 年 8 月 2 日，赵济年的长子、诗人北岛（赵振开）在东单附近的北京医院出生。这一年，新中国的诞生、新工作单位的成立，以及自己长子的降生，赵济年欢喜之情溢于言表，据他早年的笔记所记：

> 1949 年 10 月，我们给儿子取了小名“庆庆”。有了第一个儿子，我们俩都很忙。美利给儿子做小衣服，经常给他洗澡；由于母乳不够，每天还喂几次奶糕。我经常抱他在屋里走来走去，拍他入睡，还变换各种角度给他照相。小家庭有了这个小宝贝，一切都有了生气。[1]

父亲给北岛最早的记忆来自一张老照片：“背景是天坛祈年殿，父亲开怀笑着，双臂交迭，探身伏在汉白玉栏杆上。”那张照片就是赵济年当年与从上海来到北京的人保公司创业者，一同游览天坛时拍的。

1957 年，人保面临停办，赵济年调到中国民主促进会（以下简称民进），担任宣传部副部长，那完全是虚职。

20 世纪 70 年代初，当上建筑工人的北岛，开始偷偷地写诗，但遭到赵济年的坚决反对。而谢冰心却为北岛写了首和诗《我们还年轻》，副标题是“给一位年轻朋友”。

1979年，赵济年从民进调回人保公司，主管国内业务处。北岛说：“他整天飞来飞去，开会调研，忙得不亦乐乎。”

北岛在《给父亲》的一诗中写下：“你召唤我成为儿子\

我追随你成为父亲”。

2003年1月11日，北岛前去看望病中的父亲，已经不能说话的赵济年用舌头在口中用力翻卷：“我爱你。”北岛冲动地搂住他：“爸爸，我也爱你。”北岛记忆所及，这是他们第一次也是最后一次这样说话。

对于人保公司的父子传承来说，还有很多动人的事例，当然，他们或许并不拥有赵氏父子的名气，甚至就是普普通通、平平常常的。

人保福建分公司的黄寿珍老人如今已近百岁，而他的儿子黄钢生也在人保福建分公司工作，现已近退休年龄。

黄寿珍可谓保险界的三朝元老，1946年，加入美亚保险福州代理处，从事火灾险和运输险工作；1950年10月，加入人保福建分公司工作；1980年，人保恢复国内业务，他从福安县松罗公社储蓄所归队，在人保福建分公司国内业务处工作。

20世纪80年代，黄钢生加入人保，一直在办公室从事宣传工作。我曾跟黄钢生开玩笑，如果你的儿子再在人保工作，你家就是人保祖孙三代的“黄三保”传奇了。最近看东航的宣传片，通过一家三代飞行员的故事，讲述了东航的发展历史。其实，人保类似的故事同样很多，而且一家三代同在人保的，还真有不少。

20 世纪 60 年代，赵济年全家合影

20 世纪 80 年代，赵济年在保险研究所

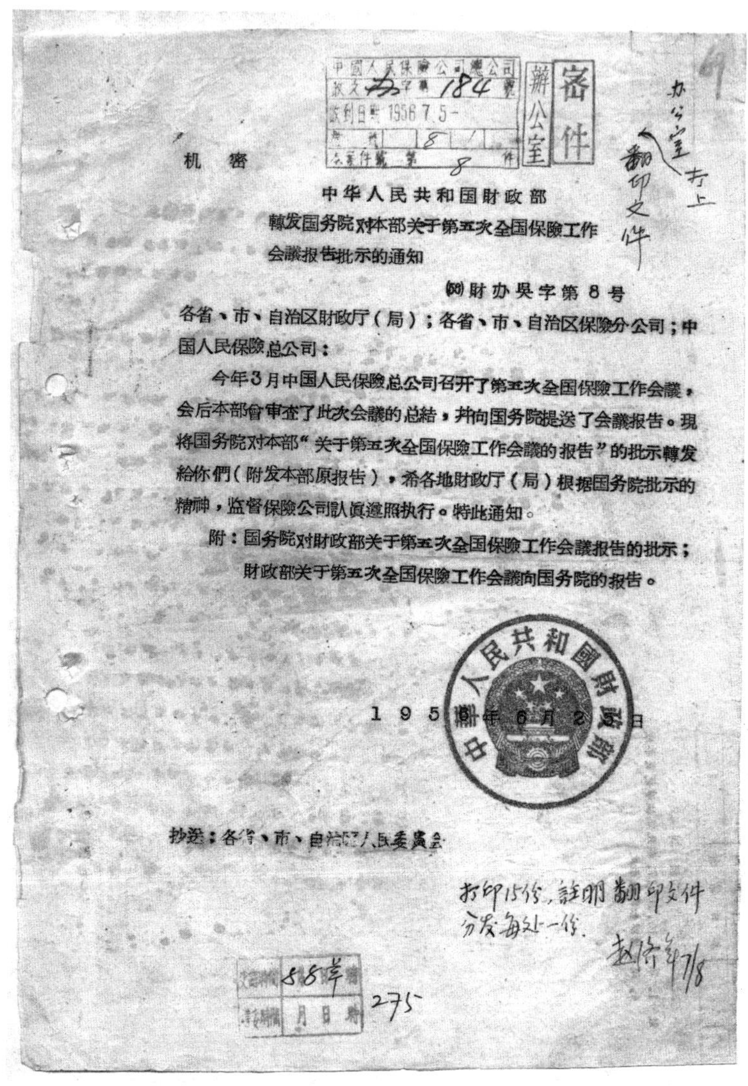
中國人民保險公司總公司 收文 字第184號 收到日期 1956.7.5

辦公室 密件

机　密

中华人民共和国财政部

轉发国务院对本部关于第五次全国保险工作会議报告批示的通知

(56)财办吳字第8号

各省、市、自治区财政厅（局）；各省、市、自治区保险分公司；中国人民保险总公司：

今年3月中国人民保险总公司召开了第五次全国保险工作会議，会后本部曾审查了此次会議的总結，并向国务院提送了会議报告。现将国务院对本部"关于第五次全国保险工作会議的报告"的批示轉发給你們（附发本部原报告），希各地财政厅（局）根据国务院批示的精神，监督保险公司認眞遵照执行。特此通知。

附：国务院对财政部关于第五次全国保险工作会議报告的批示；

财政部关于第五次全国保险工作会議向国务院的报告。

195[illegible]年6月2[illegible]日

中华人民共和國財政部

抄送：各省、市、自治区人民委員会

办公室打上翻印文件

打印15份，註明翻印文件分发每处一份。

赵济年 7/8

58年

275

赵济年签批的保险文件

黄钢生有一手摄影的绝活，还有一副出众的歌喉。如今已是两鬓斑白的他，最近又迷上了无人机航拍，把一个公司普通的会议，也给拍出别开生面的效果。最近，他还倾心打造了一座公司历史陈列室。已经临近退休的他，今年特意雕刻了人保第一代司徽，献给人保成立 70 年。

在赵济年父子、黄寿珍父子的身上，我见到的不仅是显赫的声望、工作的业绩，更是一种生命的特质，一种人保人特有的传承。人保的 70 年历史，正是由这种生命的链接组成的。正如考古学家罗伯特 . 凯利说："我们每一个人都在宏大的人类故事中扮演角色"。

黄寿珍（三排左一）20 世纪 50 年代在人保时与同仁合影

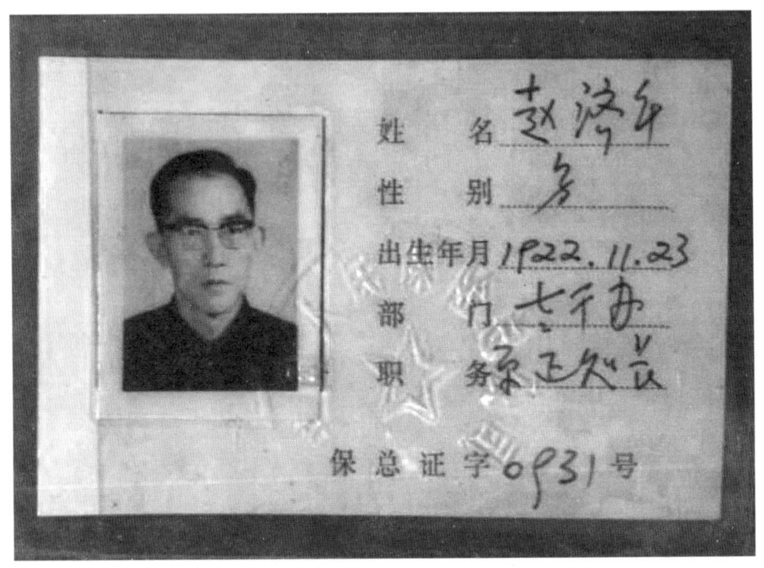

赵济年的工作证

3. 沧海横流，方显英雄本色

70年来，中国人保与中国同行，与人民同在，与时代同向，与世界同步。一滴水可以反映出太阳的光辉，从中国人保一个企业中也可以映射出时代发展带来的翻天覆地的变化。缪建民董事长在纪念改革开放40年的文中写道：

40年来，保险业高举改革开放伟大旗帜，锐意深化改革，勇当开放尖兵，行业面貌发生了巨大变化，由改革开放之初中国人民保险公司独家经营，全部保费收入只有4.6亿元，到2017年底，全国保险机构达到218家，总资产16.7万亿元，实现保费收入3.7万亿元，市场规模增长7900多倍，世界排名跃升至第2位；承担保险责任金额4154万亿元，是同期GDP的50倍，保险赔付也达到了1.1万亿元，成为名副其实的保险大国。[5]

在这历史转变中，只有中国人保才可以贯穿始终地见证这一完整的历史画面。

在保险单据上：由毛笔手工填单，历经机打复印，到如今手机APP传输。

在保险销售上：由坐等上门，历经营销拜访，到如今网上营销。

在保险查勘上：由骑马、骑自行车、骑摩托车到开汽车，再到如今的无人机航拍。

在保险展业上：由红头文件，历经喝酒拼酒，到如今招标PPT演示。

在保险防灾上：由送灭火器，历经送消防车，到如今策划风险管理全流程方案。

人保 70 周年庆

在牲畜保险上：由猪耳朵烙印，历经穿钉二维码，到如今生物识别。

在办公用具上：由算盘、计算器，历经电脑自动化，到如今南北信息中心、区块链、云计算、大数据、人工智能。

在公文流转上：由手工书写，历经打字、传真，到如今 OA 系统。

在通信设备上：由手摇固话，历经 BB 机、大哥大，到如今微信、百度网盘。

在会议布置上：由刻写横幅，历经喷绘背板，到如今 LYD 视频。

在保险宣传上：由手工绘制，历经印刷工艺，到如今影像多媒体。

当然了，人也随之发生变化，而且这种变化的优劣，说来更要复杂。

现在总在强调：初心不改，初心不忘，记住来时的路。就是说人还是要坚守一些不能放弃的东西。

作为一个生物个体，人肯定会面临科技变化所带来的革命式的冲击。作为一个企业员工，与时俱进，共享荣光，肯定会要付出承受紧张和压力的代价。如同在赋予权力和报酬的同时，同样意味着义务和付出。

哈维尔认为，现代性出现了危机，因此要重新寻求道德的根基。现代性的危机就是意义的危机。当人类把人本身提升到宇宙万物的最高位置时，同时也丧失了人的目的。一方面，强化人的主体性奠定了现代文明的基础，但是另一方面，也造成人类妄自

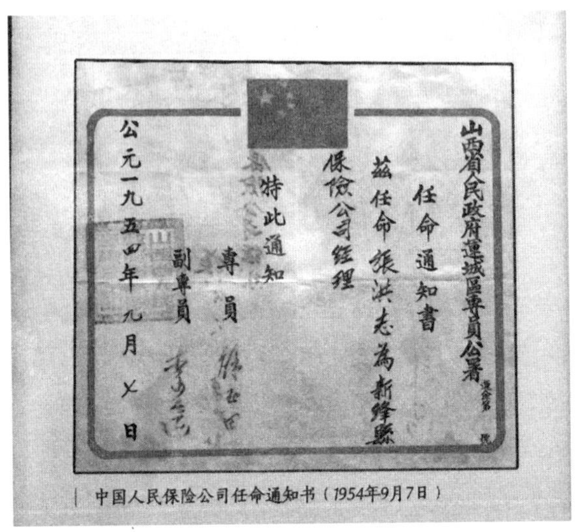
山西省人民政府運城區專員公署

任命通知書

茲任命張洪志為新絳縣保險公司經理

特此通知

專員

副專員

公元一九五四年九月七日

中国人民保险公司任命通知书（1954年9月7日）

20 世纪 50 年代，人保任命书

獎狀

本局所屬中国人民保险公司上海市分公司魏山寿同志經評选为机关工作积极分子，特給奖状，以資鼓励。

上海市財政局长

1956年7月

中国人民保险公司上海分公司机关工作积极分子奖状（1956年）

20 世纪 50 年代，人保奖状

59年10月20日以前在保险公司或银行工作，现在保险公司工作的人员统计

（1）

项目 单位	合计	59年10月20日以前在银行工作，现在保险公司工作的				59年10月20日以前在保险公司工作，现仍在保险公司工作的			
		小计	其中			小计	其中		
			已离休	已退休	落实政策离退休的		已离休	已退休	落实政策离退休的
合计	3795	2638	1411	399	1	1157	91	407	50
总公司	52	28	1	2		24	2	4	
北京	119	110	12	18		9	2	2	
天津	84	59	3	13		25		9	
山西	111	85	8	3		26	2	6	
内蒙	141	113	10	14		28	3	7	2
河北	183	160	11	10		23	1	4	
辽宁	237	159	18	28		78	10	27	2
吉林	160	98	10	6		62	5	17	
黑龙江	200	160	10	18		40	12	14	
上海	178	69	3	25		109	2	71	5
江苏	185	132	11	37		53	3	25	3
浙江	106	66	3	9		40	6	10	4
福建	101	65	4	13		36	2	19	1
江西	95	54	1	10		41	2	16	4
安徽	143	108	2	9		25	1	6	
山东	250	210	9	5 [illegible]		40	5	1	4

老保险统计表

人保 20 世纪 50 年代的胸牌

1950 年 10 月，人保成立 1 周年纪念册

尊大，造成真理或价值的解释权被人垄断。

在父辈的身上，可以寻找出生命的意义、生活的价值，从而不被公共领域的谎言所遮蔽。回望公司的历史，就是凝心聚力，开发新型的企业文化。

当下，人的关系越发地复杂，经常面对各种危机和挑战。在职业生涯中，人们不可能总是机械地顺从，要每时每刻作出选择。历史总是千疮百孔，个体战战兢兢，人都是带着警惕和创伤开始新的生活。

米兰·昆德拉在小说《生命中不能承受之轻》中说：

> 历史和个人生命一样轻，不能承受之轻，轻若鸿毛，轻若飞扬的尘埃，轻若明日即将消失的东西。[6]

人们通过对历史审慎的细节描摹，试图成为历史的参与者和观察者，来见证个体的差异性、变化的不确定性、未来的茫然性等问题。通过对历史人物的终结，找到某种清晰的成长轨迹。

但是历史的丰富性和不可预测性，让人根本无从把握。人性软弱，常常依赖历史的选择，没有经验可循，总是处在一种生存无助、被动的状态。

近年来我热衷于对人保历史和人物进行挖掘，就是出于对英雄的崇拜，就是要让正义之光照亮我所面临的颓败的环境。

首先这些英雄“见过死”。林震峰作为上海保险业地下党的第一任书记，隐姓埋名，历经白色恐怖，功不可没。但从20世纪50年代到80年代，他一直做了30多年的公司副总经理。他没有郁闷，也没有抑郁。晚年，他在亚运村宿舍的小屋里，坐在用布条缠过的老藤椅上，笑容可掬，因为他“见过死”。

上海分公司的吴越，当年，在上海曾被国民党特务用手枪顶住过胸膛。他被捕入狱，受尽煎熬。后来，他在上海分公司一直任副总经理。“文革”中他还被撤销党籍，被人排挤。直到退休，才被追认了一个正职待遇，他没有抱怨。前年，我去看望他，90多岁的他拿出银行卡，执意请我到街上的饭店吃饭。我知道上海人一般不轻易请人吃饭，我感动的不是他请我吃饭，我感动的是，他当时的目光是那样的自信，因为他“见过死”。

总公司人事室第一任主任曲荷，出生在大户人家。他在冀南银行工作时期，由于叛徒告密，遭遇包围。行长高捷成在突袭战斗中中弹牺牲，在国家民政部公布的第一批抗日英烈名录300人中，他是唯一的金融界人士。当时曲荷带领战士连夜赶到事发地，挖出高捷成的遗体，运到涉县掩埋。曲荷不仅是副总理马凯母亲侯荻的入党介绍人，也是财政部长楼继伟母亲庄静的老师。1958年人保停办，曲荷响应南下号召，在杭州师范学院任了个院长，直到退休。在公司各种历史记述中，很难见到他的名字，可见他从不张扬，因为他“见过死”。

其次，这些英雄“见过钱”。人保太平公司副总经理金瑞麒，是上海嘉定晖吉酱园老板金伯琴的大儿子。当年他家是雇有黄包车的，现在的人叫个礼橙专车算什么。金瑞麒的夫人徐植琬出身于望族大户，是清代饮誉海内的著名学者、“一代儒宗”钱大昕的近亲。据说，当年徐植琬的父亲去世出殡，整条街都是乡党送的花圈。金瑞麒后来被打成右派，公司照合影相，他不得不站到了后排。“文革”时期，他拿起别人丢给他的扫把，一言不发去扫厕所。他拿得起，放得下，因为他“见过钱”。

人保涉外业务专家李嘉华，他的父亲是上海和众冷藏设备公司的老板，是赫赫有名的资本家，曾入股中国保险公司，也收留过地下党林震峰。李嘉华在家被唤作“少爷”，他缺零花钱时，还会向林震峰讨要。李嘉华后到英国伦敦大学深造，是带着男佣上学的。李嘉华参与过跃进轮的赔付，公司没有给过他多于工资的一分钱奖励，更别说什么“优秀奖”。他没有计较，因为他“见过钱”。

人保公司名字的书写者薛志章，在人保停办后，下放到福建矿务局。离开北京时，他把家里收藏的九张古琴，全部赠送给了查阜西和古琴协会，那些古琴在今天可是价值连城的宝贝，最近王世襄旧藏的唐代“大圣遗音”古琴，拍出 1.15 亿元。当然当时的古琴并不是这个价，但薛志章当年书写人保标识，要稿费了吗？因为他“见过钱”。

香港民安保险公司创始人沈日昌，他的父亲沈和甫是著名沈亦昌冶坊的传人，他兴师办学，茅盾、木心等先辈曾在该校就读。沈日昌在公司商务活动中，总是为他人安排车辆，而自己坐地铁回家。他经常请从内地来的人保干部吃饭，从来不要公司报销，都是自己掏腰包。沈日昌的家是很普通的两房一厅，就连电视机都是租用的。但他将毕生的存款共计 224 万港元，捐给了太平公司，资助员工进修培训。因为他“见过钱”。

这些人保的英雄，其行为表现不是仅仅出于顾全大局的政治理念，而是因为他们本身的格局之大。那些兴衰荣辱、悲欢沉浮，在他们眼里，都不是事。如今的我们，没有“见过死”，也没有“见过钱”，可以炫耀的，似乎只是“见过领导”。

4. 让历史告诉未来

在我写作本书时，宁波保险史学专家王珏麟给我发信：

> 这是一篇致敬中国人民保险公司诞生70周年的文章。生动而又活泼，正是其可贵和有价值之处。
>
> 你写的人保历史和他人写的人保历史完全不一样，你写的人保历史是带有强烈的“高氏风格”的历史。或许这样写，将又会带出新的一批保险人物。[7]

王珏麟确实注意到了我的书写风格，以及我对人物及细节的关照。有人说，历史的意义，就是赋予当下以意义。需要格外强调的是，历史学家理解的“意义”不应混同于“预言”。对于当下的问题，或是想象中的未来将要面对的问题，不能指望从历史当中获得明确的答案。

诚然，历史不像物理或化学那样，是一门精确的科学。历史的研究对象是人，而人的行为很难准确预测，不能像化学家那样，可以有把握地预言A元素与B元素混合后将会发生何种反应。

上海师大教授刘津瑜在为玛丽·比尔德的中文版的《罗马元老院与人民》一书所作的序言中指出：

> 这些占罗马人口99%的大部分人不曾进入古代的史书，但他们的一部分有能力用墓志铭等方式为自己定位，留下“生动的剪影”。在比尔德的笔下这些古罗马人不是统计数据中的数字而已，而是具有极强的个体性，比尔德尽量提及他们的名姓，但更重要的是他们和所谓的伟人一样承载着广阔的历史问题。这种书写方式不仅仅着眼于我们所知道的，而是追录式的，用比尔德自己的话来说：“很多罗马人的生活故事几乎被历史埋没，至今仍在被复原中”。[8]

但在另一方面，我们也不能得出这样的推论，认为历史揭示不了过去、现在和未来之间的关系。如果用心探寻有意义的模式，并以娴熟的手段和负责的态度开展研究，就能使历史成为一门有用的学科。历史的用处不是预测未来，而是提供一个考察过去和现在的框架，它不能将未来一一对应，但却可以揭示人类的灵活性和潜能，那就是历史的遗产。

历史固然不是预言，但却也不单单是记述史实。人们经常认为，通过罗列史实，史实就会不证自明。这种观点不可取，因为罗列史实并不能说明史实。我们今天所要承担的根本任务，不是继续积累更多史料，而是阐释我们早已掌握的大量信息。每一代人都必须撰写自己的历史，我们必须采取一种新的全球视角，来看待人类的经验。这是21世纪的新需求，这个急速变革的世界，需要新的回答。

难道一切都已被表达过，被讲述过了吗？语言已经死亡？文字已变为废墟？在历史面前，随着时间的流逝，我们越发地发现，我们永远都不知道自己是谁，那还有何面具可戴？

当然，历史学家不能拒绝象征，甚至还要偏爱隐喻，就像我们说的语言，罗伯特·达恩顿就是一个注重语言的历史学家：

> 人类学家不无可能过度讲究文化即语言的概念，但我们不能否认那样的概念使历史学家如虎添翼。文化如果是因因相袭成自然，那就是无法走回头路。因此，文化如果有足够的文本流传下来，我们就能够从档案堆中挖掘出来。我们再犯不着牵强附会探究文献如何“反映”其社会环境，因为那些文献全部嵌在既是社会的，同时也是文化的象征世界中。[9]

语言具有多样性，可读性，许多所谓的学术著作枯燥且烦冗，这样的文风反而没有牺牲深度与敏锐。

对于历史的考据来说，经济史也好，金融史也好，保险史也好，具体到人保企业史也好，甚至是个人史，都有一个真诚的需求，还有对整个的世界氛围的关照，这是专业和负责的证明。

一个国家（其实是全世界）的金融体系和人类生活中极其多样复杂的工作、购买与销售活动之间，有着非常重要的关系。金融体系包括为金融工具而设置的市场和牵连到金融交易的机构。正像经济体系的“实物”部分包括了商品和劳务市场以及那些把人和资源结合到一起来生产商品和劳务的机构两方面一样。金融体系是经济体系总体的一个重要组成部分，它极大地增加了经济体系满足人们对商品需求和欲望的能量。[10]

所有的历史事件的结果和表征，背后都有更深层次的经济、政治、社会、军事、历史、文化乃至自然因素。当然，也有个人的因素。

美国历史学者弗里茨·斯特恩说，历史学家必须整合现有的历史著作和材料，加以必要的修正，使之获得新生的意义。他指出：

我们发现，最好的书信和最完整的文件在某些方面语焉不详。他们想当然地省略了特定背景（共同的假设，与时间联系的传统），历史学家必须从这些声音中挖掘背景。同时把这些声音放回背景下，我试图听见过去的声音。[11]

秦道夫的记事本

秦道夫的笔记

2018年，秦道夫观看人保展览

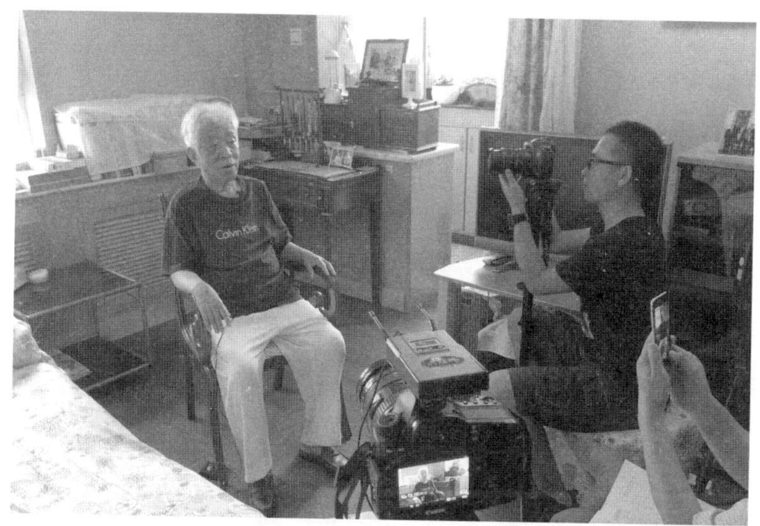

魏润泉在家接受采访

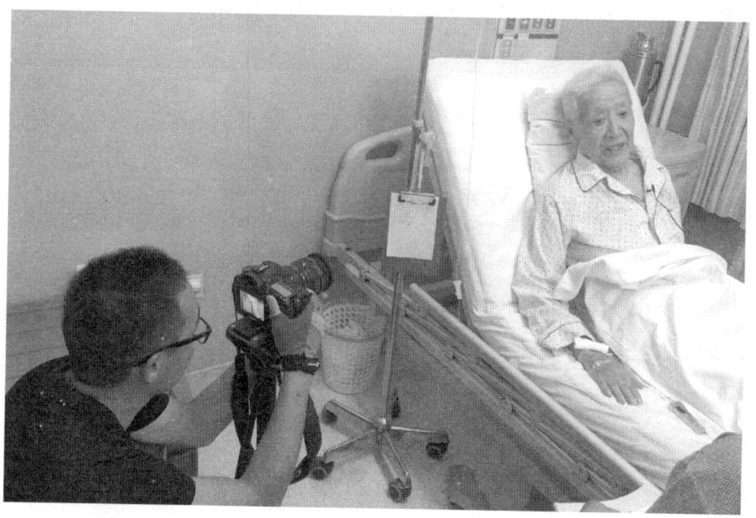

王恩韶在医院接受采访

挖掘历史人物，就是复原生动的人生，与后人的生存形成参照，让鲜活作为人类灵魂方向的标识。当然，书写历史时不可能做到善恶泾渭分明，也不可能进行所谓的道德健身。历史学家更不是道德的裁判，只有真实才有价值。

5. 总想对你倾诉　我对生活是多么热爱

2009年，人保公司在万春园成立了人保历史陈列室，这是一个不足200平方米的地方。我也从工作多年的《中国保险》(《中国人保》) 杂志处来到新成立的“博物馆处”，这是我到人保工作以来第一次调换岗位。按当时的情况，博物馆处似乎根本无须单独设立。有人告诉我：你主要给公司活动拍拍照，平时有人来参观，你拿钥匙给打开门就行了。我完全可以像公司以前的专职摄影一样，以半退休状态混几年，到年龄回家。

事在人为。我进入了时间隧道，开始了司史研究。作为诗人，凭着天然的想象力和人文情怀，我在人保的历史长河中畅游。当时公司副总裁俞小平在一次会议上对我说过一句话，让人记忆犹新：“能把个人爱好和本职工作结合起来，是人生的最大幸福。”

我除了文字方面的研究、撰写，还兼顾收藏史料、走访老人。我没有什么宏大抱负，远离社会联谊活动，埋头个人写作，永远保持民间独立的立场。而且，我只是力所能及地对人保，特别是人保成立前后的年代给予关注。

在外人眼里，费力费心思的事，我轻而易举。全因为我敏锐、高效的做事能力，更重要的是充实、快乐的状态。

狗子是我最要好的作家朋友。我微信上经常发他的照片，弄得公司许多人都认识他了。狗子最近跟我说，他单位领导找他说："你在单位总得干点事，也好向上面交差。不行就发挥你的特长，采访点老人，写点单位的历史"。狗子向我请教这方面的"经验"。

我对狗子说：这个工作我都可以做到极致了，主要是上心。狗子说：那我做不到。我说：是这样，上心，你才干着不累；上心，你才写得出彩。出彩，你的文章才有影响力；有影响力，领导才会满意。这样，你就不会是白干一场，瞎耽误功夫。

狗子对我游走在诗人和职员之间的平衡能力大加佩服。阿坚为我惋惜：热心单位的事，耽误了诗歌事业。张弛挤对我说，你保险历史写得那么好，还写诗，可惜了。音乐家李萌的说法似乎比较客观，身份并不重要，对于写诗，所有人都是业余的。关键是对于研究保险历史，我也不是专业的呀。当然，我首先看重的是诗人这个"光荣"的头衔。

保险历史研究本身的历史已然久远，有史以来其实也是有始以来。民国时期，郭雨东曾在报刊上发表过保险回顾的文章。

1959 年，中国人保停办国内业务，许多人被迫转业。叶奕德和另外 3 名同事临时留下来，撰写《中国国家保险 10 年总结》。在写作期间，总经理贝仲选曾对叶奕德说，如果他对保险停办有看法，可以保留并反映，不要有顾虑，但总结还是要写好，对得起历史。可以说，此部总结，就是中国人保最早的司史。可惜这部珍贵的手稿并没有保留下来。

1991 年，中国人保在中国保险学会基础上成立了《中国保险史》编审委员会，叶奕德担任编写组主编，正式启动了编写中国保险业历史的这一首创工程。

为了编写好这部史书，编委会组织上海保险史志办公室、中国保险管理干部学院，以及具有丰富保险经验和熟悉保险史的老同志共20余人参与编写工作。在叶奕德的带领下，大家不辞辛苦，几乎跑遍了全国各大城市图书馆、档案室、人保资料室，搜集了数以万计的零散资料，经过去粗取精，去伪存真，细致筛选，反复论证，然后提交编委会论证，再由十余名专家执笔撰写，经数次讨论，多次易稿，印出200册“征求意见稿”分送全国保险机构及保险界老同志审阅并提出修改意见，最后将修改稿送编审委员会主任委员审定，整整历时6年之久。1998年，《中国保险史》终于在中国金融出版社出版。

中国保险史书层出不穷：1989年，上海社科院出版了颜鹏飞主编的《中国保险史志》；1993年，经济管理出版社出版了吴申元、郑韫瑜编著的《中国保险史话》；2005年当代世界出版社出版了童伟明主编的《中国保险业二百年》；2005年，现代出版社出版了王安、徐晓主编的《我经历了中国保险50年》；2008年，中国言实出版社出版了王安的《保险中国200年》；2009年，中国金融出版社出版了秦道夫的《我和中国保险》；2017年，社会科学文献出版社出版了保险学会主编的《保险史话》……

一路下来，在有关中国保险史研究的书籍中，丰富、立体地呈现出了史志、史书、图史、史话等各种文本。

特别是《中国保险史》，它是当代中国保险史研究的拓荒性的著作，是以叶奕德为代表的老保险从业者的开山之作，当时由几十位颇具威望的保险前辈和保险史志专家、学者，在几乎是完全空白的情况下，完成了中国第一部有关保险史的著述，让我们这些后来人受益匪浅。我们如今都习惯将《中国保险史》称为“绿皮书”。它的出版，在中国保险史研究上有着里程碑的意义。

南非政治家史末资曾经宣称：“一回顾历史，我就感到悲观……不过，一回顾史前历史，我就感到乐观。”这一言论不仅说中了历史的要害，而且就历史写作本身而言也很正确。越久远的越有发言权。

写史是不断获取新知和破除成见的过程。“很多做学问的人有一个通病，研究什么就会爱上什么。”易中天尽力地警惕这种倾向：“人非草木，岂能无情，完全不动情是做不到的，但是你不能感情用事。”

啊！但许多人在说我是“对人保最有感情的人”“人保的守望者”“对人保有大爱的人”。呵呵，我不知道。

1949，西交民巷108号

——中国人民保险公司的诞生

—— 附　录 ——

引文注释

引言　谁在东车站站台上驻足眺望

［1］邵燕祥．闭门日札［M］．北京：东方出版社，2016.

［2］邵燕祥．闭门日札［M］．北京：东方出版社，2016.

［3］萧乾．未带地图的旅人：第2版［M］．北京：中国文联出版社，1998：75.

［4］秦道夫．我和中国保险［M］．北京：中国金融出版社，2009：50.

［5］魏润泉．天润新泉——保险岁月六十载［Z］．2013：19.

［6］魏润泉．天润新泉——保险岁月六十载［Z］．2013：20.

第一章　古老的东方有一条龙

［1］宋协邦．保险学［M］．台北：正中书局，1977.

［2］赵明森．保险与自然

［3］刘安．淮南子・览冥训

［4］山海经・海内经

第二章　海风从西吹到东

［1］林肯・佩恩．海洋与文明［M］．天津：天津人民出版社，2017：227.

［2］亚当・霍赫希尔德．利奥波德国王的鬼魂［M］．北京：社会科学文献出版社，2018：10.

［3］本・威尔逊．黄金时代——英国与现代世界的诞生［M］．北京：社会科学文献出版社，2018：70.

[4] 本 · 威尔逊 . 黄金时代——英国与现代世界的诞生 [M] . 北京：社会科学文献出版社，2018.
[5] 百度百科 . 不列颠东印度公司 [OL] .

第三章　海风从南吹到北

[1] 格林堡 . 鸦片战争前中英通商史 [M] . 康成，译 . 北京：商务印书馆，1961.
[2] 姚庆海，童伟明，等 . 保险史话 [M] . 北京：社会科学文献出版社，2017.
[3] 聂宝璋 . 中国近代航运史资料（一）[M] . 上海：上海人民出版社，1983.
[4] 威廉 · 戈兹曼 . 千年金融史 [M] . 北京：中信出版集团，2017.
[5] 童伟明 . 一路艰辛：周作民与太平保险 [N] . 中国保险报，2011-06-24.
[6] 上海市保险学会 . 中国民族保险业创办一百周年纪念专集：1885—1985 [M] . 上海：1985.

第四章　一条来自南方的红色血脉

[1] 郑振铎 . 蛰居散记 [M] . 上海：上海出版公司，1951.
[2] 颜鹏飞，等 . 中国保险史志 [M] . 上海：上海社会科学院出版社，1989.
[3] 上海市保险学会 . 中国民族保险业创办一百周年纪念专集：1885—1985 [M] . 上海：1985.
[4] 郑振铎 . 蛰居散记 [M] . 上海：上海出版公司，1951.
[5] 中国人保 . 不忘初心——吴越：为了曾经的誓言 [Z] . 中国人保，2017（7）.
[6] 中共上海市委党史资料征集委员会 . 上海保险业职工运动史料 [M] . 上海，1987：68.

[7] 中共上海市委党史资料征集委员会 . 上海保险业职工运动史料 [M] . 上海，1987：104.
[8] 中共上海市委党史资料征集委员会 . 上海保险业职工运动史料 [M] . 上海，1987：104.
[9] 中共上海市委党史资料征集委员会 . 上海保险业职工运动史料 [M] . 上海，1987：54.
[10] 王珏麟 . 十三太保和陆地兵险 [Z] . 博客，2015.

第五章　一条来自北方的红色血脉

[1] 江西歌谣 . 八月桂花遍地开 .
[2] 姚庆海，童伟明，等 . 保险史话：第二版 [M] . 北京：社会科学文献出版社，2017：124.
[3] 贺敬之 . 回延安 .
[4] 邓加荣，韩小惠 . 南汉宸传 . [M] . 北京：中国金融出版社，1992：233.
[5] 陈国庆 . 拓荒者 [N] . 中国保险报，2015-07-17.
[6] 孙冰峰 . 晋冀鲁豫的瑞华银行 [J] . 中国金融家，2015（10）.
[7] 程仁杰 . 思想汇报 [Z] .
[8] 武博山，王立章，阎达寅，杨哲省，闵一民 . 回忆冀南银行九年 [M] . 北京：中国金融出版社，1993：390.
[9] 武博山，王立章，阎达寅，杨哲省，闵一民 . 回忆冀南银行九年 [M] . 北京：中国金融出版社，1993：605.
[10] 曲荷 . 反扫荡中的印钞厂 [Z] . 1991.
[11] 秦道夫 . 我和中国保险 [M] . 北京：中国金融出版社，2009：2.

第六章　诞生，伴随着开国大典的礼炮

[1] 孔祥毅 . 南汉宸：新中国的第一位金融家 [J] . 当代金融家，2012（2）.

[2] 中共上海市委党史资料征集委员会．上海保险业职工运动史料［M］．上海，1987：72.
[3] 林震峰．建国初期的上海保险业［J］．中国保险，1999（10）.
[4] 中国保险学会．中国保险史［M］．北京：中国金融出版社，1998：237.
[5] 孙冰川．我的种菜歌［M］．北京：中华书局，2016.

第七章　西交民巷108号

[1] 于建文．老北京的金融街［N］．北京晚报，1999-01-09.
[2] 中国建筑设计研究院建筑历史研究所．北京近代建筑［M］．北京：中国建筑工业出版社，2008.
[3] 董良．北京近代金融建筑述略［J］．中华民居，2011（11）.
[4] 董良．北京近代金融建筑述略［J］．中华民居，2011（11）.
[5] 魏润泉．天润心泉—保险岁月六十载［Z］.2013.
[6] 徐晓．西交民巷22号院记［Z］.
[7] 秦道夫．我和中国保险［M］．北京：中国金融出版社，2009：72.

第八章　走到一起来了

[1] 中国国际贸易促进委员会，等．南汉宸纪念册［M］．北京：中央文献出版社，2005：246.
[2] 上海市委党史资料征集委员会．上海保险业职工运动史料［M］．上海，1987：140
[3] 秦道夫．我和中国保险［M］．北京：中国金融出版社，2009：53.
[4] 朱延平，刘富曾．亡侄刘师培墓志铭［Z］.
[5] 北岛．在天涯［M］．上海：生活·读书·新知三联书店，2015.
[6] 王珏麟．王伯衡的保险生涯［N］．中国保险报，2013-01-18.
[7] 陆坚心，完颜绍元.20世纪上海文史资料文库：5［M］．上海：上海书店出版社，1999.

[8] 王正廷 . 顾往观来——王正廷自传：中文版 [M] . 香港：凌天出版社，2012.
[9] 王映霞 . 郁达夫与我的婚变经过 [Z] .

第九章 更旗易帜

[1] 威尔逊 . 黄金时代——英国与现代世界的诞生 [M] . 北京：社会科学出版社，2018：151.
[2] 林震峰 . 给胡景澐、孙继武的信 [Z] .
[3] 成继跃 . 罗北辰的保险人生 [OL] . 保险史志，2017-07-25.
[4] 中国保险学会 . 中国保险史 [M] . 北京：中国金融出版社，1998：282.
[5] 中国保险学会 . 中国保险史 [M] . 北京：中国金融出版社，1998：249.
[6] 林增余 . 我的保险生涯 [Z] .
[7] 秦道夫 . 我和中国保险 [M] . 北京：中国金融出版社，2009：70.
[8] 章怡和 . 伶人往事 [M] . 长沙：湖南文艺出版社，2006.
[9] 林振荣 . 福云过去有甘霖 [N] . 中国保险报，2012-05-04.

第十章 建章立业

[1] 中国保险学会 . 中国保险史 [M] . 北京：中国金融出版社，1998：239.
[2] 中国保险学会 . 中国保险史 [M] . 北京：中国金融出版社，1998：243.
[3] 童伟明 . 中国人民保险公司初创期人员、机构与薪酬状况 [OL] . 保险史志，2017-06-16.

第十一章 重打鼓 另开张

[1] 王安，徐晓 . 我经历了中国保险 50 年 [M] . 北京：现代出版社，

2005：53.
[2] 陈国庆，严柏昌：岁月的馈赠 [N]. 中国保险报，2019-01-11.
[3] 王安，徐晓. 我经历了中国保险50年 [M]. 北京：现代出版社，2005：49.

第十二章　反复耕犁的农业保险

[1] 王珏麟. 民国农业保险的主体回望 [N]. 中国保险报，2018-12-08.
[2] 王珏麟. 民国农业保险的主体回望 [N]. 中国保险报，2018-12-08.
[3] 中国人民保险公司太原支公司牲畜保险单：牲畜保险诊断证 [Z].1952.
[4] 中国人民保险公司华东区公司. 华东区公司一年来的工作报道 [J]. 华东保险，1950（11）.
[5] 王安，徐晓. 我经历了中国保险50年 [M]. 北京：现代出版社，2005：9.
[6] 中国人民保险公司. 各地农业保险介绍 [Z]. 人民保险，1951（9）.
[7] 中国人民保险公司. 彻底纠正牲畜保险工作强迫命令作风 [Z]. 人民保险，1953（1）.
[8] 中国保险学会. 中国保险史 [M]. 北京：中国金融出版社，1998：341.
[9] 中国保险学会. 中国保险史 [M]. 北京：中国金融出版社，1998：354.
[10] 魏润泉. 天润心泉——保险岁月六十载 [Z].2013.

第十三章　海外保险的浪花一朵朵

[1] 中国人民保险公司国外业务处. 一九五二年工作总结 [Z].
[2] 苏联国外保险管理局已将该局在东北保险业务无偿移交我国 [Z]. 大连保险志，1953：15.
[3] 王安，徐晓. 我经历了中国保险50年 [M]. 北京：现代出版社，2005：28.

［4］王安，徐晓．我经历了中国保险50年［M］．北京：现代出版社，2005：28.
［5］秦道夫．我和中国保险［M］．北京：中国金融出版社，2009：63.
［6］王安，徐晓．我经历了中国保险50年［M］．北京：现代出版社，2005：28.
［7］秦道夫．我和中国保险［M］．北京：中国金融出版社，2009：65.

后记　擦去时间的浮尘 留下历史的刻痕

［1］赵济年．早年笔记［Z］.
［2］北岛．城门开［M］．上海：生活·读书·新知三联书店，2015.
［3］缪建民．坚定把改革开放引向深入 推进保险业高质量发展——改革开放四十年中国保险业发展的回顾与展望［J］．保险研究，2018（8）.
［4］米兰·昆德拉，生命中不能承受之轻［M］．北京：作家出版社，1991.
［5］王珏麟．微信私信［OL］.2019-02-10，2019-03-01.
［6］玛丽·比尔德．罗马元老院与人民［M］．王晨，译．北京：民主与建设出版社，2018：13.
［7］罗伯特·达恩顿．屠猫狂欢［M］．北京：商务印书馆，2018.
［8］克里·库柏，唐纳德·弗雷泽．金融市场［M］．朱田顺，译．北京：中国金融出版社，1987：3.
［9］弗里茨·斯特恩．金与铁：俾斯麦、布莱希罗德与德意志帝国的建立［M］．王晨，译．成都：四川人民出版社，2018.

参考文献

[1] 西阳 . 京奉铁路正阳门东车站变迁始末 [J] . 北京档案，2014（2）.

[2] 北京铁路局志编纂委员会 . 北京铁路局志 [M] . 北京：中国铁路出版社，1995.

[3] 北京站志编委会 . 北京站志 [M] . 北京：中国铁道出版社，2003.

[4] 纪念北京内燃机务段 50 年华诞编写组 . 老前门站台上的内燃机务段 [M] . 北京：中央广播电视大学出版社，2011.

[5] 林振荣 . 业界硕学 人保俊彦——记人保初创时期业务大家郭雨东先生 [N] . 中国保险报，2015-07-03.

[6] 中国保险学会 . 中国保险史 [M] . 北京：中国金融出版社，1998.

[7] 王安，徐晓 . 我经历了中国保险 50 年 [M] . 北京：现代出版社，2005.

[8] 姚庆海，童伟明，等 . 保险史话 [M] . 北京：社会科学文献出版社，2017.

[9] 中国保险学会，中国保险报 . 中国保险业二百年 [M] . 北京：当代世界出版社，2005.

[10] 王龙 . 长命锁的吉祥寓意看中国传统民间文化观念 [J] . 文艺生活·文艺理论，2013（8）.

[11] 霍明琨 . 吉祥趣谈 [M] . 北京：中华书局，2010.

[12] 舒惠芳，沈泓 . 门神文化 [M] . 北京：中国物资出版社，2012.

[13] 高星 . 中国乡土手工艺 [M] . 西安：陕西师范大学出版社，2004.

[14] 姚庆海，颜鹏飞 . “大禹治水” 映现的中国保险思想雏形 [Z]. 北京：保险史志公众号，2017.

［15］吴申元，郑韫瑜．中国保险史话［M］．北京：经济管理出版社，1993.
［16］中国金融博物馆．图说中国保险史［M］．北京：中国金融出版社，2018.
［17］颜鹏飞，等．中国保险史志［M］．上海：上海社会科学院出版社，1989.
［18］宋国华，等．保险大辞典［M］．沈阳：辽宁人民出版社，1989.
［19］北京市保险公司编写组．简明中国保险知识辞典［M］．石家庄：河北人民出版社，1989.
［20］中国航海学会．中国航海史［M］．北京：人民交通出版社，1988.
［21］李弘．图说金融史［M］．北京：中信出版社，2015.
［22］徐杰，等．世界海事手册［M］．北京：新时代出版社，1983.
［23］王安．保险中国 200 年［M］．北京：中国言实出版社，2008.
［24］赵守兵．画说晚清保险史［M］．北京：中国金融出版社，2017.
［25］赵守兵．仰望百年——中国保险先驱四十人［M］．北京：中国金融出版社，2014.
［26］高星．族谱的墨迹——中国人保成立初期创始人列传［M］．北京：中国金融出版社，2017.
［27］宋国华．保险大辞典［M］．沈阳：辽宁人民出版社，1989.
［28］北京市公司．简明中国保险知识辞典［M］．石家庄：河北人民出版社，1989.
［29］邵娜，李婧．资本帝国主义的侵略对中国近代经济发展的影响［J］．时代经贸，2008，6（14）.
［30］李弘．图说金融史［M］．北京：中信出版集团，2015.
［31］戴建兵．话说中国近代银行［M］．北京：百花文艺出版社，2007.
［32］孙持平．银行老照片［M］．上海：上海古籍出版社，2008.
［33］姜建清，蒋立场．近代中国外商银行史［M］．北京：中信出版集团，2016.

［34］胡政，等．招商局珍档［M］．北京：中国社会科学出版社，2009.
［35］中国银行编委会．中国银行行史［M］．北京：中国金融出版社，1995.
［36］周作民．金城银行创立二十年纪念刊［M］．上海：金城银行，1937.
［37］中国人民银行上海分行研究室．金城银行史料［M］．上海：上海人民出版社，1983.
［38］中国太平，上海社科院．中国太平发展简史［M］．北京：中国金融出版社，2015.
［39］林振荣．原太平保险掌门人丁雪农：太平“守望者”［N］．中国保险报，2018-07-20.
［40］赵守兵，刘平．解密友邦［M］．北京：中国发展出版社，2007.
［41］赵兰亮．近代上海保险市场研究1843—1937［M］．上海：复旦大学出版社，2003.
［42］王珏麟．宁波帮与中国近代保险史略［M］．杭州：浙江大学出版社，2018.
［43］巩庆军，等．青岛保险史话［M］．青岛：青岛出版社，2017.
［44］陈杰．抗战时期重庆保险史［M］．重庆：重庆出版集团，2015.
［45］赵守兵．百年燕梳情——岭南保险贤达事迹录［M］．北京：中国金融出版社，2018.
［46］裘争平．中国保险业先驱胡咏骐［J］．档案春秋，2008（4）.
［47］王珏麟．不逝的绝响：宁绍保险公司往昔沉浮［N］．中国保险报，2013-08-28.
［48］王珏麟．胡詠骐与宁绍保险［Z］．博客，2012.
［49］张亚圣．中共上海地下党的出色领导者［Z］.
［50］林振荣．与“魔鬼”打交道的人——记秘密战线上的保险业杰出人士程恩树［OL］．上海市银行博物馆，2017-10-04.
［51］林振荣．“七七事变”80年：烽火岁月“保险界十三太保”演绎陆地兵险传奇［OL］．保险史志，2017-07-07.

[52] 林增余．“老人保”与“十三太保”[Z]．中国人保，2007（2）．
[53] 杨延修．民安产物保险有限公司亲历记[J]．上海保险，2010（5）．
[54] 秦道夫．我和中国保险[M]．北京：中国金融出版社，2009.
[55] 中国革命根据地印钞造币简史编纂委员会，殷毅．中国革命根据地印钞造币简史[M]．北京：中国金融出版社，1996.
[56] 武博山，王立章，阎达寅，杨哲省，闵一民．回忆冀南银行九年[M]．北京：中国金融出版社，1993.
[57] 中国金融博物馆．革命金融简史[Z].2017（8）．
[58] 邓加荣，韩小惠．南汉宸传．[M]．北京：中国金融出版社，1992.
[59] 中国国际贸易促进委员会，等．南汉宸纪念册[M]．北京：中央文献出版社，2005.
[60] 张之强（曲茹）．我的一生[Z]．
[61] 高清.87年前的今天：毛泽东的弟弟担任苏区首任银行行长[Z]．湖北日报，2019-02-01.
[62] 中国人民保险公司辽宁省分公司．辽宁省保险志[Z]．1989.
[63] 北京地方志编委会．北京志·金融志[M]．北京：北京出版社，2001.